权威·前沿·原创

皮书系列为
"十二五""十三五"国家重点图书出版规划项目

BLUE BOOK

智 库 成 果 出 版 与 传 播 平 台

河南省社会科学院哲学社会科学创新工程试点项目

河南蓝皮书
BLUE BOOK OF HENAN

河南农业农村发展报告（2021）

ANNUAL REPORT ON AGRICULTURE AND RURAL AREAS DEVELOPMENT OF HENAN (2021)

加快推进农业高质量发展

主 编／周 立 李同新
副主编／陈明星

社会科学文献出版社
SOCIAL SCIENCES ACADEMIC PRESS (CHINA)

图书在版编目(CIP)数据

河南农业农村发展报告.2021：加快推进农业高质量发展/周立，李同新主编.——北京：社会科学文献出版社，2020.12
（河南蓝皮书）
ISBN 978-7-5201-7657-6

Ⅰ.①河… Ⅱ.①周… ②李… Ⅲ.①农业经济-研究报告-河南-2021 Ⅳ.①F327.61

中国版本图书馆CIP数据核字（2020）第235133号

河南蓝皮书

河南农业农村发展报告（2021）
——加快推进农业高质量发展

主　编／周　立　李同新
副主编／陈明星

出 版 人／王利民
组稿编辑／任文武
责任编辑／杜文婕
文稿编辑／刘　燕

出　　版／社会科学文献出版社·城市和绿色发展分社（010）59367143
　　　　　地址：北京市北三环中路甲29号院华龙大厦　邮编：100029
　　　　　网址：www.ssap.com.cn
发　　行／市场营销中心（010）59367081　59367083
印　　装／天津千鹤文化传播有限公司

规　　格／开本：787mm×1092mm　1/16
　　　　　印张：18.25　字数：272千字
版　　次／2020年12月第1版　2020年12月第1次印刷
书　　号／ISBN 978-7-5201-7657-6
定　　价／128.00元

本书如有印装质量问题，请与读者服务中心（010-59367028）联系

▲ 版权所有 翻印必究

河南蓝皮书系列编委会

主　任　阮金泉　谷建全
副主任　王承哲　李同新
委　员　(按姓氏笔画排序)
　　　　万银峰　王宏源　王建国　王承哲　王玲杰
　　　　毛　兵　任晓莉　闫德亮　阮金泉　李太淼
　　　　李立新　李同新　李宏伟　谷建全　完世伟
　　　　张富禄　张新斌　陈东辉　陈明星　曹　明
　　　　潘世杰

主要编撰者简介

周　立　河南省社会科学院党委副书记、研究员，河南省科技文化研究会常务理事、中国生态经济学会理事、华北水利水电大学硕士研究生导师。长期从事决策咨询研究和社科研究工作，主要研究方向为农村经济、区域经济和科技创新等。先后获得河南省科技进步奖、河南省发展研究奖（河南省实用社会科学研究成果奖）、中国发展研究奖等省部级以上科研奖励20多项，其中省级一等奖5项；先后发表论著100多篇（部），完成包括河南省社会科学规划项目、河南省软科学计划项目、河南省政府决策研究招标课题和河南省政府责任目标课题等重大研究项目150多项；承担完成省委、省政府领导交办的重大调研课题30多项，有多项研究成果提交省委、省政府后得到省领导的批示并被省委、省政府决策时采纳，产生了良好的经济与社会效益。

李同新　河南省社会科学院党委委员、副院长。长期从事社会科学研究和管理工作，组织的学术活动研究综述数十次被省委、省政府领导批示肯定，多项决策建议被采纳应用。编撰著作多部，发表研究成果30多万字，个人学术成果多次获省级以上奖励。

陈明星　河南省社会科学院农村发展研究所副所长、研究员，河南省政府特殊津贴专家、河南省学术技术带头人、河南省宣传文化系统"四个一批"人才。主要研究方向为农业经济与农村发展，近年来先后发表论文80

多篇，独著和合著学术著作5部，获省部级奖10多项，主持国家社科基金项目2项、省级课题6项，完成的研究成果进入决策或被省领导肯定批示10多项。

摘 要

本书由河南省社会科学院主持编撰，以"加快推进农业高质量发展"为主题，深入系统地分析了2020年河南农业农村发展的形势、特点，对2021年进行了展望，实证测度了河南省各省辖市农村高质量发展态势，全方位、多角度地研究和探讨了新时期推进河南农业高质量发展的主要思路和对策。

2020年是"十三五"规划、决胜脱贫攻坚和全面建成小康社会的收官之年，2021年是"十四五"规划和开启全面建设社会主义现代化国家新征程的开局之年。本书的总报告对2020～2021年河南省农业农村发展形势进行了分析与展望。报告认为，2020年，全省农业农村发展克服新冠肺炎疫情等不利影响，整体呈现以保促稳、稳中求进、进中蓄势的态势，主要农产品产量稳定增长，农业结构优化升级加快，农民收入持续增长，农村改革全面深化，脱贫攻坚和全面建成小康社会将实现决胜收官，农业农村高质量发展的支撑因素不断增强，但也面临着农民持续稳定增收难度加大等突出问题。2021年，尽管面临更趋复杂严峻的形势，但有利条件和发展优势也在逐步累积，全省农业农村发展总体将稳中有进、提质升级，在主要农产品生产稳定供给、全面脱贫与乡村振兴有效衔接、农业结构不断优化、农民收入持续增长、城乡发展深度融合等方面蓄积高质量发展新动能新优势，为"十四五"发展开好局、起好步奠定基础。

本书的评价报告对河南省区域农业高质量发展水平进行了测度与评价。报告认为，推进农业高质量发展，是践行新发展理念、实施乡村振兴战略的

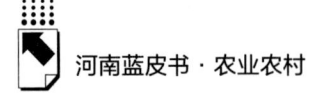

重要支撑，是建设现代农业强省的必然选择。研究测评河南省农业高质量发展情况，对于河南有针对性地推进农业高质量发展具有重要价值。报告主要依据统计年鉴数据，对河南省18个省辖市的农业高质量发展水平进行了综合测度和评价，并据此提出，要优化农业产业结构，推进农村三产融合，坚持绿色发展引领，提高经营主体素质，加强农业品牌建设，全面深化农村改革。

本书专题报告在探讨"十四五"时期河南农业高质量发展形势与对策的基础上，分别从业态发展、主体培育、产业融合、要素保障、绿色发展、脱贫攻坚等方面进行专题研究，力求全面反映河南农业高质量发展的现实基础、面临问题、发展优势和战略机遇等，对2021年乃至"十四五"时期农业高质量发展进行展望，并提出具有针对性的思路和对策建议。

本书的区域报告主要基于河南省平顶山市、新乡市、焦作市等地的调研，分别围绕农业绿色发展、农业生产效率提升、农村集体产权制度改革等主题，从不同角度和领域探讨推动河南农业高质量发展的思路和对策。

关键词： 农业　农村　高质量发展　河南

目　录

Ⅰ 总报告

B.1 推进农业高质量发展　积极建设现代农业强省
　　——2020～2021年河南省农业农村发展形势分析与展望
　　……………………………… 河南省社会科学院课题组 / 001
　一　2020年河南农业农村发展形势分析 ……………… / 002
　二　2021年河南农业农村发展形势展望 ……………… / 012
　三　推进农业高质量发展、积极建设现代农业强省的对策建议
　　………………………………………………………… / 018

Ⅱ 评价报告

B.2 河南省区域农业高质量发展水平测度与评价
　　……………………………… 河南省社会科学院课题组 / 025

Ⅲ 专题报告

B.3 "十四五"时期河南农业农村高质量发展的形势与对策
　　……………………………………………… 黄　成 / 042

B.4 河南粮食生产核心区发展分析与展望 …………… 郭小燕 / 053

B.5 河南粮食产业"三链同构"高质量发展的现状及对策
　　……………………………………………… 陈明星 / 064

B.6 河南饲草产业高质量发展现状及对策研究
　　………………… 李鹏飞　张志刚　牛　岩　张晓霞 / 075

B.7 河南畜牧业高质量发展问题及对策 …… 河南畜牧业发展调研组 / 087

B.8 河南绿色食品产业转型升级发展对策分析 …………… 苗　洁 / 099

B.9 河南农业优势特色产业集群培育分析与展望 ………… 朱攀峰 / 109

B.10 以农业服务业现代化促进河南现代农业强省建设分析
　　……………………………………………… 侯红昌 / 120

B.11 河南省农村金融业高质量发展对策研究 …………… 宋彦峰 / 131

B.12 河南培育提升新型农业经营主体的对策分析 ………… 生秀东 / 142

B.13 河南省现代农业产业园区建设分析与展望 …………… 王元亮 / 150

B.14 河南推进农业产业强镇建设研究 …………………… 李国英 / 158

B.15 河南数字农业高质量发展的现状与对策 …………… 安晓明 / 169

B.16 河南农业品牌培育进展及品牌优势打造路径研究 …… 乔宇锋 / 179

B.17 河南农民增收的态势及对策 ………………………… 张　坤 / 190

Ⅳ　区域报告

B.18 农业绿色发展模式与机制创新研究
　　——以平顶山市为例
　　………………………………… 平顶山市农业农村局课题组 / 200

B.19 河南省农业生产效率差异及提升对策研究
　　——基于新乡市小农户和家庭农场的调查数据分析
　　……………………………………………… 刘依杭 / 213

目　录

B.20 农村集体产权制度改革进展及对策研究
　　——以焦作市为例
　　………………………………………… 宋彦峰　黄　松 / 226
B.21 辉县市全域旅游发展研究 ………… 许韶立　连建功 / 236

Abstract ………………………………………………… / 254
Contents ………………………………………………… / 257

皮书数据库阅读**使用指南**

003

总报告

General Report

B.1
推进农业高质量发展 积极建设现代农业强省

——2020～2021年河南省农业农村发展形势分析与展望

河南省社会科学院课题组[*]

摘　要： 2020年，全省农业农村发展克服新冠肺炎疫情等不利影响，整体呈现以保促稳、稳中求进、进中蓄势的态势，主要农产品产量稳定增长，农业结构优化升级加快，农民收入持续增长，农村改革全面深化，脱贫攻坚和全面建成小康社会将实现决胜收官，农业农村高质量发展的支撑因素不断增强，但也面临着农民持续稳定增收难度加大等突出问题。2021年，尽管面临更趋复杂严峻的形势，但有利条件和发展优势也在

---

[*] 课题组组长：周立；成员：陈明星、侯红昌、乔宇锋、宋彦峰、生秀东、李国英、苗洁、安晓明、刘依杭、许韶立、张坤；执笔：陈明星、侯红昌。

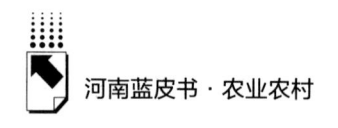

逐步累积，全省农业农村发展总体将稳中有进、提质升级，在主要农产品生产稳定供给、全面脱贫与乡村振兴有效衔接、农业结构不断优化、农民收入持续增长、城乡发展深度融合等方面蓄积高质量发展新动能新优势，为"十四五"发展开好局、起好步奠定基础。

关键词： 农业 农村 高质量发展 河南

一 2020年河南农业农村发展形势分析

2020年，面对国内外复杂形势特别是新冠肺炎疫情等风险挑战，河南农业农村发展着力"保稳进蓄"，有效发挥了"三农""压舱石"作用，为做好新冠肺炎疫情防控和稳定经济社会发展大局提供了有力支撑。为扎实做好"六稳"工作、全面落实"六保"任务，河南先后出台《关于加快推进农业高质量发展建设现代农业强省的意见》《关于坚持三链同构加快推进粮食产业高质量发展的意见》《关于加快畜牧业高质量发展的意见》《关于加快推进农业机械化和农机装备产业高质量发展的意见》《关于加强高标准农田建设打造全国重要粮食生产核心区的实施意见》《关于加快推进农业信息化和数字乡村建设的实施意见》等一系列政策，统筹做好农业农村各项工作，努力把新冠肺炎疫情造成的损失降到最低，为决战决胜脱贫攻坚、实现全面建成小康社会提供有力支撑。

（一）基本态势

2020年，全省农业农村发展着力克服新冠肺炎疫情等不利影响，整体呈现以保促稳、稳中求进、进中蓄势的态势，农业农村高质量发展的支撑因素不断增强，为决胜全面建成小康社会、谱写新时代中原更加出彩的绚丽篇章奠定了坚实基础。

1. 以保促稳：主要农产品供给总体保持稳定

2020年，全省夏粮和小麦总产量、单产均创历史最高水平，全年粮食总产量有望稳中略增、再创新高。在全球粮食安全形势严峻的背景下，河南用占全国1/16的耕地，生产了全国1/10的粮食，解决了河南1亿多人口的吃饭问题，同时每年调出约600亿斤原粮及加工制成品，为确保国家粮食安全作出了突出贡献。生猪生产恢复势头持续向好，生猪存栏增速扭负为正，且持续实现环比增长，2020年9月末全省生猪存栏分别比3月末和6月末增长8.3%和5.2%。全省生猪存栏量、能繁母猪存栏量、外调活猪及猪肉量，均位居全国第一。同时，蔬菜、禽肉、禽蛋、牛奶等产量也有一定幅度的增加。

2. 稳中求进：质量效益持续提升

"四优四化"持续推进，2020年全省优质专用小麦种植面积达1350万亩，较2019年增加146万亩，占全部小麦种植面积的15.9%；优质花生种植面积在2200万亩左右，较2019年增加300万亩，其中高油花生种植面积占比达到50%。优势特色农业发展提速，2020年1~9月，全省十大优势特色农业产值达到2352.40亿元，占全省农林牧渔业总产值的比重达到55.4%。农民收入持续增长，2020年1~9月，全省农村居民人均可支配收入为10933.04元，增长5.1%，继续实现"三个高于"，即高于全省GDP增速、高于城镇居民收入增速、高于全国平均增速。

3. 进中蓄势：发展新动能加快培育

第一产业固定资产投资（不含农户）增速扭负为正，呈现恢复性增长。农业农村基础设施建设加快，农村宽带网络更加普及，20户以上自然村实现4G网络全覆盖，乡村物流更加便捷，电商平台和物流网点更加完善，全省乡镇快递网点覆盖率达100%，村级以上电商服务站点达2.5万多个，农产品加快"触电上网"，消费扶贫、直播销售、产销合作等多种模式不断涌现。城乡融合持续深化，脱贫攻坚和全面建成小康社会将迎来决胜收官，乡村消费潜力不断释放。

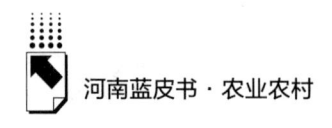

（二）主要特征

1. 粮食产量保持稳定，主要农产品产量波动分化

2020年，全省夏粮总产量达到750.75亿斤，同比增加1.67亿斤，增长0.2%，占全国夏粮总产量的26.3%；单产达到440.87公斤/亩，同比增加4.2公斤、增长1.0%，比全国平均水平高77公斤。其中，小麦总产量750.63亿斤，同比增加2.27亿斤，增长0.3%，占全国小麦总产量的28.5%；单产达到441.0公斤/亩，同比增加3.9公斤，增长0.9%，比全国平均水平高54.5公斤。秋粮播种面积7602.4万亩，同比增加78.56万亩，稳中有增且长势良好，产量有望实现稳中略增、再创新高。2020年河南省夏粮播种面积和产量见表1。

表1 2020年河南省夏粮播种面积和产量

	播种面积（千公顷）	单产（公斤/公顷）	总产量（万吨）
夏粮	5676.28	6613	3753.75
1. 小麦	5673.67	6615	3753.13
2. 大麦	0.04	2500	0.01
3. 夏杂豆	2.57	2374	0.61

资料来源：国家统计局河南调查总队网站。

主要畜禽产品产量总体继续呈现分化态势。一是猪肉产量持续下跌，但生猪产能持续恢复。2020年1~9月，全省生猪出栏2918.96万头，同比下降19.6%，猪肉产量226.70万吨，同比下降19.4%，降幅同比基本持平，但与2020年1~3月相比分别收窄21.4个和22.5个百分点。9月末生猪存栏3577.81万头，增速实现扭负为正，达到6.4%，且持续呈现环比增长，2020年9月末全省生猪存栏分别比3月末和6月末增长8.3%和5.2%。其中，能繁母猪存栏355.48万头，增长18.5%。生猪生产呈现良好恢复势头，稳产保供取得阶段性成效，生物安全、环境控制、精准饲喂、粪污处理等智能化技术装备，正在全省生猪养殖产业大力推广应用，具备非洲猪瘟病原学检测资质的县（区）级实验室增至114个。二是牛、羊生产总体稳定。

2020年1~9月，全省牛出栏163.24万头，增长1.2%；牛肉产量21.75万吨，增长1.4%；牛奶产量91.28万吨，增长3.1%；9月末牛存栏379.12万头，增长5.4%。羊出栏1450.12万只，下降0.7%；羊肉产量17.27万吨，下降0.6%；9月末羊存栏1929.46万只，增长1.1%。三是家禽呈现恢复增长。受疫情影响，部分地区疫情期间曾出现鸡苗掩埋、家禽难卖现象，但随着疫情防控进入常态化，家禽生产实现快速恢复。2020年1~9月，全省家禽出栏7.28亿只，增长1.5%；禽肉、禽蛋产量分别为97.41万吨、340.12万吨（见图1），分别增长1.6%、3.7%；9月末家禽存栏7.08亿只，增长1.0%。

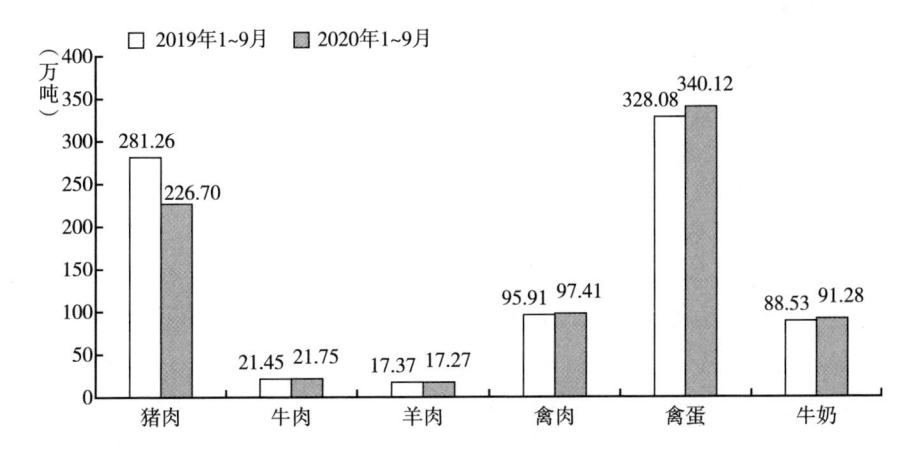

图1 河南省主要畜禽产品产量及同比变动情况

资料来源：《河南农业统计月报》。

2. "三链同构"加速推进，特色农业持续发展

按照"延伸产业链、提升价值链、打造供应链"的要求，河南加快推进"三链同构"，农业发展动能不断增强。一是持续推进"四优四化"。优质小麦、优质花生、优质林果、优质草畜占比持续提高，2020年全省优质专用小麦种植面积达1350万亩，较2019年增加146万亩，占全部小麦种植面积的15.9%，优质专用小麦总量大、品质好、纯度高，收获前90%以上已被企业订购；优质花生种植面积在2200万亩左右，较2019年增加

300万亩，其中高油花生种植比例达到50%，建设了20个高油酸花生良种繁育基地。二是优势特色农业发展提速。2020年1~9月，全省蔬菜产量5388.44万吨，增长3.0%；食用菌产量116.97万吨，增长3.3%；中草药材产量32.75万吨，增长53.6%；十大优势特色农业产值达到4246.33亿元，占全省农林牧渔业总产值的比重达到55.4%。三是持续推进农产品精深加工。以"粮头食尾""农头工尾"为抓手，突出抓好面、肉、油、乳、果蔬五大产业，全省农产品加工业产值稳居全国第二位。四是注重品牌培育和打造。近年来，注重加大农业品牌建设力度，持续开展品牌创建活动，全省农业品牌数量质量不断提升。2020年9月，确定全省农业整体品牌名称、宣传口号和Logo，将"豫农优品"作为全省农业整体品牌名称，宣传口号为"沃野中原生态农业"。全省已创建16个"国字号"、600个"省字号"农业品牌，河南农业品牌知名度和影响力持续提升，同时在带动产业发展、促进农业提质增效、助农增收、推动乡村振兴等方面发挥了重要作用。

3. 第一产业投资恢复增长，农业基础支撑更加强化

2020年，全省第一产业固定资产投资（不含农户）增速扭负为正，2月降至谷底-32.1%之后呈现恢复性增长，从6月起结束了自2019年以来的负增长态势，实现正增长。2020年1~9月，全省第一产业固定资产投资（不含农户）增长12.8%，高于全省9.2个百分点（见图2）。同时，1~9月全省地方一般公共预算农林水支出850.54亿元，增长35.3%。第一产业固定资产投资和地方一般公共预算农林水支出的增长，促进了农业基础设施建设。一是农田水利和生态建设加快。坚持山水林田湖草系统治理，积极实施国土绿化提速行动，加快森林河南建设，推进"四水同治"，着力推动农村生产、生活、生态协调发展。二是农机装备逆势上扬。2020年1~9月，全省规模以上涉农工业企业主要产品中，农产品加工专业设备产量1.68万台，增长11.0%，大、中型拖拉机产量分别为1.64万台、3.55万台，分别增长71.5%、17.0%，农机类限额以上批发和零售业销售额为68.06亿元，增长19.4%。三是农业绿色发展提速。加快推进循环农业、低碳农业、绿

色农业技术推广应用，连续4年实现化肥、农药使用量负增长，秸秆综合利用率、粪污资源化利用率分别达到89%、78.9%。

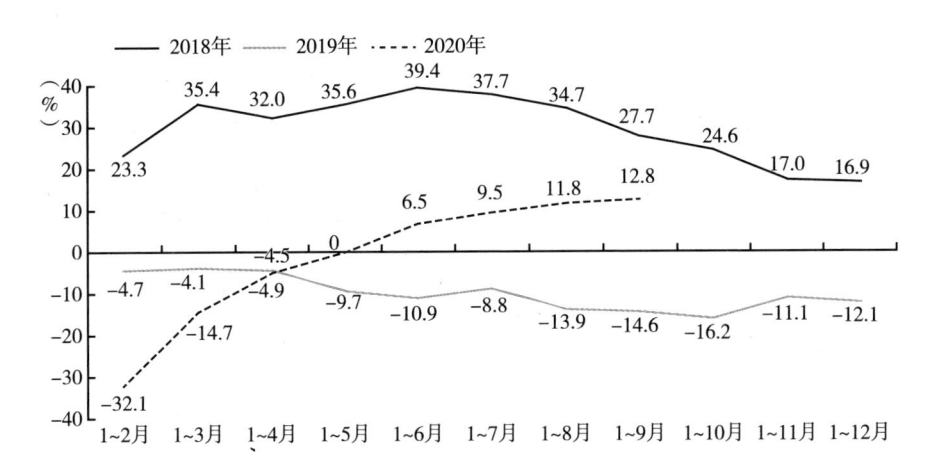

图2　河南省第一产业固定资产投资（不含农户）增速变动情况

资料来源：《河南统计月报》。

4. 农民收入保持增长，脱贫攻坚将实现决胜收官

农民增收继续保持"三个高于"态势，2020年1~9月，全省农村居民人均可支配收入为10933.04元（见图3），增长5.1%，分别高于全省GDP增速、城镇居民收入增速4.6个百分点、4.4个百分点，城乡居民人均可支配收入比值为2.31，同比缩小0.11，低于2.67的全国水平。精准扶贫精准脱贫力度持续加大，贫困地区农村居民人均可支配收入增速连续8年高于全省农村平均水平。截至2020年8月底，全省扶贫小额信贷累计投放554.6亿元，位居全国第三，共支持124.46万户建档立卡贫困户增收脱贫。截至2020年4月底，全省扶贫车间已有4033家，吸纳就业人口12.00万人，其中贫困人口4.03万人；光伏扶贫电站总规模居全国第一，惠及40.4万户贫困群众；用足用活城乡建设用地增减挂钩政策，全省累计交易宅基地复垦券16.53万亩，为脱贫攻坚提供321亿元资金支持。在2014~2019年全省实现53个贫困县摘帽、9484个贫困村退出、651.1万建档立卡农村贫困人口脱贫、贫困发生率从8.79%下降到0.41%的基础

上，2020年将高质量完成剩余35万贫困人口和52个贫困村脱贫任务，实现脱贫攻坚和全面建成小康社会的决胜收官。农民增收有效激活了农村消费市场，全省农民消费支出和乡村消费品零售额总体保持稳定。2020年1~9月，全省乡村消费品零售额340.6亿元，同比增长1.3%，增幅分别高于城镇和全省消费品零售额4.4个百分点和8.3个百分点；1~9月全省农村居民人均生活消费支出8612.14元，名义增长2.3%，分别高于全省和城镇居民5.7个百分点和10.1个百分点。这表明乡村消费市场需求坚挺、潜力巨大，对构建以国内大循环为主体、国内国际双循环相互促进的新发展格局具有重要意义。

图3 河南农民人均可支配收入和生活消费支出变动情况

注：2020年为前三季度数据。
资料来源：《河南统计年鉴（2019）》《河南统计月报》。

5. 产销对接加快推进，农产品销售快速增长

2020年，面对新冠肺炎疫情防控和脱贫攻坚双重考验，河南加快推进产销对接，利用"消费扶贫月"契机，积极创新消费扶贫、直播销售、产销合作等多种模式。一是千方百计克服由新冠肺炎疫情带来的农产品卖难问题。为克服新冠肺炎疫情影响，大力开展电商扶贫、消费扶贫、田园增收等行动，充分利用互联网拓宽销售渠道，截至4月底，全省已组织2500多家

农批市场、商超、电商企业与贫困地区开展农产品网上对接，累计意向采购额1.5亿元，较好地解决了农产品卖难问题。二是创新产销对接载体。利用深化豫沪农业领域合作、中国农产品加工业投资贸易洽谈会等契机，创新农批对接、农超对接、农餐对接、直供直销、社区直送、电商销售等模式，积极打通河南农副产品线上销售渠道，让更多物美价廉的农副产品"触电上网"，实现与终端市场的更快对接，从而带动乡村产业发展、活跃城乡消费，2020年上半年，全省农村产品网络销售额达330多亿元。三是创新消费扶贫机制。着力把生产出的扶贫产品变为商品，把贫困群众的收成变为实实在在的收入，强化基础支撑，全省乡镇快递网点覆盖率达100%，累计建成村级以上电商服务站点超2.5万个。强化产品品牌支持，编制《河南省扶贫产品名录》，认定扶贫产品1.69万个，涉及141个县（市、区）。截至2020年8月底，全省各层级组织购买和帮助销售贫困地区农副产品总额近100亿元。2020年1~9月，全省限额以上批发和零售业涉农商品中，粮油、食品类销售额增长13.0%，高出社会消费品零售总额20个百分点，其中，粮油类、肉禽蛋类、水产品类、蔬菜类、干鲜果品类销售额分别增长19.8%、8.5%、17.8%、7.3%、15.1%。

6. 农村改革不断深化，城乡融合深入推进

着力用好深化改革法宝，着力激活农村资源要素，加快推进城乡融合发展，不断释放乡村发展活力。一是农村改革不断深化。进一步巩固完善农村基本经营制度，加快推进农村承包地"三权分置"改革，全面推进农村集体产权制度改革，适度规模经营面积占比达62%，农村集体资产清产核资工作已全面完成，村级集体经济不断发展壮大。二是新型农业经营主体加快发展。截至2020年10月底，全省农民合作社发展到19万家，数量居全国第2位，其中县级以上示范合作社超过1.1万家；家庭农场、农业社会化服务组织分别发展到23万家、11万个。三是农村基础设施建设持续加强。农村交通更加完善，10个县成功创建国家"四好农村路"示范县，行政村通硬化路率、通客车率均达到100%。农村饮水更加安全，贫困人口饮水安全基本实现全覆盖，全省农村集中供水率、自来水普及率分别达到89%、

88%。四是农村公共服务持续提升。农村教育质量、卫生健康服务、乡村公共文化服务等不断提升,农村义务教育控辍保学等重点工作有序推进,寄宿制学校和小规模学校建设不断优化,农村教师周转宿舍和住房条件持续改善;农村基层医疗卫生机构就诊率达65%,县域内就诊率达85%;累计建成4.7万个村级综合性文化服务中心。五是农村人居环境持续改善。持续推进农村人居环境整治三年行动,以县为单位开展村庄分类和布局规划,全面开展村庄清洁行动,截至2020年7月底,85%的县建立了城乡一体化保洁机制,90%的行政村生活垃圾得到有效治理,农村户用卫生厕所普及率、生活污水治理率分别达到83%、23%。

(三)突出问题

当前,全省农业高质量发展取得重大进展,但农业发展方式不适应、供给质量不优、效益不高、竞争力不强的现状仍未根本改变,距离农业高质量发展的要求还有较大差距。

1. 发展方式不适应问题依然突出

近年来,全省农业综合生产能力持续提升,粮食、棉花、油料、蔬菜、肉蛋奶、水果等主要农产品产量均居全国前列,但发展方式不适应问题依然突出,粮食生产能力基础并不稳固,耕地面积吃紧、质量下降等问题也日渐凸显。一是基础设施建设总体仍然比较薄弱,农田水利、信息化等方面的提档升级任务依然繁重。二是农业生产成本持续上升,以小麦为例,2019年全省亩均生产成本仍然维持在563.6元的高位(见图4)。三是资源环境约束持续趋紧。农村环境和生态问题依然比较突出,化肥、农药施用量虽然已实现负增长,但农业面源污染、耕地质量下降、地下水超采等问题仍然凸出,水资源利用效率和秸秆、粪便、农膜、生活污水等综合治理利用还有较大提升空间。

2. 供给质量不优问题依然突出

近年来,全省以"四优四化"为重点的农业结构调整取得明显成效,优势特色农业发展提速,高效种养业加快转型升级。但与此同时,供给质量

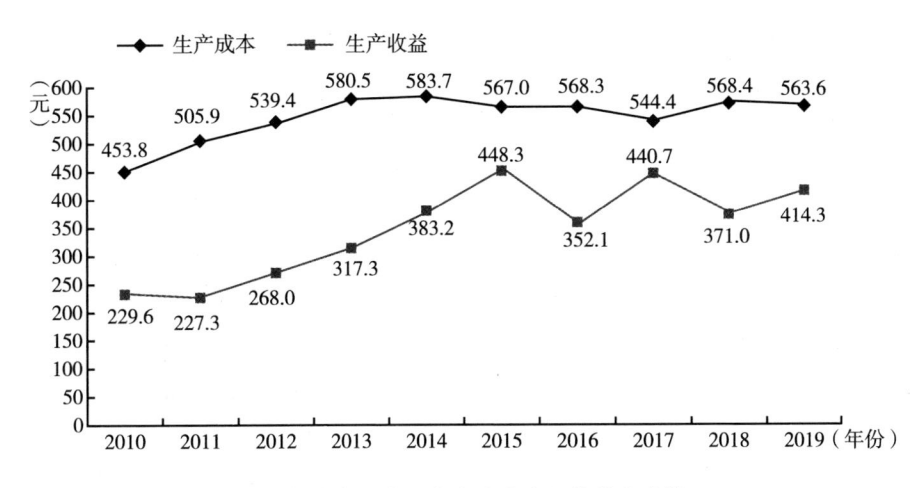

图4 河南省小麦生产亩均成本和收益变动情况

资料来源：河南统计网。

不优的问题依然突出，产品供给仍以大路货为主，优质绿色农产品占比较低，尚不能满足市场需求。绿色食品、有机农产品生产面积仅占全省耕地面积的9%，有效期内"三品一标"产品4679个，是名副其实的名、特、优农产品大省，但数量居全国第12位，其中绿色食品排全国第15位、中部第4位，不仅落后于山东、江苏，而且落后于同属中部的安徽、湖南、湖北；有机农产品排名更靠后，居全国第22位。

3. 产业效益不高问题依然突出

近年来，全省着力推进农业产业延链补链，农产品加工业发展迅速，贡献了全省规模以上工业营业收入的26%、利润的35%，提供了150余万个就业岗位，但农业发展质量效益不高的问题仍然比较突出。一是链条不长。多以供应原料为主，资源综合利用率低，农产品粗加工和一般加工品占比高达80%以上，加工能力弱、产业链条短、增值比例低的问题仍然突出，与广东等发达省份能够实现农产品"吃干榨净"相比，差距不小；休闲农业、乡村旅游等普遍存在同质化现象；农业装备产业仍以农机装备为主，在食品精深加工方面发展有限。二是效益不高。农业生产特别是粮食生产比较收益低，"产粮大县、经济小县、财政穷县"的局面尚未根本扭转。三是品牌不响。全省农业品牌多而杂、小而乱的情况尚未根本扭转,目前河南农业仅有"中国驰名商标"78个,面粉、油脂、奶制品等缺乏全国知名品牌,与农业大省地位很不相称。

4. 竞争力不强问题依然突出

近年来,全省新型农业经营主体加快培育,家庭农场和农民合作社发展势头良好,返乡创业持续加快,成为乡村振兴的重要力量。但同时,新型经营主体发展仍处于成长阶段,市场竞争力偏弱,带动作用有待加强。全省省级以上龙头企业854家,比山东少153家;营业收入亿元以上农产品加工企业2070家,仅占规模以上企业总数的29%;规模以上农产品加工企业7259家,不到山东的60%。同时,抵御风险能力不强,受经济下行和信贷政策紧缩影响,一些龙头企业生产经营陷入困境。

二 2021年河南农业农村发展形势展望

2021年,是"十四五"农业农村现代化发展规划的开局之年。党的十九届五中全会对优先发展农业农村、全面推进乡村振兴作出了全面部署,提出实施乡村建设行动、构建新型工农城乡关系、加快农业农村现代化等一系列战略安排,为农业大省河南做好2021年和"十四五"时期的全省"三农"工作提供了遵循。

(一)有利因素

1. "新基建"推进农业数字化发展

突如其来的新冠肺炎疫情,对分散的家庭式农业生产者造成了很大冲击,但已实现规模经营的新型农业生产经营者则表现出较强的抗风险能力。"新基建"政策的适时推出,对河南农业的发展带来新的机遇,对全省广大农村地区疫情防控提供了坚实基础。"新基建"的重要内容是5G基础设施的建设,借助大数据和云计算以及AI技术,新一代信息技术的发展有助于解决农业生产的分散和小型化等难题,有助于全省农业的转型升级,向现代农业加速发展。

2. "六稳""六保"推动乡村振兴深入实施

随着"六稳""六保"的深入实施，以及在农村新冠肺炎疫情防控和农业农村经济社会发展取得积极成效的新形势下，河南农业高质量发展站在了新起点上。当前，河南农业的发展已处于从拼资源拼消耗的传统增长阶段向高质量发展阶段迈进的关键时期。"六稳""六保"，有助于稳物价、稳预期，有助于保居民就业和保市场主体，有利于稳定农民增收，有利于全面小康的深入推进和乡村振兴的深入实施。

3. "双循环"新发展格局引领现代农业纵深发展

2020年，我国首次提出"构建国内国际双循环相互促进的新发展格局"的经济战略思路。在此背景下，对河南农业的有利发展因素主要体现在随着农业扶持政策的愈发完善，有助于三次产业进一步融合发展；随着农业产品的品牌化发展趋向，小农户与新型农业经济主体将会进一步融入现代农业高质量发展体系；随着农业科学技术的深入发展，农产品的加工层次、农村产业的振兴将会获得显著进展。最终，将会为河南现代农业带来新的发展格局。

4. "四不摘"政策实施促进巩固拓展脱贫攻坚成果与乡村振兴有效衔接

党的十九届五中全会指出，要推进巩固拓展脱贫攻坚成果同乡村振兴有效衔接。过渡期内，要严格落实摘帽不摘责任、摘帽不摘政策、摘帽不摘帮扶、摘帽不摘监管的要求，主要政策措施不能急刹车，驻村工作队不能撤。"四不摘"作为当前与今后一段时期巩固拓展脱贫攻坚成果和乡村振兴有效衔接的重要举措，为河南的农村发展提供良好环境和稳定预期。按照"脱贫不松劲，摘帽不解甲"的工作要求，全省的脱贫攻坚帮扶力量不撤，正在执行的帮扶政策不变，对口单位的帮扶力度不减，同时，农村基础设施建设力度继续加大，乡村特色产业发展继续强化，既有助于持续增加群众收入，也有助于实现真脱贫、脱真贫，形成接续推进巩固拓展脱贫攻坚成果与乡村振兴有效衔接的新格局。

（二）不利因素

当前，全省农业高质量发展之所以还存在一些突出问题，既有经济发展阶段、宏观发展环境等方面的客观原因和挑战，也有新旧动能转换不力、相关改革赋能不足等方面的自身原因和制约。

1. 疫情影响仍然存在不确定性

当前，国内外经济形势依然复杂严峻，全球经济增长放缓，2018年以来全球贸易摩擦升级、地缘政治紧张等带来的不确定性，也冲击着全球贸易和投资增长，制造业持续低迷后向服务业和消费传导的风险增加，外部不稳定不确定因素增多，国内经济下行压力较大，"猪周期"短期内仍将推高居民消费价格指数，对农业农村的传导效应正逐渐显现，尤其是由新冠肺炎疫情持续发酵所引致的传导性影响，对农业高质量发展形成叠加冲击。2020年1~9月，全省第一产业增加值4078.79亿元，同比增长0.8%（见图5），实现由负转正，但增幅仅高于全省0.3个百分点，且1~6月降幅不仅高于全省生产总值3.2个百分点，而且分别高于第二产业、第三产业3.4个百分点、3.5个百分点，说明在国民经济三次产业中，第一产业受影响和冲击较大。同时，生猪产能恢复也受到养殖成本大幅增加的不利影响，截至2020年9月底，仔猪价格比年初上涨了17.9%，同比则上涨53.9%，玉米价格上涨了14.9%，育肥猪饲料上涨7.0%，养殖成本的大幅上涨，在一定程度上影响了生猪产能恢复和扩大规模的进程。1~9月全省生猪出栏同比增速低于全国7.9个百分点，9月末全省生猪存栏同比增速低于全国14.3个百分点。

2. 农民持续稳定增收难度加大

在宏观经济下行压力加大和新冠肺炎疫情叠加冲击下，农民增收形势更趋严峻，影响农民增收的深层次矛盾和问题依然存在，并面临着一系列传统挑战和非传统挑战，尤其是由新冠肺炎疫情带来的"次生灾害"，加大了农民持续增收的难度。按新冠肺炎疫情冲击的时间和范围，大致可将新冠肺炎造成的影响分为三波：第一波主要是影响经营性收入，例如造成果蔬及畜禽等农产品滞销、运输困难等，乡村旅游、农家乐"休克"；第二波主要是影

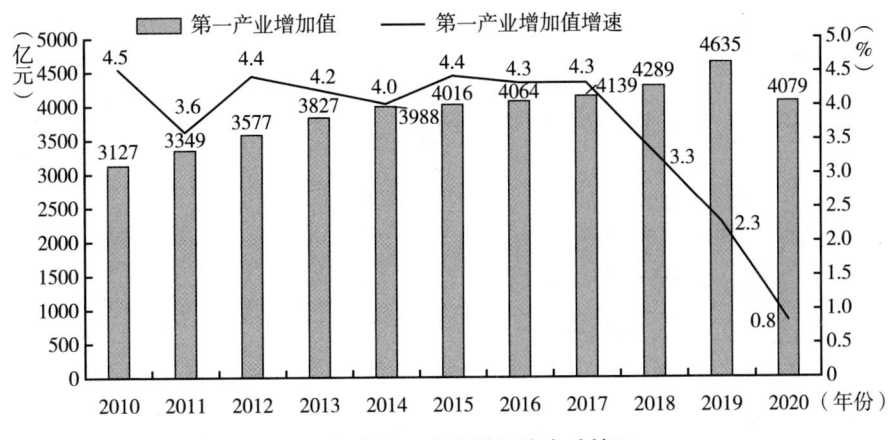

图 5 河南第一产业增加值变动情况

注：2020年为前三季度数据。
资料来源：《河南统计年鉴（2019）》《河南统计月报》。

响工资性收入，企业开工不足、返程交通及通行受限等，导致农民工资性收入受影响突出；第三波则形成对工资性收入和经营性收入的双重影响，随着境外疫情呈加速扩散蔓延态势，一些行业原本有序复工复产的局面再度遭遇国内消费下降、海外订单减少乃至取消的冲击，直接影响企业经营和农民就业增收，进而抑制全社会有效需求，从而形成对农民增收的循环冲击。2020年1~8月，全省农产品出口87.2亿元，下降27.7%；前三季度全省农民人均可支配收入增速相对落后，名义增长5.1%，低于全国0.8个百分点，居全国第25位、中部第5位。且与前两波冲击相比，这种经由产业链传导的冲击，其影响更为广泛而深远，尽管长期向好基本面并没有改变，但其对农民持续稳定增收造成了困难和挑战，我们必须充分正视并切实采取有效应对举措。

3. 返乡创业同比下降

近年来，全省农村劳动力转移就业规模持续扩大，返乡下乡创业队伍日益壮大，截至2020年9月底，全省农村劳动力转移就业总量达到3084.54万人，为促进农民工资性收入增长和农业适度规模经营提供了强劲支撑；返乡下乡创业人员总量达到163.17万人，成为乡村振兴的重要力量。但受新冠肺炎疫情等因素影响，在总体规模扩大的同时，新增返乡下乡创业人数大幅下降，成为推动农业高质量发展必须高度重视的问题。2020年1~9月，全省新增农村劳动力转移就业人数43.65万人，同比增长3.8%；新增返乡下乡创业人员13.38万人，同比下降22.1%（见图6）。

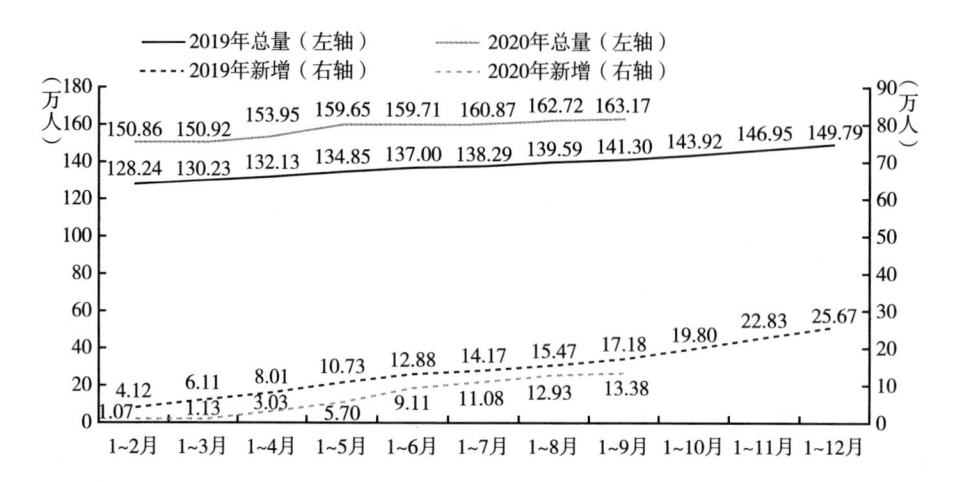

图6 河南省返乡下乡创业人数变动

资料来源：《河南统计月报》。

4. 相关农村改革赋能不足

近年来，全省在普惠金融、金融扶贫、扶贫车间等方面的改革探索成效明显，在全国都产生了较好影响。但农村改革也存在改革不够深入、试点创新不足、总体成效不突出的问题，不能满足盘活农村集体要素资源的改革要求。农村资源变资产的渠道尚未打通，阻碍了金融资本和社会资本进入乡村产业。农村土地空闲、低效、粗放利用和新产业新业态发展用地供给不足并存。农村人才缺乏，科技、经营等各类人才服务农业高质量发展的激励保障机制尚不健全。

（三）态势展望

1. 粮食产业发展质量将持续提升

2021年，河南将继续深入落实习近平总书记视察河南重要讲话和在全国两会河南代表团审议时的重要讲话精神，深入贯彻李克强总理关于加快建设粮食产业强国的批示要求，抓住河南粮食生产这个突出优势与核心竞争力，坚持"三链同构"，以"四化"为方向，推行"五优"联动，坚决扛稳粮食安全政治责任，全面提升粮食产业的质量效益和竞争力，推动河南由粮食资源大省向粮食产业强省转变。加强规划统筹，加大政策支持，深入推进"藏粮于地、藏粮于技"，加快延伸粮食产业链、着力提升粮食价值链、积极打造粮食供应链，在确保国家粮食安全、推动农业高质量发展方面展现新担当，发挥新作为。

2. 农村三次产业融合发展进一步深化

2021年，河南将深入推进农业供给侧结构性改革，推动农村三次产业融合发展。随着全省因地制宜培育的特色优势产业逐步壮大，全省的现代乡村产业发展新体系将会上升到新的发展水平。通过大力开发农业多种功能，打造农产品销售公共服务平台，强化农产品冷链物流体系和农产品流通网络建设，健全农产品产销稳定衔接机制，使农民更多分享全产业链增值带来的收益。通过发展休闲农业、乡村旅游和创意农业，打开农村农业对外开放"走出去"的新格局，实现国内国际双循环下的三次产业融合发展。

3. 农业农村改革继续保持深入推进

2021年，河南将继续用好深化改革这个法宝，激活全省乡村振兴的内生动力。通过增强农民群众对乡村振兴的归属感、责任感和认同感，充分激活农民群众的主体意识、建设意识和角色意识，使愿意留在乡村的农民群众的心安得下、脚稳得住、事干得成。通过为农民群众提供表达利益诉求的多元化渠道，培养和引导农民群众参与乡村治理和建设管护。通过乡村文化的振兴，使亿万农民群众脑袋变富，引导农民群众崇德向善、见贤思齐，把热爱家乡、心系乡土的热忱转化为振兴乡村的强大正能量。

4. "十四五"农业农村发展规划将顺利开局

2021年，是"十四五"农业农村现代化发展规划的开局之年。党的十九届五中全会提出，要优先发展农业农村，全面推进乡村振兴，推动形成工农互促、城乡互补、协调发展、共同繁荣的新型工农城乡关系。随着河南农业进入高质量发展新阶段，随着农村改革的不断深化，绿色发展理念的深入人心，全省农业农村现代化建设将迈入新阶段。可以预见，"十四五"农业农村现代化发展规划将从顶层设计、政策倾斜、财政支农资金支持、农业产业结构调整以及构建国内国际双循环相互促进的新发展格局等方面带来新的发展环境导向。

三　推进农业高质量发展、积极建设现代农业强省的对策建议

（一）进一步稳定河南粮食生产，建设粮食生产核心区

一要持续稳步提升粮食产能。进一步加快推进高标准农田建设。推进排灌设备、输电设施、农机工具、土地肥力、耕种道路等农业生产性配套设施的建设完善，在现有的粮食生产功能区和产粮大县规划建设一批具有示范作用的高标准农田，进一步建立基于信息检测机制的全省高标准农田大数据库和云资源。进一步加快推进粮食生产功能区建设。要加强粮食生产功能区和重要农产品生产保护区的科学规划与建设发展，打造布局合理、设施完善、产能提升、管护到位的现代农业生产新格局。推动特色农产品优势区的生产设施建设完善，做到品牌与产能同步提升。

二要加快推进粮食生产"三链同构"。进一步延伸粮食的产业链。通过优化面粉产品结构，延伸小麦加工链；通过优化饲料产品结构，延伸玉米加工链；通过优化大米制品结构，延伸稻谷加工链。进一步提升粮食的价值链。提升优质粮油品种的研发和推广，加强原粮生产和收储过程的绿色化和标准化流程建设，推动实施"豫粮"品牌的打造与提升行动。进一步完善粮食的供应链。推动粮油仓储设施的合理布局和设备升级，完善冷链配送站点的布局，加强冷链保鲜运输线路的系统化建设。

三要加快构建现代粮食产业体系。大力发展粮食加工及相关延伸产业链，构建完整的"产购储加销"现代粮食产业体系。推动实施"优粮优产"

行动，实现全省粮食生产由增产向提质的方向转变，加快绿色化、品牌化建设步伐。推动实施"优粮优购"行动，做到政府与市场的两只手共同发力，既保护粮食价格，稳定粮食生产，又让优质粮食卖上好价，让农民获益。推动实施"优粮优储"行动，推广绿色低温储粮技术，做到优质粮食常储常新，保质保鲜。推动实施"优粮优加"行动，要不断优化粮食加工产能结构，推广粮油产品的适度加工，做到粮食加工精细度的科学合理可控，最大限度地保存营养成分。推动实施"优粮优销"行动，建立高效畅通的低温保鲜粮食销售物流网络，适应新时代消费升级趋势，适时推进优质特色粮食产品网络销售的新业态。

（二）进一步调整全省种养结构，发展高效与特色种养业

一要加快调整全省的种植业结构。要大力推行优质小麦行动。以优质小麦布局区域化、经营规模化、生产标准化为重点，推动全省优质小麦稳步增长。在豫北、豫中东地区建立优质强筋小麦播种示范基地，在豫中南地区建立中强筋小麦示范基地，在豫南沿淮地区建立弱筋小麦生产示范基地，做到优质小麦布局既遵循河南气候土壤等自然条件，又充分发挥各地区比较优势，宜于种植的规模化和加工的产业化。要大力推行优质花生行动。根据各地生态环境和生产条件，在全省合理布局优质花生种植，在沿黄地区及黄河故道重点打造优质大果花生示范区，在豫南、豫西、豫西南等地区重点打造优质小果花生示范区。鼓励花生生产基地与加工企业建立直接联系，实现产销对接，开展订单播种，打造花生生产与销售的完整产业链。不断提升优质花生种植品种质量，适时扩大高油酸花生新品种的播种面积。持续提升在花生播种、虫害防治、收获等生产环节的机械化服务水平，建立健全生产性服务的社会化支撑体系。

二要加快调整全省的畜养业结构。要推动实施肉牛奶牛产业化工程。加快肉牛养殖基地建设。实施国家肉牛基础母牛扩群增量工程，推动龙头企业建立一批配套设施齐全的优质肉牛养殖基地。加快优质奶源基地建设。扶持乳品加工龙头企业新建、扩建一批标准化现代养殖牧场，鼓励奶牛养殖龙头

企业带领养殖基地实现集约化集团化经营发展。要加快猪畜业的高标准发展。在生猪养殖上，进一步做强以黄淮地区和南阳盆地等地区为主的传统猪畜优势产区，并逐步向豫西、豫南、豫北等浅山丘陵区扩张布局。依托双汇、牧原等龙头企业，加快设施设备改造升级，建立规模化、标准化、信息化的高标准养殖场。要推进家禽业的优质化发展。重视白羽肉鸡、黄羽肉鸡和优质蛋鸡养殖业的发展，依托华英、永达等家禽龙头企业，推动养殖场的规模化和标准化改造升级，分别建立豫南、豫北优质肉禽生产示范基地。

三要加快扶植河南特色养殖业发展。要持续调整种养结构，加快扶植发展以优质肉兔、肉驴、绿壳蛋鸡、黑猪等为代表的特色养殖业。在发展布局方面，肉兔以济源地区为核心建立示范基地，推进兔肉的出口销售和餐饮业的连锁加盟；肉驴以兰考地区为核心建立示范基地，推进肉驴的标准化养殖和驴奶加工业的逐步做大，实现驴产业的全链条发展；绿壳蛋鸡以卢氏地区为核心建立示范基地，在推动其进一步发展壮大的同时，增强其绿色化、有机化的品牌效应；黑猪以固始地区为核心建立养殖示范基地，推动其高端化、品牌化发展。

（三）进一步强化绿色发展理念，推动食品工业转型升级

一要加快建设绿色原料示范基地。加大生产设施的绿色标准化建设。在全省择地打造优质小麦、优质花生、绿色草畜、绿色果蔬等农业原材料生产设施标准化、绿色化生产的示范基地，推进温室大棚、集约育苗等生产环节的标准化和绿色化。加大标准化农业生产技术的推广与整合。加大有机肥、定制肥和节水灌溉等绿色技术的推广实施力度，推进病虫害的绿色防护技术普及。整合优质种质资源，建立模块化、流程化的标准绿色育种繁殖技术体系。推行农业生产过程的绿色化和清洁化。严格控制农药、化肥等的使用剂量，强化对畜禽粪污、农作物秸秆等的循环利用和无害化处理。推进种养循环、农牧结合的生态农业绿色循环发展新模式。

二要加快建设现代绿色物流体系。加大肉类绿色冷链物流体系建设。打造以双汇、大用等龙头骨干企业为引导的肉类冷链绿色运输网，在全国依托

中心城市和大型冻品交易市场,建立覆盖全国的肉类冷链绿色仓储和配送系统。加大速冻食品绿色冷链物流体系建设。在速冻食品的存储、中转、配送等环节推行温度监控技术和质量追溯体系,确保速冻食品企业在冷链运输环节上全程"无断链",建成绿色、生态、高效、安全的冷链物流运转体系。加大果蔬等农产品的现代绿色冷链物流体系建设。加快农产品产地和批发市场内的低温储藏、保鲜设施建设力度,推动果蔬等农产品的产后预冷处理、低温保鲜运输,加快全程温控并直达销售终端的一体化低温调配体系的建设进度。

三要加快绿色生产与绿色质检建设。推进绿色生产技术和食品制造深度融合。借助新一代云计算、物联网技术对食品制造的原料管理、制造过程、产品仓储等环节进行数字化、绿色化、标准化改造,推动智能工厂和数字化车间在食品加工制造环节的普及。加强食品安全绿色检验检测体系建设。建立健全从产业到餐桌的全环节食品绿色追溯体系,做到源头可查、流向可追,切实守住不发生系统性区域性食品安全风险的底线。强化现有的省级、市级、县级食品安全检测层级,不断优化调整,建成完善的食品质量绿色检测体系。

(四)进一步提高农业发展质量,打造乡村振兴示范区

一要进一步促进生产要素集聚,壮大主导产业。大力推动人才、资本、信息和市场等生产要素的集聚发展,通过联合农科教、产学研的技术支撑平台,实现各类生产要素在农村现代产业园的集中集聚,进而构建农村全产业链一体化发展、三次产业融合发展的新格局。以镇(乡)为载体,促进农业生产要素的资源聚集,实现"一乡(村)一品"、规模化和特色化相统一,培育乡村产业发展的增长极。以县城为依托,促进农产品加工业的集聚发展和品牌提升,实现主导产业明晰的"一县一业"品牌化发展新格局,打造乡村主导产业发展的引领区。

二要进一步提高农业发展质量,打造农村产业园样板。要创新投融资体制,加大高标准农田建设力度,做到农田位置布局合理,配套设施完备齐

全，上图入库管理统一。加大对大中型灌区配套设施建设的改造力度，推进灌排泵站的更新升级，推行先进适用的节水灌溉技术。全面推进良种改进的农业科技联合攻关，培育和推广优质、高产、多抗的新品种。加强农产品质量安全监管，注重品牌建设，鼓励同一区域创建公用品牌。开展绿色地理标志认证，推动优质、绿色品牌企业进入现代农业产业园区发展，打造农业高质量发展样板园。

三要进一步创新城乡融合机制，打造乡村振兴示范区。要接续推进全面脱贫与乡村振兴有效衔接，打破城乡融合的体制机制障碍，加快农村现代发展进程。继续全面深入推进城乡综合配套改革，在户籍、土地、社保、医疗、教育等公共服务和社会治理等方面促进生产要素在城乡间的自由流动和均衡配置。继续深入推进农村产权改革，创新农村资源要素的资产化、股本化形式，充分激活农村生产要素，打造以高效规模种养为基础，乡村产业振兴和人才、文化、生态等振兴为支撑的乡村振兴样板示范区。结合黄河流域生态保护和高质量发展，谋划打造沿黄乡村振兴示范带。

（五）进一步提升农业科技支撑，建设现代数字农业

一要加强农业科技攻关和示范推广。加大农业生产全链条科技攻关力度。以推动种养业的转型升级为主线，打造优质小麦、优质花生、肉牛奶牛等的育种、播种、养殖、加工、运输等全链条科技攻关团队，就各个环节中的技术难题进行协调攻关，力争突破一批关键技术难点。持续推行科技特派员制度，加大对一些成熟科技成果的示范推广力度。加强农业科技创新联盟的平台建设。鼓励农业高校、农业科研院所与农业高新技术企业的创新联盟和联合实验室建设，为农业科技的难点攻关和示范推广提供平台。以国家级生物育种中心、国家级农经装备创新中心、国际小麦研究中心为主体打造河南现代农业科技创新示范园。

二要加大农业科技人才培育力度。以培养农业科技领军人才为重点，打造农业科技创新团队。鼓励农业高校和普通高校的相关专业调整优化学科结构，培养更多农业专业人才，形成农业科研梯队。加强农业科技推广人才队

伍建设，加大对现有农业科技推广人员的培训力度，推动其农业知识技能的不断更新，积极探索农业科技推广队伍新生力量的补充机制。以提高农村土地产出率和劳动生产率为重点，大力培育农村复合型生产人才。围绕粮食生产核心区的建设，培育各地农村优势产业的种植、养殖能手，在乡村产业项目的实施过程中发现和培养农村复合型人才。

三要加快农村信息基础设施建设。全面提升全省农村网络设施建设水平，加快农村宽带光纤网、移动互联网、数字高清电视等基础设施的建设进度。推动农村基础设施向数字化转型，在农业生产中推广大数据、云计算等技术，提升北斗导航、遥感技术和智慧农业、智能电网等在农村地区的发展水平，大力发展农村数字经济。

（六）进一步提升农业经营主体活力，促进小农户与现代农业的有效衔接

一要大力提升新型农业经营主体的规模化经营水平。鼓励新型农业经营主体以连片种植、规模饲养等形式带动和帮扶周边普通农户。引导农民以土地经营权、林地经营权以及劳动、资金、技术等为纽带加入家庭农场或以其他形式开展联合。鼓励新型农业经营主体进入现代农业示范园区发展，推动集聚式发展、集群式经营，不断提升规模水平。

二要大力完善新型农业经营主体的利益分享机制。引导新型农业经营主体规范使用生产记录和财务收支记录，逐步推行现代会计代理和财务定期审计制度，不断提升新型农业经营主体的规范化运营水平。引导农产品龙头骨干企业，以订单带动、产品包销、利润按比例返还等形式，建立与新型农业经营主体的紧密利益联结机制和收益分享机制。引导新型农业经营主体以自愿入股的方式吸纳小农户和农村集体经济组织成员，共同分享发展收益。

三要大力推动小农户与现代农业有机衔接。要推动实施小农户能力提升行动。通过各种手段鼓励小农户参加相关农业生产技能提升培训活动，帮助小农户成长为新型职业农民，鼓励其加入新型农业经营主体开展合作。要推

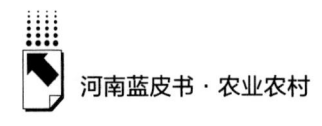

动实施小农户的农机装备提升行动。鼓励各类农机具设备生产企业开发专门面向小农户的适宜农机装备，并加强技术辅导培训和提供维修养护服务。要推动小农户间的横向合作与联耕联种。鼓励小农户以组建合伙农场的方式联合开展耕种生产，并接受统一防治等农业生产性服务，逐步融入现代农业发展。

参考文献

龚锐、谢黎、王亚飞：《农业高质量发展与新型城镇化的互动机理及实证检验》，《改革》2020年第7期。

马晓河：《"十四五"时期的农业农村发展环境分析与战略思考》，《农业经济问题》2020年第6期。

彭超、刘合光：《"十四五"时期的农业农村现代化：形势、问题与对策》，《改革》2020年第2期。

魏后凯：《"十四五"时期中国农村发展若干重大问题》，《中国农村经济》2020年第1期。

于法稳、黄鑫：《新时代农业高质量发展的路径思考》，《中国井冈山干部学院学报》2019年第6期。

张宇翔：《"十四五"时期优化农业生产布局的思考与建议》，《宏观经济管理》2020年第8期。

评价报告

Evaluation Report

B.2 河南省区域农业高质量发展水平测度与评价

河南省社会科学院课题组[*]

摘　要： 推进农业高质量发展，是践行新发展理念、实施乡村振兴战略的重要支撑，是建设现代农业强省的必然选择。研究测评河南省农业高质量发展情况，对于河南有针对性地推进农业高质量发展具有重要价值。本报告主要依据统计年鉴数据，对河南省18个省辖市的农业高质量发展水平进行了综合测度和评价，并提出发展建议：优化农业产业结构，推进农村"三产"融合，坚持绿色发展引领，提高经营主体素质，加强农业品牌建设，全面深化农村改革等。

---

[*] 课题组组长：周立；成员：陈明星、宋彦峰、乔宇锋、生秀东、许韶立、李国英、侯红昌、苗洁、安晓明、刘依杭、张坤；执笔：宋彦峰、乔宇锋。

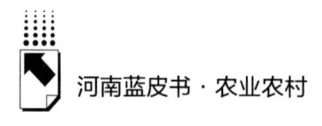

关键词： 河南　高质量发展　现代农业

2019年3月全国"两会"期间，习近平总书记在参加河南代表团审议时强调，要不断提高农业质量效益和竞争力，实现粮食安全和现代高效农业相统一。① 河南省对此高度重视，2019年4月就贯彻习近平总书记讲话精神专题召开了省委十九届九次全会，总结回顾河南省的农业发展之路，提出了以乡村振兴为引领、扬长避短、提质增效，推动农业高质量发展的实践要求。为进一步推进农业高质量发展，2020年7月河南省印发了《关于加快推进农业高质量发展建设现代农业强省的意见》，全面部署推进河南省农业高质量发展工作。新形势下，河南省农业正加速由增长导向转向提质导向，提高农业质量、效益和整体素质，已经成为河南省农业发展面临的重大任务。因此，围绕农业高质量发展建立科学合理的发展水平评价体系，研究测评河南省农业高质量发展状况，是引导各地抓重点、强弱项、补短板的重要遵循，是扎实推进乡村振兴战略和建设现代农业强省的重要保障。

一　河南各地市农业高质量发展水平评价指标体系构建

（一）农业高质量发展水平评价指标体系的构成原则

农业高质量发展是一项综合性和复杂性较强的系统工程，涉及农业发展的方方面面，既要保障粮食安全又要不断提升农产品质量更好地满足人民日益增长的美好生活需要，既要调整农业产业结构、产业布局又要不断转变农业发展方式、创新农业发展机制等。如何建立起一套科学、合理、操作简便适用的评价体系，作为反映、评价全省农业高质量发展进展、明晰阶段性重点任务的依据，对推进农业高质量发展具有重要的理论意义和实践意义。根据省情、农情

---

① 《习近平参加河南代表团审议》，人民网，2019年3月9日，http://henan.people.com.cn/n2/2019/0309/c351638-32721488.html。

和农业农村相关统计资料的特点及有关农业高质量发展的若干政策文件，在建立农业高质量发展评价指标体系时，需要遵循如下基本原则。

1. 科学性原则

农业高质量发展评价的科学性原则，体现在指标体系的设计符合农业高质量发展的动态性质和特点，指标体系的设计要系统、全面、相互协调，要求指标定义和解释规范化、标准化，与农业高质量发展的实际情况相适应。例如，农民收入高水平指标，既要反映农村居民的收入增长变化（如农村居民人均可支配收入等），又要反映农村居民生活质量的变化（如农村居民家庭恩格尔系数和消费支出），更要反映河南省城乡二元经济结构的变化特征（如城乡居民收入差异系数等）。评价过程和方法要始终保证严密性和准确性，否则可能会导致认识上的偏差。

2. 完整性原则

农业高质量发展评价的完整性原则，是根据评价的目的，按照系统论思想，围绕核心指标构建完整、可行的指标体系。核心指标要反映农业高质量发展的本质要求，从河南农业农村特色出发，指标体系要选择能较全面地反映农业高质量发展水平的影响因素，不仅需要经济发展指标，还要有农业生产方式、经营方式和资源利用等方面的指标，使农业高质量发展评价指标体系能全面、有效地描述和反映农业高质量发展进程。

3. 可比性原则

农业高质量发展评价体系的可比性原则，要求在选择指标时充分重视指标口径、内容和计算方法在纵向与横向上的可比性，以便在不同地区、不同时期分析比较农业高质量发展的进程。由于不同地区农业农村结构不同，经济社会发展阶段不同，选取的指标不能过于具体，应使之具有相对可比性。

4. 可操作性原则

农业高质量发展评价体系要求在保证指标体系科学、系统、完整的同时，充分注意主客观条件的限制，突出可操作性，各项指标要易于评价，易于数据化。指标个数应适量，指标过少，难以反映农业高质量发展的综合特征；指标过多，又不易突出影响农业高质量发展中关键因素的作用。评价体系应与当前农业农村相关统计资料相适应，指标的数据要易于收集，计算方法简单明了，对一些难以获得的数据尽量不设指标，找相似的指标替代。在坚持指标评价体系科学、合理的前提下，从操作简便适用入手，尽可能选取官方统计的相关数据指标。

（二）农业高质量发展评价指标体系的构成

课题组在借鉴现有的文献资料的基础上，结合河南实际，根据农业高质量发展水平评价原则，从统计数据的可获得性角度，以农业高质量发展为核心，选择产品质量高水平、产业效益高水平、生产效率高水平、经营者素质高水平、市场竞争力高水平、农民收入高水平作为农业高质量评价的6个一级指标。选择农村居民家庭人均可支配收入、人均粮食产量、土地产出率等28个二级指标（见表1）。在二级指标中，农村居民家庭恩格尔系数、城乡居民收入差异系数、

表1 农业高质量指标体系及权重

一级指标及权重	二级指标及权重	二级指标解释
产品质量高水平（28.09%）	人均猪肉产量(2.64%)	猪肉总产量/总人口(公斤/人)
	人均粮食产量(2.15%)	粮食总产量/总人口(斤/人)
	人均禽蛋产量(2.91%)	禽蛋总产量/总人口(公斤/人)
	人均熟肉和速冻食品产量(14.29%)	(熟肉产量+速冻食品产量)/常住人口(公斤/人)
	化肥使用强度(3.48%)	农用化肥使用折纯量/耕地面积(吨/公顷)
	农药使用强度(2.62%)	农药使用量/耕地面积(吨/公顷)
产业效益高水平（15.01%）	农林牧渔服务业产值比重(2.30%)	农林牧渔服务业产值/农林牧渔业总产值(%)
	农林牧渔服务业增加值比重(2.83%)	农林牧渔服务业增加值/农林牧渔业增加值(%)
	农林牧渔固定资产投资比重(5.46%)	农林牧渔固定资产投资/全社会固定投资(%)
	牧业总产值比重(2.43%)	牧业生产总值/农林牧渔业总产值(%)
	农村居民家庭经营净收入比重(1.98%)	农村居民家庭经营净收入/可支配收入(%)

续表

一级指标及权重	二级指标及权重	二级指标解释
生产效率高水平（7.89%）	土地产出率(3.14%)	农林牧渔业总产值/耕地面积(元/亩)
	劳动生产率(1.50%)	农林牧渔业总产值/乡村常住人口(元/人)
	农业机械化水平(1.72%)	农用机械总动力/耕地面积(千瓦/亩)
	农林水事务占比(1.54%)	农林水事务支出/财政一般预算总支出(%)
经营者素质高水平(11.61%)	城镇化率(4.49%)	城镇常住人口/总人口(%)
	农民合作社示范社占比(3.87%)	示范社数量/农民合作社总数(%)
	农民合作社社均可分配盈余(3.25%)	可分配盈余总数/农民合作社总数(元)
市场竞争力高水平(21.87%)	节水灌溉面积占总灌溉面积的比重(3.64%)	节水灌溉面积/灌溉面积(%)
	用电强度(8.76%)	农村用电量/耕地面积(千瓦/亩)
	农村单位面积快递线路长度(3.81%)	农村快递线路总长度/乡村面积(米/公顷)
	每万人绿色食品数(5.67%)	绿色食品总数/总人口(个)
农民收入高水平(15.53%)	乡村人均社会消费品零售总额(2.86%)	乡村人均社会消费品零售总额(元)
	农村居民人均消费支出(2.65%)	农村居民人均消费支出(元)
	农村居民家庭人均可支配收入(3.76%)	农村居民家庭人均可支配收入(元)
	农村居民家庭恩格尔系数(2.06%)	农村居民家庭食品支出/消费支出(%)
	城乡居民收入差异系数(2.81%)	农村居民人均可支配收入/城镇居民人均可支配收入(%)
	农村高低收入户差异系数(1.39%)	农村高收入居民可支配收入/低收入居民可支配收入(%)

农村高低收入户差异系数、化肥使用强度、农药使用强度等5个指标是负向指标，即指标值越小越好，其他二级指标均为正向指标，即指标值越大越好。

1. 产品质量高水平指标

产品质量高主要是满足人民群众对美好生活的需要，在保障农产品数量供给的基础上实现农产品品质更加优良、营养更加均衡。主要包括人均猪肉产量、人均粮食产量、人均禽蛋产量、人均熟肉和速冻食品产量、化肥使用强度和农药使用强度等6个二级指标。

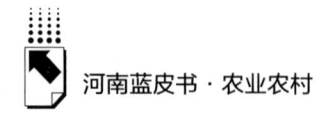

2. 产业效益高水平指标

产业效率高是农业高质量发展的动力，反映的是农业与二三产业的融合发展，增值空间的不断拓展，体现为农业产业链的延长、农业生产分工的优化及农业经营收入水平的明显提高。主要包括农林牧渔服务业产值比重、农林牧渔服务业增加值比重、农林牧渔固定资产投资比重、牧业总产值比重、农村居民家庭经营净收入比重等5个二级指标。

3. 生产效率高水平指标

农业的高效率生产是农业高质量发展的保障，高效率的生产需要各种要素的有效投入，从而实现产出的最大化，达到劳动生产率、土地产出率、农业机械化水平的全面提高。主要包括土地产出率、劳动生产率、农业机械化水平及农林水事务占比等4个二级指标。

4. 经营者素质高水平指标

农业经营主体是农业生产的主导力量和执行者，高素质的农业经营者能够保证农产品的产出质量、农业生产的高效率和市场竞争力的不断提升，农业经营者素质的高低与农业生产和经营水平的高低息息相关。主要包括城镇化率、农民合作社示范社占比、农民合作社社均可分配盈余等3个二级指标。

5. 市场竞争力高水平指标

农产品的市场竞争力是农业高质量发展的综合外在表现形式，市场竞争力高既反映了农产品的高质量产出，也反映了农业生产投入的高效性。主要包括节水灌溉面积占总灌溉面积的比重、用电强度、农村单位面积快递线路长度及每万人绿色食品数等4个二级指标。

6. 农民收入高水平指标

农民收入的不断增加是农业高质量发展的最终目标，农业高质量发展的进程必然会引起农村居民收入水平和结构的变化，在推动农业高质量发展进程中实现农村居民生活水平的不断提高、城乡收入差距的缩小和城乡二元结构的改变。主要包括乡村人均社会消费品零售总额、农村居民人均消费支出、农村居民家庭人均可支配收入、农村居民家庭恩格尔系数、城乡居民收入差异系数、农村高低收入户差异系数等6个二级指标。

二　河南各地市农业高质量发展水平测度及评价

目前学界对农业高质量发展水平进行评价的方法主要有主观赋权法和客观赋权法两种方法。主观赋权法包括专家赋权法、层次分析法等方法，这些方法主观性较强，主要依赖专家的经验确定各个指标的权重。客观赋权法有熵权法等方法，依据农业高质量发展水平主要影响因素所传递的信息量大小确定指标权重，减少了评价过程中人为因素对评价结果的影响，能够客观地反映各评价指标对农业高质量发展水平的贡献程度。因此课题组采用熵权法分析评价河南省各地市的农业高质量发展水平。

（一）数据来源和处理方法

本评价数据主要来源于《河南统计年鉴（2019）》。在测度中，首先对原始数据进行标准化处理，然后确定客观权数，并计算评价对象在各二级指标上的得分，最后可得到产品质量高、产业效益高、生产效率高、经营者素质高、市场竞争力高和农民收入高综合水平指数。

1. 数据标准化处理

对 n 个评价对象和 m 个指标的数据矩阵 $X = \{x_{ij}\}_{n \times m}$，正向指标和逆向指标的处理方式分别为：$x_{ij}' = x_{ij}/x_{j,\max}$，$x_{ij}' = 1/x_{ij}$。式中 x_{ij}' 为处理后的数据，定义标准化矩阵：$Y = \{y_{ij}\}_{n \times m}$，其中 $y_{ij} = x_{ij}'/\sum x_{ij}'$，$0 \leq y_{ij} \leq 1$。

2. 计算第 j 项指标的熵值 I_j

$I_j = -k \sum y_{ij} \ln y_{ij}$，式中 $k = 1/\ln n$。

3. 客观权数的确定

第 j 项指标的差异系数 $r_j = 1 - I_j$，第 j 项指标的客观权数 $w_j = r_j / \sum r_j$。

4. 计算被评对象得分

第 i 个对象的总得分 $f_j = \sum w_j y_{ij}$。

（二）评价结果

利用上述计算方法对数据进行处理，得到各个一级指标和二级指标的权重，在此基础上，得出全省18个省辖市产品质量高水平、产业效益高水平、生产效率高水平、经营者素质高水平、市场竞争力高水平和农民收入高水平6个一级指标的排序结果和评价得分（见表2），并最终得出18个省辖市农业高质量发展水平综合评价的排序结果和综合评价得分（见表3）。

表2 18个省辖市一级指标评价

省辖市	产品质量高水平 得分	排名	产业效益高水平 得分	排名	生产效率高水平 得分	排名	经营者素质高水平 得分	排名	市场竞争力高水平 得分	排名	农民收入高水平 得分	排名
郑州	60.36	2	15.18	18	31.50	17	65.85	2	76.17	1	92.38	1
开封	38.25	5	33.78	10	77.68	1	9.75	18	26.48	8	39.31	9
洛阳	23.85	13	51.65	1	46.19	11	37.63	9	38.48	4	48.09	5
平顶山	17.67	17	43.06	7	32.31	16	29.00	12	31.96	6	26.57	15
安阳	18.52	16	31.39	11	41.52	14	28.94	13	30.96	7	37.49	12
鹤壁	90.53	1	47.26	4	57.71	5	76.14	1	22.08	12	46.74	7
新乡	23.26	14	25.62	14	57.06	6	32.69	10	64.80	3	38.80	11
焦作	12.83	18	29.29	13	73.16	2	31.55	11	70.09	2	62.42	2
濮阳	28.75	10	50.74	2	65.40	3	49.63	4	25.74	9	19.97	17
许昌	30.24	8	29.97	12	26.22	18	18.69	16	23.58	10	50.32	4
漯河	34.37	7	22.64	16	52.61	9	39.20	8	17.26	14	41.38	8
三门峡	21.73	15	49.56	3	64.56	4	48.71	5	22.71	11	39.00	10
南阳	24.16	12	41.81	8	50.32	10	21.35	14	15.35	15	47.36	6
商丘	42.41	4	21.11	17	56.91	7	19.55	15	10.46	16	18.30	18
信阳	34.66	6	45.40	5	55.53	8	41.27	7	4.79	18	29.24	14
周口	26.50	11	44.63	6	45.70	12	42.97	6	7.43	17	20.11	16
驻马店	49.07	3	41.39	9	46.01	12	18.48	17	19.43	13	30.87	13
济源	28.89	9	23.36	15	32.92	15	56.00	3	34.73	5	53.58	3

表3 18个省辖市农业高质量发展水平综合评价

省辖市	得分	排名	省辖市	得分	排名
郑州	60.23	1	开封	35.29	10
鹤壁	58.79	2	信阳	32.08	11
焦作	42.89	3	漯河	31.88	12
新乡	39.46	4	许昌	31.18	13
洛阳	37.82	5	南阳	30.65	14
济源	36.75	6	安阳	30.13	15
濮阳	35.84	7	周口	28.39	16
三门峡	35.53	8	平顶山	28.36	17
驻马店	35.37	9	商丘	27.82	18

（三）评价结果分析

由表1可以看出，各一级指标中，产品质量高水平权重最大，市场竞争力高平权重次之，产业效益高水平和农民收入高水平权重差异不大，生产效率高水平权重最小。在各个二级指标中，人均熟肉和速冻食品产量权重最大，用电强度权重次之，劳动生产率权重最小。

就一级指标而言，由表2可以看出，在产品质量高水平方面，鹤壁、郑州和驻马店得分较高，表明其在农产品供给质量方面相对较好，排靠后的是安阳、平顶山和焦作；在产业效益高水平方面，洛阳、濮阳、三门峡得分较高，洛阳和濮阳在农林牧渔服务业产值比重及增加值比重方面水平较高，三门峡在农林牧渔业固定资产投资比重方面水平较高，农业与其他产业融合相对较好，排名靠后的是漯河、商丘和郑州；在生产效率高水平方面，开封、焦作、濮阳得分较高，其在土地产出率、劳动生产率等指标方面具有较高水平，排名靠后的是平顶山、郑州和许昌；在经营者素质高水平方面，鹤壁、郑州和济源得分较高，主要在于其较高的城镇化率及农民合作社发展水平相对较好，许昌、驻马店和开封排名靠后；在市场竞争力高水平方面，郑州、焦作和新乡得分较高，主要是其在每万人绿色食品数和用电强度方面水平较高，排名靠后的是商丘、周口和信阳；在农民收入高水平方面，郑州、焦作、济源得分较高，主要在于其农村居民家庭人均可支配收入、农村居民人均消费支出方面水平较高，城乡居民收入差距较小，排名靠后的是周口、濮阳和商丘。

就农业高质量发展水平综合评价得分而言，由表3可以看出，全省18个省辖市之间的农业高质量发展水平存在一定差异。郑州农业高质量发展水平最高，商丘农业高质量发展水平最低。从具体的综合评价得分来看，如果以40和30作为划分点，全省区域农业高质量发展水平大致可以划分为三个类别：综合评价得分高于40的称为Ⅰ类地区，依次为郑州、鹤壁、焦作3个地市；综合评价得分为30～40的称为Ⅱ类地区，依次为新乡、洛阳、济源、濮阳、三门峡、驻马店、开封、信阳、漯河、许昌、南阳、安阳等12

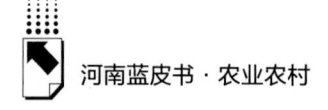

个地市；综合评价得分低于30的称为Ⅲ类地区，依次为周口、平顶山和商丘3个地市。

Ⅰ类地区农业高质量发展水平最高。郑州作为省会城市，农业高质量发展程度较为突出，市场竞争力高水平和农民收入高水平均排名全省第一，产品质量高水平和经营者素质高水平排名全省第二；鹤壁在产品质量高水平和经营者素质高水平方面得分全省最高，在产业效益高水平方面也位居全省前列；焦作生产效率高水平、市场竞争高水平及农民收入高水平等三个一级指标的排名均在全省前列。

Ⅱ类地区农业高质量发展水平相对较高。新乡尽管在其他方面位居全省中下游水平，但在市场竞争力高水平方面位列前三名；洛阳在产业效益高水平方面居全省第一位，在市场竞争力高水平和农民收入高水平方面也位居全省前五；济源在经营者素质高和农民收入高水平方面均居全省第三位，在市场竞争力高水平方面居第五位；濮阳在产业效益高水平、生产效率高水平和经营者素质高水平等三个方面均位居全省前五，在农民收入高水平方面排名靠后；三门峡在产业效益高水平、生产效率高水平和经营者素质高水平方面均排在全省前五位；驻马店在产品质量高水平方面位居全省第三；开封在生产效率高水平方面位居全省第一，但是经营者素质高水平排名最后；信阳市场竞争力高水平和农民收入高水平排名靠后，其他四个指标均处于全省中间水平；漯河产业效益高水平和市场竞争力高水平全省排名靠后，其他四个指标都处于全省中游水平；许昌农民收入高水平位居全省第四，生产效率高水平排名全省最后；南阳在经营者素质高水平和市场竞争力高水平方面较为落后；安阳除了市场竞争力高水平处于全省中游水平以外，其他五个指标均处于全省下游水平。

Ⅲ类地区农业高质量发展综合水平相对较低。周口在市场竞争力高水平和农民收入高水平方面全省排名较低；平顶山在产品质量高水平、生产效率高水平和农民收入高水平方面排名较低；商丘在产品质量高水平和生产效率高水平方面表现较好，其他四个指标全省排名较低。

另外，需要说明的是，本报告是评价河南农业高质量发展进程的一次尝试，农业高质量综合发展指数是河南省18个省辖市之间的相对发展指数，并非代表农业高质量发展实现程度的绝对指数。本报告通过相对发展指数综合反映各地区在农业高质量发展相关环节和领域的优势或差距，以期为各地市加快推进农业高质量发展和现代农业建设提供具有针对性的参考。

三 推进河南农业高质量发展的对策建议

推进农业高质量发展，是贯彻落实十九大精神的根本要求。为加快推进农业高质量发展，建设现代农业强省，根据上述对全省区域农业高质量发展水平测度和评价的结果，依据河南省关于农业高质量发展的总体要求、发展目标和发展方向，应有针对性地重点施策，省级层面要加强政策设计的差别化和精准性，市县层面要因地制宜强化对接和落实，推进农业发展质量变革、效率变革、动力变革，推动农业大省向现代农业强省转变。

（一）优化农业产业结构，保障农业高质量发展产品供给

保障农业高质量发展产品供给，满足人民日益增长的美好生活需要，就是要以市场需求为导向调整完善农业生产结构和产品结构，坚持绿色化、优质化、特色化、品牌化发展，让农业供需关系在更高水平上实现新的均衡。目前，我国正处于消费结构转型升级的关键期，要围绕满足消费升级的需要，持续不断地推进农业结构调整，优化农产品供给。一是筑牢粮食基本盘，扛稳粮食安全重任，要稳稳担负起"把中国人的饭碗牢牢端在自己手中"的河南责任。全省在推进农业高质量发展过程中要在高基点上深度发力，在确保国家粮食安全的基础上，进一步推动粮食安全和现代高效农业相统一，深入实施"藏粮于地"，守住管好中原良田，持续大力实施"藏粮于技"，筑牢围实"中原粮仓"。二是深入推进优质粮食工程。积极建设"中国粮谷"，打造口粮生产供应、粮食储运购销、食品产业制造、农业装备制造中心。大力发展粮食产业经济，实施"中国好粮油"行动计划，完善省、市、县三级联动的质量安全检验和质量风险监测体系，打造现代粮食产业创

新发展高地。三是推动高效种养业转型升级，以"四优四化"为重点，以全省十大农产品基地建设为依托，加快优势特色农业的发展，进一步优化农业的产业结构、品种结构、品质结构，提升供给质量和效率，最终实现农产品的高质量供给。

（二）推进农村三产融合，拓展农业高质量发展增值空间

大力开发农业多种功能，推进产业链、价值链、供应链"三链同构"，加快构建现代乡村产业体系，拓展农业发展的增值空间，让农民分享更多全产业链增值收益。一是以加快培育农业产业强镇为抓手，聚焦主导产业和优势资源，以农村三次产业融合发展为核心，推动产业链的延长、价值链的提升，促进产业链条的深度融合，培育乡村产业增长极。二是推动产业融合。坚持"粮头食尾""农头工尾"，大力培育和引进农业产业化龙头企业，加快农业产业生产线智能化、绿色化改造，突出做强肉制品、做优面制品、做精油脂制品、做大乳制品，做特果蔬制品，扩大农产品加工规模，提升产业竞争力。三是推动链条融合。加快农业产业化联合体培育，培育省级示范农业产业化联合体，推动原料基地与加工企业有机衔接，大力发展农产品精深加工，延长产业链条、提升价值链、打造供应链，培育一批全链条、全循环的现代农业产业化集群。四是推动功能融合。积极培育农业新产业、新业态、新模式，推动农业与文化旅游、健康养老、教育体育紧密结合，推动农业的全环节升级、全链条升值，充分挖掘农业资源多重价值，促进农业新产业新业态可持续发展。

（三）坚持绿色发展引领，提高农业高质量发展产出效率

在推进农业高质量发展中，一方面需要从根本上扭转高投入、高消耗、高强度的传统农业发展方式，坚持生产与生态并举，牢固树立绿色发展理念，围绕耕地质量保护、化肥农药减量增效、农业面源污染、资源循环利用等，构建与自然和谐共生的农业发展新格局；另一方面要不断加强农业现代科技和先进技术的应用推广，不断提高规模化和集约化水平，在可持续发展

的基础上不断提高产出效率。一是持续开展耕地质量保护与提升行动,持续加强高标准农田建设,通过深耕深松、秸秆还田、测土配方施肥等措施,保护提升耕地地力。依托农机专业合作社,完善机械化深松整地补助政策,为广大小农户提供深耕深松服务。二是推动农业清洁生产,深入实施化肥农药零增长行动,抓好有机肥替代化肥试点,大力推广测土配方施肥、有机肥替代化肥、病虫害绿色防控等绿色生产技术,要抓好典型示范,带动大面积农业清洁生产措施落实。三是推动农业生产废弃物再利用,大力推进畜禽粪污治理行动,确保大型规模化养殖场配备粪污处理装备。持续巩固秸秆禁烧成果,推进秸秆综合利用,加大农作物秸秆还田作业补助力度,推广农作物秸秆机械化还田耕作模式,鼓励整村、整乡开展农作物秸秆还田。完善地膜回收奖补政策,开展可降解地膜示范工作的推广和应用。四是大力推进现代农业数字化和智能化建设,加快农业物联网新技术、新装备的研发与应用,大力推进农机的智能化制造和应用,推广具有较高信息感知、智能决策、精准作业能力和高能效、高效率、低污染的农业机械,用信息化和智能化赋能农业高质量发展。

(四)提高经营主体素质,培育农业高质量发展主导力量

强化涉农产业的人力资源开发和提升,全力激发河南农业高质量发展的内生活力。一是推动涉农人才培育服务业的发展,引进专业化人力资源公司开展涉农类人才服务,支持本地涉农类服务企业设立和成长,为农业高质量发展和现代农业建设挖掘、培养人才,为全省农业产业化龙头企业、新型农业经营主体和新型职业农民的发展提供解决思路。二是完善农村人才成长发展机制,完善乡村人才引进和激励机制,创造乡村干事、拴心、留人条件,畅通智力、人才下乡进村通道。完善农村人才发展支持政策,挖掘农村劳动力资源,强化农村专业人才队伍建设。发现和培养一批农村能人、大户,壮大农村致富带头人、农业科技人才和农技推广人才队伍。三是规范发展新型农业经营主体。引导农民合作社完善制度章程,对收益进行合理分配,增强合作社服务带动能力,全面提升规范化水平。建立健全家庭农场名录管理制

度，强化家庭农场政策支持，将家庭农场的经营者纳入新型职业农民和农村实用人才培育计划，推进家庭农场示范创建活动，提升家庭农场发展质量。四是发展壮大新型职业农民。大力实施新型职业农民培育工程，支持农民工、大学生、退役军人、企业家返乡下乡创业，发展生态种植、特色养殖、农村电商等。

（五）加强农业品牌建设，提升农业高质量发展竞争能力

随着消费结构的不断升级，居民在消费方面更加注重和倾向于选择品牌产品。品牌是农产品供给者和消费者共同的追求，是农业供给侧结构性改革和农业高质量发展的方向。打造农业品牌，提高农产品的档次和附加值，建立农产品优质优价的正向激励，对于推动农业高质量发展具有积极作用。在推动农业高质量发展过程中，要将培育提升农业品牌放在重要地位，必须把品牌建设贯穿农业全产业链，为农业转型升级、提质增效提供坚实的支撑和持久的动力。农业要强，必须有拿得出去的品牌，打好"品牌"牌，助力农业高质量发展。一是完善品牌发展机制，制定品牌目录、品牌评价、品牌退出等管理办法，形成一整套保障品牌规范发展的规章制度和机制，保障农业品牌的健康有序发展。二是建立农业品牌目录，实施农业品牌的目录管理制度，对农业品牌进行定期发布、修订和筛选，加强对农业品牌的动态管理，推动各地区和各主体积极创建农业品牌。三是培育一批知名品牌，不断提升"三品一标"产品数量，加大对特色鲜明、品质优良产业和产品的扶持，最终形成消费者口碑好、市场竞争力强的农业品牌。

（六）全面深化农村改革，激活农业高质量发展内生动能

持续深化农村改革，聚焦农民和土地的关系、农民和集体的关系，推动人才、土地和资本等生产要素在城乡之间的双向流动和平等交换，全面激活农村高质量发展和乡村振兴的内生动力。不断破解农业农村发展中的体制机制掣肘，不断增强农业农村发展的活力。一是不断巩固和完善农村基本经营制度。在坚持家庭经营基础性地位的前提下，加快推进农村承包地"三权

分置"改革，重点放活土地经营权，积极发展土地流转，大力推广土地托管、代种代耕和建立"土地银行"等规模经营的经验，鼓励发展多种形式的规模经营。二是推进农村集体产权制度改革。抓住被确定为农村集体产权制度改革整省推进试点的契机，全面推进资源变资产、资金变股金、农民变股东，下一步的重点是管理好和发展好农村集体经济，推动农村集体产权制度改革的深化，在增加农村集体经济经营收入方面持续发力和创新，不断推动农村集体经济的发展壮大。三是持续深化农村金融体制改革。鼓励金融机构创新农村金融服务，扩大抵押担保范围，满足农业农村发展的资金需求。推动多层次资本市场的发展，提高涉农主体的直接融资能力。推动农业保险"增品、提标、扩面"，积极发展针对生产龙头企业、农民合作社、家庭农场的保险产品。四是加快培育新型农业经营主体，不断提升农民合作社和家庭农场的发展质量，使之成为推动农业高质量发展和现代农业建设的生力军和引领者。

参考文献

刘涛、李继霞、霍静娟：《中国农业高质量发展的时空格局与影响因素》，《干旱区资源与环境》2020年第8期。

黄修杰等：《我国农业高质量发展评价指标体系构建与评估》，《中国农业资源与区划》2020年第4期。

陈明星：《"十四五"时期农业农村高质量发展的挑战及其应对》，《中州学刊》2020年第4期。

辛岭、安晓宁：《我国农业高质量发展评价体系构建与测度分析》，《经济纵横》2019年第5期。

夏英、丁声俊：《论新时代质量兴农绿色发展》，《价格理论与实践》2018年第9期。

宋洪远：《推进农业高质量发展》，《中国发展观察》2018年第23期。

钟钰：《向高质量发展阶段迈进的农业发展导向》，《中州学刊》2018年第5期。

夏显力等：《农业高质量发展：数字赋能与实现路径》，《中国农村经济》2019年第12期。

附：

表1　河南省各省辖市农业高质量发展水平测度原始数据（1）

省辖市	人均猪肉产量（公斤）	人均禽蛋产量（公斤）	人均粮食产量（斤）	人均熟肉和速冻食品产量（公斤）	化肥使用强度（吨/公顷）	农药使用强度（吨/公顷）	农林牧渔服务业产值比重（%）	农林牧渔服务业增加值比重（%）	农林牧渔业固定资产投资比重（%）	牧业总产值比重（%）	农村居民家庭经营净收入比重（%）	土地产出率（元/亩）	劳动生产率（元/人）	农业机械化水平（千瓦/亩）	农林水事务支出占比（%）
郑州	12.92	11.77	1552.42	140.74	626.20	10.05	3.91	3.49	0.55	0.23	0.21	3120.68	16079.72	0.94	4.17
开封	68.52	60.06	6596.55	16.70	750.59	10.31	7.45	3.82	2.38	0.29	0.39	4356.86	20788.79	0.93	12.18
洛阳	20.76	16.88	3637.10	3.67	554.12	9.73	8.75	8.95	8.19	0.23	0.24	3637.91	15402.11	0.82	9.84
平顶山	51.09	28.40	4522.91	0.32	1118.39	10.93	5.84	4.16	7.84	0.39	0.28	3322.27	10469.16	0.83	11.11
安阳	35.96	34.14	7248.84	1.71	1083.61	13.24	5.39	4.78	4.54	0.22	0.30	3182.14	17119.88	0.80	11.64
鹤壁	72.89	75.02	7288.14	169.00	612.07	9.71	6.37	5.23	4.32	0.57	0.31	3345.26	19229.60	1.28	8.98
新乡	54.88	46.66	8070.91	16.38	1127.06	18.08	4.52	2.38	2.71	0.32	0.32	3171.60	19180.69	1.08	15.27
焦作	30.93	30.37	5744.79	2.31	1016.40	19.62	10.40	3.98	1.09	0.25	0.25	4572.96	19288.06	0.85	8.98
濮阳	29.12	74.60	7954.47	12.75	1095.35	12.37	11.76	7.63	2.89	0.31	0.39	3886.18	16648.96	0.87	17.33
许昌	63.54	32.68	6714.56	0.20	673.06	9.65	7.07	4.66	2.05	0.30	0.26	2927.60	13867.06	0.76	9.76
漯河	97.79	56.20	6809.74	8.59	915.39	11.77	3.55	2.04	1.30	0.40	0.29	3889.17	15204.71	0.89	9.59
三门峡	35.34	18.80	3167.01	1.49	494.27	15.13	1.03	0.88	18.81	0.15	0.52	4417.56	19211.32	0.44	13.01
南阳	53.58	31.00	6998.84	1.02	764.65	14.53	3.21	1.93	10.89	0.30	0.42	3308.71	16289.52	0.91	15.28
商丘	45.50	63.11	9881.57	79.07	1190.20	20.48	4.22	2.61	1.49	0.26	0.33	3553.83	18833.17	0.81	14.70
信阳	48.08	55.52	8778.05	3.51	531.57	13.51	5.88	6.25	7.67	0.24	0.37	3499.56	19942.31	0.52	18.44
周口	61.56	52.42	10393.19	15.75	1017.30	20.79	7.72	6.20	5.90	0.28	0.34	3485.01	14707.31	0.75	14.24
驻马店	103.08	39.69	11210.67	36.90	793.10	8.20	6.73	4.62	4.44	0.36	0.39	2888.72	17746.15	0.97	15.68
济源	57.73	33.29	3164.61	1.95	537.88	10.94	2.54	2.11	4.29	0.43	0.15	2731.72	13693.76	1.08	11.94

资料来源：数据主要来自《河南统计年鉴（2019）》。

河南省区域农业高质量发展水平测度与评价

表2 河南省各省辖市农业高质量发展水平测度原始数据（2）

省辖市	农民合作社社均可分配盈余（元）	农民合作社示范社占比(%)	城镇化率(%)	节水灌溉面积占灌溉面积的比重(%)	用电强度（千瓦/亩）	农村单位面积快递线路长度（米/公顷）	每万人绿色食品数（个）	乡村人均社会消费品零售总额（元）	农村居民人均消费支出(元)	农村居民家庭人均可支配收入(元)	农村居民家庭恩格尔系数(%)	城乡居民收入差异系数	农村高低收入户差异系数(%)
郑州	49792.58	10.35	73.38	59.64	579.80	4.05	0.39	406.27	15104.57	21651.82	0.24	1.80	4.36
开封	12307.88	3.54	48.85	16.69	193.89	1.44	0.31	189.36	9709.00	13193.09	0.24	2.21	5.05
洛阳	63287.84	5.67	57.57	52.32	373.24	1.88	0.20	286.07	10745.16	13636.99	0.15	2.64	5.87
平顶山	27293.54	7.40	53.98	52.17	266.12	1.66	0.19	151.00	7698.78	13297.54	0.28	2.41	7.72
安阳	17840.82	9.44	51.75	40.81	473.68	1.71	0.08	167.03	10297.63	14833.85	0.25	2.20	6.24
鹤壁	94214.36	17.37	60.07	75.55	133.88	1.48	0.08	13.79	11569.00	16659.36	0.29	1.84	4.77
新乡	32695.15	8.71	53.41	55.63	950.21	2.15	0.14	111.14	9833.00	14939.37	0.26	2.10	6.34
焦作	35733.02	4.80	59.42	73.12	503.96	2.68	0.40	153.00	13422.32	17628.97	0.28	1.79	4.96
濮阳	124763.77	11.23	45.28	67.62	233.50	1.45	0.09	184.92	9053.00	12654.07	0.31	2.45	10.17
许昌	21968.47	4.34	52.63	73.13	214.75	1.48	0.05	191.51	10573.00	16963.01	0.28	1.88	4.97
漯河	66740.04	8.66	52.47	21.86	231.04	1.35	0.15	116.76	8977.00	15399.55	0.28	2.02	7.38
三门峡	3078.61	16.67	56.29	40.66	136.17	2.71	0.12	90.60	10285.20	14261.56	0.23	2.09	8.98
南阳	28779.87	8.15	46.23	36.30	146.96	1.45	0.12	463.01	9882.50	13837.18	0.29	2.26	5.14
商丘	76084.19	4.44	43.30	24.51	231.03	1.15	0.06	287.74	9166.00	11505.60	0.30	2.61	9.20
信阳	81447.52	10.70	47.55	12.99	136.30	1.26	0.08	213.30	9973.00	12747.66	0.34	2.22	6.57
周口	80799.86	13.95	42.82	20.07	156.86	1.29	0.08	245.19	9802.00	11095.47	0.36	2.38	6.99
驻马店	48356.44	6.74	43.10	28.85	148.11	0.80	0.25	289.10	9269.23	11858.08	0.29	2.40	5.00
济源	99042.64	7.36	62.36	24.80	284.74	3.55	0.18	5.87	12846.00	18446.14	0.23	1.81	12.43

资料来源：数据主要来自《河南统计年鉴（2019）》。

041

专题报告
Thematic Reports

B.3 "十四五"时期河南农业农村高质量发展的形势与对策

黄 成[*]

摘 要： "十四五"时期是迈进新时代的第一个五年，是开启全面建设社会主义现代化国家新征程的第一个五年，具有新的时代特征和继往开来的里程碑意义，对新时期河南"三农"发展的重要性不言而喻。本报告从粮食生产能力、农业供给质量、现代农业发展、农业绿色发展、农村改革、乡村建设、农民生活水平等七个方面总结了"十三五"时期河南农业农村发展取得的主要成就，分析了"十四五"时期面临的站上新起点、面临挑战多、发展潜力大等新形势新机遇，并提出了推进农业供给侧结构性改革、树牢绿色发展理念等助推全省农业农村高质量发展的对策建议。

---

[*] 黄成，河南省委农办秘书处二级主任科员，主要研究方向为农业农村政策。

关键词： "十四五" 农业 农村 高质量发展 河南

一 "十三五"时期河南农业农村发展主要成就

"十三五"时期，全省农业农村发展取得显著成就，乡村振兴实现良好开局，农业生产稳中有进，农村社会和谐稳定，农民群众安居乐业，充分发挥了"三农""压舱石"的作用，为全省改革发展稳定大局提供了有力支撑。

（一）粮食生产能力迈上新台阶

"十三五"以来，粮食供给保障能力稳步提升，全省年粮食种植面积保持在1.6亿亩以上，口粮面积稳定在9000万亩以上；年粮食总产量从2017年起连续三年超1300亿斤，站稳了1300亿斤新台阶，2019年总产达到1339.08亿斤，创历史新高。高标准农田建设成效显著，累计投入资金960亿元，建设高标准农田6320万亩，提升粮食生产能力189亿斤；2020年投入101亿元，再建660万亩高标准农田。

（二）农业供给质量实现新提升

农业产业结构进一步优化，截至2019年底，优质小麦、优质花生、优质草畜、优质林果、蔬菜、茶叶、花木、中药材、食用菌、水产品等十大优势特色农业总产值达到4994亿元，占农林牧渔业总产值的比重为58.5%；牧业产值为2316.5亿元，占农业总产值的比重为27.1%。农产品加工业持续壮大，预计2020年农产品加工业与农业总产值之比将达到2.5∶1，农产品加工转换率达70%。2019年底，全省规模以上农产品加工企业6714家，产值1.18万亿元，农产品加工业是全省两个万亿级产业之一。以面、肉、油、乳、果蔬为重点的绿色食品业加快发展，三全、思念、双汇、牧原、好想你等知名食品企业持续发展壮大。

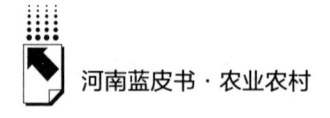

（三）现代农业发展取得新突破

农技研发推广力度持续加大，截至2019年底，农业科技进步贡献率超过62%，小麦、玉米品种选育水平名列全国前茅，花生远缘杂交育种跻身世界先进行列，主要农作物良种覆盖率超过97%，良种在农作物增产中的科技贡献率达到45%以上。畜禽良种覆盖率达到90%以上，生猪、肉羊核心种源自给率达到80%。基层农技推广体系建设不断完善，全省农业主推技术到位率稳定在95%以上。农业机械化加快发展，农作物耕种收综合机械化水平达到84.2%，大中型农机保持快速增长态势，无人驾驶拖拉机在我国智能拖拉机研制领域处于领先地位。

（四）农业绿色发展有了新成效

农业投入品实现减量增效，"一控两减三基本"成效明显，截至2019年底，全省农药、化肥使用量连续4年实现下降，主要农作物化肥利用率为39.4%，农药利用率为40.2%，粪污综合利用率为80%、规模养殖场粪污处理设施配套率为95%，秸秆综合利用率为89%、废旧农膜综合回收率达80%以上。农产品质量安全保障有力，省级农产品质量安全追溯平台建成运营，农产品质量安全例行监测合格率保持在97%以上，畜产品抽检合格率在98%以上，绿色食品、有机食品和农产品地理标志数量大幅增长。

（五）农村改革迈出新步伐

农村基本经营制度得到巩固完善，全面完成农村承包地确权登记颁证整省推进试点任务，截至2019年底，确权到户面积1.07亿亩，新版农村土地承包经营权证书基本实现应发尽发。农村承包地"三权分置"改革加快推进，种植业、畜牧业适度规模经营比重分别达62%、80%，带动了订单生产和规模化种植。新型农业经营主体发展迅速，全省农民合作社发展到18.6万家，家庭农场发展到5.76万家，农业社会化服务组织发展到8.8万个。基本完成农村集体产权制度改革任务，全省完成成员身份确认村（居）

48860个，占比为99.7%；全面完成农村集体资产清产核资工作，共清查核实农村集体资产2755.9亿元，村均资产560.3万元，有经营性资产的村占总村数的31.4%，乡村振兴的活力正在加快释放。

（六）乡村建设取得新进展

农村基础设施持续完善，全部行政村实现通硬化路、通客车，截至2019年底，乡村绿化覆盖率达到34.5%，80%的行政村公共场所等重点部位有照明，农村集中供水率达到93%，自来水普及率达到91%。建立全域一体、城乡融合市场化保洁机制的县（市、区）达到85%，95%的行政村生活垃圾得到有效治理，改造无害化卫生厕所636万户，卫生厕所普及率达到83%。乡村物流更加便捷，实现20户以上自然村4G网络全覆盖。农村基层组织建设进一步加强，县级以上文明村镇占村镇总数的50%以上，90%以上的行政村建立"一约四会"（即村规民约、红白理事会、道德评议会、村民议事会和禁毒禁赌会），80%以上的乡镇（街道）、村（社区）成为平安乡镇（街道）、平安村（社区）。

（七）农民生活水平实现新提高

脱贫攻坚取得决定性进展，截至2019年底，全省现行标准下的农村贫困人口累计脱贫651万人，"两不愁三保障"问题基本得到解决，贫困发生率由2013年底的8.79%下降到2019年底的0.41%。全部贫困县实现脱贫摘帽，剩余的52个贫困村和35.3万贫困人口也将如期脱贫摘帽，确保实现全面小康路上一个都不掉队。2019年农民人均可支配收入达到15163.75元，年均增速8.7%，农民群众的获得感、幸福感不断增强。

二 "十四五"时期河南农业农村发展面临的形势

"十四五"规划是开启全面建设社会主义现代化国家新征程的第一个五年规划，具有新的时代特征和继往开来的里程碑意义，对新时代河南"三农"发展的重要性不言而喻。当前，全省农业农村发展的内外部环境发生深刻变化,"三农"工作既面临着难得的历史机遇,也面临着前所未有的风险挑战。

(一)站上新起点

从所处的时代背景来看,最为鲜明的时代特色就是中华民族伟大复兴战略全局和世界百年未有之大变局的历史交汇。从"三农"发展所处的历史方位看,河南"三农"发展已经站在新的历史起点上。在国家层面,党的十九大首次提出实施乡村振兴战略,习近平总书记在主持中央政治局第八次集体学习时作出了"把乡村振兴战略作为新时代三农工作的总抓手"重要论断①,宣告我国"三农"发展进入了新的历史阶段,"十四五"时期,全国"三农"工作处于从乡村振兴布局开篇到全面推进的转变期。在省级层面,2019年3月8日,习近平总书记亲临全国"两会"河南代表团参加审议并发表重要讲话,充分肯定了河南"三农"工作取得的成绩,为河南深入实施乡村振兴战略、做好"三农"工作指路领航,提出了"6+1"的具体要求②。2019年9月总书记视察河南时,又提出了"扎实实施乡村振兴战略"的更高要求。③"十四五"时期是"三农"发展站上新起点之后的第一个五年规划,需对标全面建设社会主义现代化国家,把乡村振兴作为标志性工程,集中力量优先支持,全面部署,全面实施,开启推进农业农村现代化新局面。

(二)面临挑战多

当今世界正处于百年未有之大变局,国内外形势复杂变化,农业农村发展面临的风险和挑战日益增多。从外部看,新冠肺炎疫情仍在全球持续

---

① 《习近平在中共中央政治局第八次集体学习时强调把乡村振兴战略作为新时代"三农"工作总抓手促进农业全面升级农村全面进步农民全面发展》,人民网,2018年9月22日,http://cpc.people.com.cn/shipin/n1/2018/0925/c243247-30312782.html。
② 《习近平参加河南代表团审议》,人民网,2019年3月9日,http://henan.people.com.cn/n2/2019/0309/c351638-32721488.html。
③ 《习近平在河南考察时强调坚定信心埋头苦干奋勇争先谱写新时代中原更加出彩的绚丽篇章》,新华网,2019年9月18日,http://www.xinhuanet.com/2019-09/18/c_1125011847.htm。

蔓延，国际贸易不稳定不确定性较大，农产品供应链的稳定性可靠性受到冲击。从国内看，农业总量不足和结构性问题并存，自然灾害风险、生物安全风险、市场风险叠加，供给保障能力仍需进一步巩固，农民增收的速度放缓。从省内看，农业、农村、农民都发生了深刻的变化，农业从一业到多业的转变、农村由封闭到开放的转变、农民由传统到现代的转变带来的不确定性加大了发展难度。在粮食生产方面，抗风险能力还是不强，这几年小麦赤霉病、条锈病呈多发趋势，草地贪夜蛾的出现又增加了一个新的风险点；非洲猪瘟疫情对生猪生产的影响较大，生猪生产尚未完全恢复；我们还面临着各种自然灾害风险、市场风险、农地非农化风险等。河南的粮食生产，不仅要解决一亿人口的吃饭问题，还要外调粮食，为国家粮食安全作贡献，什么时候都不能轻言粮食过关了。在农业高质量发展方面，农业依然是弱势产业，农业"大而不强、多而不优"的问题依然十分突出，主要表现为农业的产业链条短，价值链、供应链不够完善，农产品精深加工少，品种不优、品质不高、品牌不响。与快速推进的工业化城镇化相比，农业农村发展步伐明显滞后，在城乡基础设施、公共服务、社会治理等方面，都还存在巨大的差距，农业农村仍是社会主义现代化建设的突出短板。如何在新时期巩固农业基础地位、稳住农业基本盘、守住"三农"这个战略后院，面临着各种风险挑战。

（三）发展潜力大

在以国内大循环为主体、国内国际双循环相互促进的新发展格局下，河南"三农"工作具有潜力和后劲。河南乡村点多面广，是扩大内需、畅通国内大循环的潜力所在。从需求的角度讲，全省广大乡村仍居住着近5000万人口，农村人口人均消费支出增速快于城镇居民，农村消费正在升级，是巨大的内需空间；乡村基础设施建设滞后，是巨大的投资和建设空间。加快补齐现代化建设的最大短板，不仅能有效拉动基础设施建设投资，而且能够激发农民的改善性需求，是全省最具潜力的内需基点。从供给的角度讲，粮食生产是河南的一张"王牌"、农业产业化是河南的一大优势，在扛稳粮食安全重任的前提下，延伸产业链、提升价值链、打造供应链，为国人提供稳定可靠、绿色安全的农产品，是河南最具竞争力的供给方向。

三 "十四五"时期河南农业农村发展六条路径

"十四五"时期，要以习近平新时代中国特色社会主义思想为指导，坚持农业农村优先发展总方针，以实施乡村振兴战略为总抓手，以绿色化转型、高质量发展为引领，以政策创新、科技创新、制度创新为动力，持续深化农业供给侧结构性改革，建立完善现代农业产业体系、生产体系、经营体系，加快改进乡村治理体系，加快提高农民素质和收入，走农业绿色、乡村美丽、农民高素质、城乡融合的农业农村代化发展道路，推进全省由农业大省向现代农业强省转变，为开启全面建设社会主义现代化国家新征程、向第二个百年奋斗目标进军奠定坚实基础。

（一）扛稳粮食安全这个重任

一是建设新时代粮食生产核心区。着力编制新时代国家粮食生产核心区建设规划，加快建设全国重要的口粮生产供给中心、粮食储运交易中心、绿色食品加工制造中心和农业装备制造中心。到2025年，确保粮食综合生产能力稳定在1300亿斤以上。二是持续保护提升耕地质量。严守耕地红线不动摇，确保全省耕地面积持续稳定在1.22亿亩以上；落实保护基本农田的政策，确保全省1.02亿亩基本农田面积不降低。加大耕地质量监测评价和污染治理力度，强化农用地分类管理和利用，持续提高耕地地力。三是启动新一轮高标准农田建设。构建高标准农田建管并重的长效机制，加强项目集中统一管理，实施统一规划布局、统一建设标准、统一组织实施、统一验收考核、统一上图入库，实现全程化监控和精准化管理。到2025年，全省高标准农田达到8000万亩，高效节水灌溉面积达到4000万亩。四是推动粮食产业提质增效。着力打造产业链健全、价值链高效、供应链完善的现代粮食产业体系，打造一批全国知名粮油加工龙头企业。着力提高优质绿色粮油产品的供给能力，充分发挥河南优势，创建以小麦、玉米、稻谷、油料等为重点的粮油产业体系。到2025年，力争主食产业化率超过65%，全省粮油加工转化率超过90%，粮油精深加工产值占粮油加工业总产值的一半以上，粮食产业经济总产值达到4000亿元。

（二）推进农业供给侧结构性改革这条主线

一是加快推动高效种养业高质量发展。持续发展十大优势特色农产品产业群，到2025年，实现优势特色农业产值达到6500亿元。二是加快推动绿色食品业高质量发展。抓好"粮头食尾""农头工尾"，坚持做优面制品、做强肉制品、做精油脂制品、做大乳制品、做特果蔬制品，推动绿色食品业高端化、绿色化、智能化、融合化发展。力争到2025年，农产品加工转化率达到75%、增值率达到3.2∶1以上。三是加快优势特色产业集群高质量发展。推动十大优势产业等集中连片的产业地区开展集群创建，打造一批结构合理、链条完整的优势特色产业集群，推动优势特色产业发展实现从"小特产"向"大产业"、从"平面分布"向"集群发展"、从"同质竞争"向"合作共赢"转变。力争到2025年，培育千亿级产业集群2个、百亿级产业集群20个。四是高质量建设现代农业产业园。以县域为主要单位，以"一县一业"为基础，积极打造主导产业突出、地域特色鲜明、创新创业活跃、业态类型丰富、利益联结紧密的国家、省、市三级现代农业产业园体系。

（三）树牢绿色发展这个理念

一是推动生产标准化。完善现代农业生产技术标准，加快推进农业基础设施和农业机械标准化管理，加大"三品一标"认证力度，积极开展整建制标准化建设。二是推动生产安全化。严格实行食用农产品合格证制度，探索推广"合格证+追溯码"管理新模式。加大质量安全监测力度，推行"双随机"抽样，推动检测扩面提量。强化质量安全监管，严格落实"四个最严"要求，切实守住不发生系统性区域性食品安全风险的底线，确保人民群众"舌尖上的安全"。持续推进农产品质量安全县（市）创建。力争到2025年，80%以上的农业规模经营主体基本实现农产品可追溯，50%以上的县（市、区）达到国家级农产品质量安全县标准。三是推动生产绿色化。把乡村生态保护与修复工程统筹考虑，把"山水林田湖草"作为一个有机整体，系统开展全要素综合整治，构建种养结合、生态循环、环境优美的田园生态系统，积极探索农业绿色发展新机制和生态循环农业发展新模式。力争到2025年，主要农作物农药利用率、化肥利用率分别达到42%以上、41%以上，秸秆、畜禽粪污综合利用率分别达到93%以上、83%以上。四是推动生产品牌化。加大豫农品牌培育力度，着力把产品的数量优势转化为质量优势、品牌优势。到2025年，省级以上农产品区域公用品牌、企业品牌、产品品牌分别发展到200个以上、400个以上和900个以上。

（四）补齐农村基础设施这个短板

一是坚持先规划后建设。农村基础设施建设需纳入乡村规划的盘子，把乡村规划放在乡村全面振兴和城乡融合发展的大局中进行统筹设计，由省级层面制定乡村规划编制工作指南、技术指南和考评指南，用3年时间把县域"多规合一"乡村规划全部编制完成，引导编制好实用性村庄规划，规划一步到位、按步骤有序实施。规划要坚持全域一体、城乡一体，软硬环境、村风民俗统筹考虑，实现土地、布局、产业、生态等"多规合一"，力求适用实用。着力推进城乡基础设施的互联互通，重点规划建设和完善农田水利、农村饮水、农村交通运输、乡村物流、宽带网络等与生产生活关系最为密切的基础设施。二是加快建设"美丽乡村"。巩固农村人居环境整治三年行动成果，编制实施农村人居环境专项提升行动，将工作重点从解决行路难、如厕难、环境脏等突出短板转向美丽乡村建设。坚持建管并举、内外兼修。从生态环境、村庄基础设施、公共服务设施、农户庭院等"看得见"的硬设施入手，向村规民约、村风民俗等"看不见"的软环境延伸，做到建设、运营、管护同步推进，生态、乡风、文化互促共进，加快建设生态宜居美丽乡村。三是加快建设数字乡村。推动全省农业信息化和数字乡村建设取得重要进展，力争走在全国前列。加快农村信息基础设施建设，着力推进城乡信息一体化。进一步加大农村网络建设投入，推动实现全省农村固定宽带家庭普及率达到90%以上，移动宽带用户普及率达到85%以上，乡镇以上区域5G基站全覆盖，全省农村固定宽带用户百兆接入全覆盖。着力培育一批农业农村数字产业主体，叫响河南数字农业、数字产业品牌。

（五）夯实乡村治理这个根基

一是建强基层党组织。突出政治引领，持续实施党支部"堡垒工程"，持续整顿软弱涣散基层党组织，让基层党组织把稳实施乡村振兴战略的方向盘。实施好村党组织书记"头雁工程"，选优配强带头人。二是培育优良乡风。大力弘扬社会主义核心价值观，深入总结挖掘传统农耕文化的新价值。坚持内外兼修，持续推进移风易俗，做到在建设、运营、管护中同步推进生态、乡风、文化建设。三是推动有效治理。健全自治、法治、德治相结合的乡村治理体系，着力推进乡村治理数字化，深入推动"互联网＋党建""互联网＋社区""互联网＋公共法律服务""互联网＋政务服务"向农村延伸，推广"最多跑一次""不见面审批"等，推动政务服务网上办、马上办，提高群众办事便捷程度。四是发挥农民主体作用。在提高农民、扶持农民、富裕农民上下功夫，培养新型职业农民。充分发挥职业教育优势和涉农教育培训体系作用，广泛开展实用型乡土人才培育，着力发展一批"土专家""田秀才"和产业带头人，培育一批乡村能工巧匠、民间艺人。要大力推动返乡创业。拿出实实在在的措施，打好"乡情牌""乡愁牌""事业牌"，鼓励和吸引大批外出务工人员返乡创业，促进人才回归、技术回归、资本回归。尊重农民主体地位。积极鼓励农民投身乡村建设管理，做好群众工作，争取群众认同，引导农民用勤劳双手建设幸福美好家园。

（六）用好深化改革这个法宝

一是深化农村土地制度改革。稳妥有序推进农村"三块地"改革，探

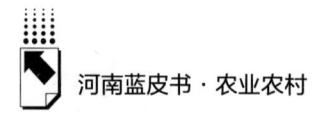

索完善农村承包地和宅基地"三权分置"办法，继续发展多种形式适度规模经营，让农民群众充分享有宅基地财产功能。真正发挥土地这个改革牵引的作用，按照"取之于农、主要用之于农"的要求，着力调整土地出让收益城乡分配格局，确保土地出让收入用于农业农村的比例稳步提高，用土地出让收益的资金，集中支持实施乡村振兴战略中的重点任务，加快补齐"三农"发展各种短板，为实施乡村振兴战略提供有力的资金支撑。二是深入推进农村集体产权制度改革。以农村集体产权制度改革为契机，对农村生产关系进行进一步调整和完善，实现保障农民财产权益、壮大集体经济的目的。在摸清集体家底的前提下，加快推进农村集体资产股份合作制改革，确保集体资产保值增值、农民持续受益。三是培育新型农业经营主体。着眼于实现小农户和现代农业相统一，构建家庭经营、集体经营、合作经营、企业经营等互促互进的新型农业经营体系。加大新型职业农民培育力度，把小农户引导到现代农业发展的轨道上来。

B.4 河南粮食生产核心区发展分析与展望

郭小燕*

摘　要： 河南省是全国重要的农业大省、粮食生产大省，粮食产量占全国的近1/10、小麦产量占全国的1/4，打造粮食生产核心区，对于确保国家粮食安全具有重要作用。近年来，河南省统筹推进粮食生产核心区建设，全面落实"藏粮于地、藏粮于技"战略，全省粮食产量连续13年稳定在1000亿斤以上，为确保国家粮食安全作出了重要贡献，但要在高基点上实现新突破，也面临资源约束趋紧、自然灾害频发、基础设施依然薄弱、种粮比较效益低等诸多挑战。为此，必须持续打造全国重要的粮食生产核心区，更注重提升品质，推动绿色发展，走内涵式发展道路。

关键词： 粮食生产核心区　高标准农田　河南

为了稳定提高粮食综合生产能力，探索建立粮食生产稳定发展的长效机制，根据《国家粮食安全中长期规划纲要（2008—2020年）》和《全国新增1000亿斤粮食生产能力规划（2009—2020年）》，河南省组织编制了《河南粮食生产核心区建设规划（2008—2020年）》（简称《规划》），于2009年8月经国务院常务会议研究通过后，由国家发展改革委正式印发实施。《规划》提出以黄淮海平原、豫北豫西山前平原和南阳盆地三大区域的15

---

* 郭小燕，河南省社会科学院研究员，主要研究方向为粮食安全。

个省辖市95个县（市、区）为主体，通过稳定面积、主攻单产，改善条件、创新机制、完善政策等措施，把河南建设成全国重要的粮食稳定增长的核心区、体制机制创新的试验区、农村经济社会全面发展的示范区。近年来，特别是党的十八大以来，河南省着力发挥优势打好"四张牌"，紧紧围绕"粮食生产这个优势、这张王牌任何时候都不能丢"的要求，积极承担好保障国家粮食安全的政治责任，持续加快推进粮食生产核心区建设，取得了显著成效。2019年12月12日，河南省政府与农业农村部在北京签署合作备忘录，共同打造全国重要粮食生产核心区。① 基于此，本文将回顾河南粮食生产核心区建设的发展举措和取得的成效，分析建设中存在的短板，并展望其发展趋势，进一步提出打造全国重要的粮食生产核心区的对策建议。

一 粮食生产核心区建设取得的成效

（一）粮食生产能力稳步提升

根据《规划》的具体目标，以2007年的粮食总产量1049亿斤为基数，到2020年，使全省粮食生产能力达到1300亿斤左右。2015年河南粮食总产量达到1213.42亿斤，提前5年完成了到2020年增产155亿斤粮食的任务，2019年达到1339.08亿斤，连续3年保持在1300亿斤以上，每年外调粮食及粮食制品600亿斤，为保障国家粮食安全作出了重要贡献。② 粮食生产结构不断优化。以强筋、弱筋小麦为重点，积极发展优质专用小麦，不断优化粮食品质结构。全省优质专用小麦种植面积由2016年的600万亩发展到2018年的1204万亩，位居全国第一。全省千亩以上单品种片区2265个，面积1142万亩，占全省优质专用小麦种植面积的95%，订

---

① 《全国重要粮食生产核心区如何打造我省获农业农村部3个方面10条措施支持》，《河南日报》2019年12月14日。
② 《全国重要粮食生产核心区如何打造我省获农业农村部3个方面10条措施支持》，《河南日报》2019年12月14日。

单率达到90%，初步实现布局区域化、经营规模化、生产标准化、发展产业化。

（二）高标准农田建设取得重大突破

根据《规划》的重点建设任务，河南省专门下发了《河南省人民政府关于建设高标准粮田的指导意见》，并出台了《河南省高标准粮田保护条例》，编制了《河南省高标准粮田"百千万"工程建设规划（2012—2020年）》。2017年6月，印发了《河南省"十三五"高标准农田建设规划》，统筹推进土地整治、农业综合开发、新增千亿斤粮食生产能力规划田间工程、农田水利重点县等项目建设，明确了全省到2020年确保建设6369万亩、力争建设7420万亩高标准农田的目标。"十二五"以来，河南累计投入960亿元，建设高标准农田6320万亩。2018年和2019年河南省高标准农田建设工作连续两年获得国务院激励奖励。[①] 截至2019年底，滑县、浚县、许昌建安区、临颍县等打造集中连片核心区都超过30万亩。通过高标准农田建设，舞阳县泥河洼16万亩滞洪区变成了"大粮仓"，小麦亩均单产提高200斤左右。

（三）水资源保障能力显著提升

河南省非常重视通过重大水利工程建设提升粮食生产的水资源保障能力。持续实施大中型灌区续建配套、小型农田水利建设、低洼易涝地治理、病险水库除险加固等重大建设工程和北汝河、贾鲁河、天然文岩渠、金堤河干流二期等重点河道治理工程，河口村水库已建成通过竣工验收，出山店水库、前坪水库已按节点完成年度建设任务。有序推进小浪底南岸、北岸等四大灌区前期工作。完成了24个大型灌区续建配套与节水改造和5座大中型病险水库（水闸）除险加固年度建设任务，海河流域蓄滞洪区、史灌河治理等工程加快建设。截至2019年底，全省大、中型灌区累计恢复灌溉面积

---

① 《河南持续推进高标准农田建设——把更多"望天田"变成"高产田"》，《河南日报》2020年9月5日。

568.1万亩，改善灌溉面积1421.03万亩。截至2018年，河南省有效灌溉面积达到7800多万亩，高效节水灌溉面积达到2200万亩。

（四）科技支撑作用持续增强

抓好农业科研及公共服务体系建设，提升粮食生产的科技支撑能力。以生物技术为载体的良种，以化学技术为载体的化肥，在粮食生产上广泛应用；小麦、玉米等主要粮食作物生产基本实现全程机械化。截至2019年底，全省粮食作物良种覆盖率达到97%以上，耕种收综合机械化率达到82.6%，农业科技进步贡献率达到60.7%，高于全国平均水平2.4个百分点。多年来，河南省坚持走依靠科技提升单产的内涵式发展道路，粮食单产水平由2011年的373.1公斤，提高到2018年的406.4公斤，增幅近9%。河南省重点实施了种子工程、植保工程、基层农业科技服务体系、农业气象防灾减灾与保障、河南现代农业研究开发基地、粮食技术研究与应用、测土配方施肥、高产创建、良种繁育基地、河南农业大学粮食作物协同创新中心等10项工程。加快新品种选育推广，先后选育了矮抗58、浚单20、郑麦9023等一大批优良品种，主要农作物良种覆盖率达到98%以上。郑麦9023、矮抗58、郑单958、浚单20获得国家科技进步一等奖，百农207、百农419、豫单9953等优良新品种不断涌现。基层科技服务体系基本形成，规划建设了1031个乡镇（区域）农技站，集成推广了一大批先进农业技术，粮食主导技术到位率达到95%以上，化肥、农药利用率均达到38%以上。积极推进农业机械化，农业机械装备水平显著提高，全省拥有大中型拖拉机46万台、联合收获机械28.3万台，数量均居全国第一。

（五）现代经营体系持续完善

持续完善现代经营体系，是激发粮食生产活力的关键。近年来，河南省围绕财政、金融、基础设施建设等方面，构建了完善的政策支持体系，培育壮大新型农业经营主体。同时坚持质量、数量并重原则，更加注重新型农业经营主体的规范和提升。截至2019年底，河南省各类新型农业经营主体发展到28万家，其中粮食规模化生产主体已达3.9万家，种植粮食面积达到1000万亩以上。大力培育各类专业化社会化服务组织，全省农业生产性服务组织达8.8万个，粮食耕种收基本由社会化服务组织承担，粮食生产已由家庭劳动转变为社会劳动。初步建成以承包农户为基础，以家庭农场为骨干，以农民专业合作社为中坚，以农业产业化龙头企业为引领，以农业社会化服务组织为支撑，家庭经营、合作经营和企业经营各司其职、相互配套、有机一体的新型农业经营体系。

（六）体制机制创新步伐不断加快

近年来，河南省不断探索完善粮食生产稳定发展长效机制，加大对产粮大县财政转移支付和奖补力度，提高农业补贴的精准性和指向性。不折不扣落实各项强农惠农政策，充分调动了地方抓粮、农民种粮的积极性。党的十八大以来，全省累计对104个产粮大县发放奖补资金240多亿元，向农民发放农业支持保护补贴近800亿元，利用最低收购价政策收购小麦1200多亿斤，发放农机购置补贴117亿元。积极推进农村土地流转机制创新。深入推进农村"三权分置"改革，全省农村土地承包经营权确权登记颁证工作基本完成；不断完善农村产权流转交易市场，按照县有网络、乡镇有中心、村有信息员的要求构建土地流转服务体系，截至2019年，全省103个县（市、区）、833个乡镇建立了土地流转服务大厅，分别占县、乡总数的65%、45%。整合各类流转服务平台，共建立省辖市农村产权交易中心5个，县级农村产权交易中心41个。全省农村土地流转面积达到3853万亩，占家庭承包耕地面积的38.6%；托管面积2007万亩，占家庭承包耕地面积的20.1%。积极推进农村人力资源开发机制创新。大力开展农业专项技术培训、农业职业技能培训、农业创业培训和新型职业农民培育，强化管理，创新机制，切实增强培训的针对性和实效性。推动"万名科技人员包万村"科技服务活动常态化，1.3万名农业科技人员常年活跃在田间地头，为农民送技术、送服务。积极推进金融支持机制创新。2016年河南在全国率先成立河南省农业信贷担保有限责任公司，组建中原农业保险公司，发挥地方法

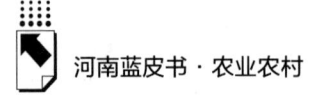

人机构优势，创新保险产品，提高保险额度，简化理赔程序，稳步提高农业保险承保服务能力。

二 粮食生产核心区建设中存在的短板

尽管全省粮食生产发展取得了明显成效，但要在高基点上实现新突破，还面临着资源约束趋紧、自然灾害频发、基础设施依然薄弱、种粮比较效益低等困难和挑战。

（一）农民缺乏种粮积极性

粮食是弱质产业，种粮比较效益低，粮食生产成本高，农民融资难度大等，使得农民种粮积极性不高。受粮食生产成本不断上升、粮食价格下跌影响，种粮比较效益持续下降。粮食生产呈现出高成本、低收益特征，在一定程度上影响了农民种粮积极性。据统计部门分析，全省小麦亩均种植收益从2014年的410.5元/亩，下降到2018年的371元/亩。粮食生产成本仍然较高。由于农资价格居高不下，现在每亩地一年两季的种子、化肥、灌溉等成本在900元左右，农村成年劳动力的用工成本上涨明显，日工资现在一般在120元以上。农民融资难度大。目前，农业特别是粮食经营主体仍然缺少有效的融资途径，由于收益相对较低、缺少抵押物，粮食经营主体融资较为困难。特别是规模化经营主体一般要在每年的年初预付地租，但其一年的净收益一般没有地租多，这给流转土地的种粮者造成了巨大的融资压力。

（二）自然灾害多发频发

近年来，河南省干旱、洪涝、风雹、冻害等自然灾害多发频发，给粮食生产带来不可抗拒的风险。2009~2018年的10年间，受旱面积超过1000万亩的年份达到5年，其中2011年受旱面积近4000万亩；洪涝灾害受灾面积超过500万亩的有3年，其中2017年达到1414万亩，不仅影响了秋粮产量和品质，还影响了小麦适期播种；风雹灾害受灾面积超过200

万亩的年份达到 7 年；遭遇春季低温冻害且受灾面积超过 100 万亩的年份达到 5 年。

（三）高标准农田建设任务艰巨

农业基础设施依然薄弱，抗灾减灾能力不足。截至 2019 年底，全省 1.2 亿多亩耕地中，仍有 6000 多万亩中低产田，田间设施老化，配套设施不完善，旱不能浇、涝不能排，抵御自然灾害的能力弱，尤其是河南南部，雨涝天气多发，田间沟渠不通、排水不畅，内涝问题时有发生。已建成的高标准农田，由于前期建设标准低等原因，还有 1000 多万亩质量不高，存在井电路渠等设施不配套问题，对异常天气灾害的抵御能力仍然不强，需要进一步提升完善。同时，高标准农田建设现行投资标准偏低，近年来，国家和地方逐步提高高标准农田建设投资标准，2018~2019 年，河南省按 1500 元/亩（高效节水灌溉工程 1600 元/亩）组织建设。由于钢筋、大沙、商品混凝土等主要建设材料价格大幅上涨，道路建设成本翻了一番，机井成本上涨三分之一，现行的建设标准已难以满足需要。而且，基层农田建设力量薄弱。近年来，全省高标准农田建设任务艰巨，项目建设、资金筹措、建后管护、新增耕地指标交易等工作涉及多个部门。高标准农田项目建设主要由县级承担，项目点多、线长、面广，做好项目日常监督管理，需要有足够的一线农田建设人员。在机构改革中，市县两级人员到位情况不理想，很多市县4部门原从事农田建设人员未转隶到农业农村部门，有的县受机构编制限制，没有设立专门从事农田建设的科室。农田建设人员严重不足，缺少项目管理经验，对推进高标准农田建设工作影响较大。

（四）粮食生产的社会化服务需要强化

构建新型农业生产性服务体系，实现农业生产性服务业稳定有序发展，是实施乡村振兴战略的重要目标。但是，现有农业社会化服务体系还不完善，一是基层农业部门新进入的技术人员少、年龄结构老化，技术服务能力不足。二是虽然当前农业生产逐渐规模化，但农业生产性服务供给主体总体上存在小、松、散问题，服务供给主体集约化、组织化程度普遍偏低，抵御自然风险和市场风险的能力较弱。三是农业生产性服务供给内容更新速度慢。当前农业生产日益向市场化、专业化和信息化方向发展，农户已不再满足于传统单一的服务供给，而是更加倾向于采用科技化、现代化的农业生产性服务，但从现实发展来看，农业生产性服务内容依旧是传统样式，并未随着农业发展进程的快速推进而有所更新。四是农业生产性服务供给模式单一。农业生产性服务的供给模式依旧是传统的单主体单一供给，多主体联动的供给模式尚未形成。

（五）资源约束趋紧，持续增产难度加大

资源约束趋紧，使得持续增产难度加大。一方面，河南省人多地少，耕地资源先天不足，人均耕地仅有1.1亩，占全国平均水平的4/5，耕地总量已经没有增量空间，靠增加种植面积实现粮食增产也基本没有空间。另一方面，河南属于北方地区严重缺水的省份之一，水资源总量不足全国的1.42%，人均水资源量不及全国平均水平的1/5，水资源供需矛盾日益尖锐，农业可用水资源日益紧张，大旱年份部分地方农业生产出现无水可用局面。

三 打造全国重要的粮食生产核心区的对策建议

当前，我国粮食总量安全问题暂时缓解，结构性矛盾依然突出，可持续发展难度较大。在新的历史起点上，河南要始终牢记保障国家粮食安全的政治责任，加快推进高标准农田建设，稳步提升粮食产能，打造全国重要粮食生产核心区。同时把扛稳粮食安全责任与调整农业结构、增加农民收入统一起来，实现粮食安全和现代高效农业、农民增收相统一。

（一）加大国家对河南粮食生产核心区建设的支持力度

河南省是农业大省，保障全国粮食安全的地位举足轻重。根据河南省政府与农业农村部在北京签署的合作备忘录，河南省与农业农村部将加强规划

统筹，强化政策支持，将河南省打造成全国重要粮食生产核心区，在确保国家粮食安全、推动农业高质量发展方面有新担当新作为。备忘录明确了打造全国重要粮食生产核心区的主要目标和重点任务，要在此基础上，加大国家对河南建设全国重要粮食生产核心区的支持力度，出台具体的支持政策，并把政策落到实处。

（二）编制实施新一轮粮食生产核心区规划

编制实施新一轮粮食生产核心区规划，深化农业供给侧结构性改革，启动建设全国口粮生产供应中心、全国重要的粮食储运中心、全国重要的粮油食品产业制造中心、全国农机装备创新中心、全国重要的粮食科技研发中心、全球粮食交易和期货价格中心等"六大中心"，推动粮食产业链、价值链、供应链"三链同构"，在保障国家粮食安全方面展现新担当新作为。

（三）深入实施"藏粮于地"战略

河南省耕地面积仅超过国家下达目标192万亩，永久基本农田仅超过国家下达目标17万亩，每年还要为各类建设提供用地，供需矛盾突出。必须强化地方政府耕地主体责任，严格落实永久基本农田特殊保护制度和耕地占补平衡制度，严防死守耕地红线，确保耕地稳定在1.2亿亩以上，基本农田在1.02亿亩以上，确保"农地姓农，农地农用"。实施新一轮高标准农田建设规划，把加强高标准农田建设作为主攻方向，坚持新建与提升并重，以县为单位整体推进，改造中低产田，同步发展节水灌溉，持续改善农田基础设施条件，到2025年新建高标准农田2000万亩以上、提升2000万亩，总面积达到8000万亩。开展耕地保护提质行动。加快十项重大水利工程建设，推进大中型灌区续建配套与节水改造，着力打通"大动脉"，疏通"毛细血管"。同时，持续抓好耕地地力提升，把更多的"望天田"变成"高产田"。

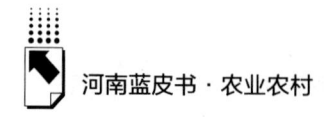

（四）深入实施"藏粮于技"战略

科技是第一生产力。推动"藏粮于技"，推进河南省生物育种中心建设，实施现代种业提升工程，加快新品种选育推广。依托产业技术体系和农技推广体系，集成推广先进技术，提高关键技术到位率。开展农业生产全程机械化整省推进行动，推动农机化向全程、全面、高质、高效方向升级，为粮食生产插上现代化的翅膀。力争到2025年主要农作物耕种收综合机械化水平达到90%，全省粮食综合生产能力确保稳定在650亿公斤以上。加大对基层农技推广队伍建设和运转经费、人员培训等方面的支持，特别是要加快推进财政资金购买农业公共服务的改革步伐；加大对农业大省农业高等院校和科研单位的支持力度，充分发挥其在农业科技创新和普及推广中的重要作用。加快培育社会化服务组织，为小农户提供全过程社会化服务，促进小农户与现代农业发展有机衔接。

（五）着力推动粮食产业转型升级

持续实施优质粮食工程。以强筋、弱筋小麦为重点，推进优质专用小麦"四化"发展，力争到2025年全省优质专用小麦种植面积发展到2000万亩，订单率稳定在85%以上。推进玉米生产方式创新，改变两段式收获方式，推行"种植籽粒机收品种—籽粒收获—机械烘干—种养加结合订单销售"的生产方式，降低玉米生产成本、提高玉米质量。积极发展稻田综合种养、再生稻等优质绿色水稻，提升水稻质量品质和综合效益。加大农业面源污染防治力度，加快推进丹江口库区面源污染治理试点项目建设。以规模化养殖场粪污处理设施、区域性粪污处理中心、大型沼气工程为重点，在畜牧养殖大县整县推进畜禽粪污资源化综合利用。创新农业用地政策，积极争取国家支持，在粮食核心区内为成规模粮食种植区域配套一定的养殖、仓储晾晒和加工用地，就近消化秸秆、就近收获收储、就近生产有机肥料和进行粮食加工，从而促进土壤有机质提升和粮食就地增值，也可节约大量的仓储和运输费用。

（六）提高粮食生产核心区粮食生产综合效益

明确优质专用小麦的收购价格，推动优质优价收储，对核心区发展优质专用小麦进行统一供种，对生产所需种子进行补贴，推动优质粮食区域化、规模化、专业化生产。支持保险公司与期货公司合作，开展小麦、稻谷、玉米等"保险+期货"试点，对保费给予适当补贴。尽快在粮食主产区率先开展农业大灾保险试点，形成农业大灾有托底、农户收益有保障的新型农业保险体系。综合运用土地、财政、金融、税收、环保政策，大力发展粮食精深加工业，推动农村三次产业融合发展，将粮食核心区的粮食等农业资源转换为产业优势，提高粮食经营附加值，增加农民收入，激发农民种粮积极性。

B.5
河南粮食产业"三链同构"高质量发展的现状及对策

陈明星*

摘　要： 推动粮食产业"三链同构"，有利于发挥好粮食生产优势、打好粮食王牌，有利于优化粮食产业体系、实现粮食产业高质量发展，是综合破解粮食产业经济发展难题的应对之道，也是落实"六保"任务的重要内容，对于推进乡村产业振兴和农业供给侧结构性改革、实现粮食安全和现代高效农业相统一具有重要的战略意义。要顺应产业发展趋势，在做好"三链"自身建设的基础上，找准高新技术渗透融合点、产业功能互补延伸点，深化"三链"互动耦合、深度融合，推动"三链"间资源要素重组、产业链条重构、发展空间拓展，形成产业发展质量高、效益好、空间布局科学、利益联结合理、可持续性和竞争力强的产业生态。

关键词： "三链同构"　粮食产业　高质量发展

洪范八政，食为政首。粮食安全始终是治国理政的头等大事，尤其是在统筹推进新冠肺炎疫情防控和经济社会发展的背景下，保粮食安全作为落实"六保"任务之一，也是推动保基本民生、保市场主体、保产业链供应链稳

---

* 陈明星，河南省社会科学院农村发展研究所副所长、研究员，主要研究方向为农业经济与农村发展。

定等任务落实的重要支撑。要有效保障粮食等重要农产品稳产保供，必须针对长期以来农业弱质低效的现象，加快推进农业供给侧结构性改革，大力发展粮食产业经济。2019年3月，习近平总书记参加十三届全国人大二次会议河南代表团审议时强调，要发挥自身优势，抓住粮食这个核心竞争力，延伸粮食产业链、提升价值链、打造供应链，不断提高农业质量效益和竞争力，实现粮食安全和现代高效农业相统一。[①] 同年，河南提出推动"三链同构"，并于2020年6月出台《关于坚持三链同构加快推进粮食产业高质量发展的意见》，提出加快实现由粮食资源大省向粮食产业强省转变的目标。

一　粮食产业"三链同构"的内涵与特征

产业链、价值链、供应链是三个既相对独立又相互交融的经济学概念，在"三链同构"提出之前，理论界和实践界关注较多的是粮食产业链、创新链、价值链协同打造，即"三链协同"。而无论是"三链协同"还是"三链同构"，目前的研究整体来讲比较薄弱，且现有的文献多集中于对区域农业或粮食产业发展实践的介绍，虽然对"三链同构"的必要性、紧迫性已形成共识，但对何谓"三链同构"、如何"三链同构"等，还需要进行相对系统深入的研究。

现代产业融合发展的规律、趋势和实践都表明，产业链、价值链、供应链不是孤立存在的，而是彼此关联、密不可分的有机体，离开价值链和供应链，单纯强调全产业链，并不足以提高经营效益、防范经营风险，反而可能陷入更加高风险、低收益的境地。所以，"三链同构"是在做好"三链"自身建设的基础上，找准高新技术渗透融合点、产业功能互补延伸点，深化"三链"互动耦合、深度融合，以产业链为载体，集成粮食产前、生产、储存、运输、流通、加工和消费等多环节、多主体、多区域，推动"三链"

---

① 《习近平参加河南代表团审议》，人民网，2019年3月9日，http://henan.people.com.cn/n2/2019/0309/c351638-32721488.html。

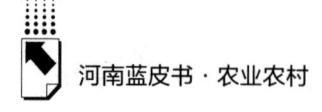

间资源要素重组、产业链条重构、发展空间拓展，形成共生、协同、增值、共赢的粮食产业系统，实现价值增值、成本降低、风险规避、效益提升。

因此，粮食产业"三链同构"必须立足资源禀赋和发展实际，充分发挥比较优势，强化需求导向、市场导向，强化质量兴农、绿色兴农、品牌强农，强化产业融合、创新驱动，推动粮食产业发展由增产导向向提质导向转变。具体来说，至少应充分体现"三高四强"的特征。"三高"，一是产品供应质量高，在保障粮食有效供给的基础上，着力实现品质优、口感好、营养均衡、特色鲜明，更有效满足个性化、多样化、高品质的消费需求；二是产业发展效益高，农业多种功能更加彰显，产业融合更加深化，增值空间更加拓展；三是全要素生产率高，农业劳动生产率、土地产出率、资源利用率全面提高。"四强"，一是市场竞争力强，比较优势进一步转换为竞争优势，农业品牌价值显著提升，市场占有率和产品认可度明显提高；二是发展持续性强，农业支撑服务有力，绿色发展水平高，产业发展稳健性、成长性好；三是利益联结度强，新型农业经营主体发展态势好、带动能力强，利益联结机制紧密，农民充分分享农业产业链增值收益；四是示范引领性强，在发展方式、发展模式等方面先行先试，探索成效好、复制推广价值高。

二 河南粮食产业"三链同构"的现状与趋势

河南作为国家粮食生产核心区，长期以来为保障国家粮食安全作出了突出贡献，然而，尽管全省粮食资源丰富，但粮食作为资源的优势尚未转化为产业优势。未来，在"三链同构"中，"双侧协同"将成为必然要求，产业深度融合将成为重要着力点，新业态新模式将成为新增长点，集群成链发展将成为重要方向。

（一）河南粮食"三链同构"的进展与问题

按照"延伸产业链、提升价值链、打造供应链"的要求，河南加快推进"三链同构",粮食产业发展基础不断巩固、动能不断增强,产业链不断延伸,产业业态日益丰富,增值模式日趋多元,产业影响力持续扩大,但同时面临着一系列亟待突破的瓶颈和难题。未来,需要抢抓机遇、乘势而上,变挑战为机遇、化差距为潜力,加快发展新业态、新模式,推进产业深度融合、集群成链发展,增创粮食产业高质量发展新优势。

1. 粮食综合生产能力持续提升,但发展方式不适应问题依然突出

近年来,全省粮食、棉花、油料、蔬菜、肉蛋奶、水果等主要农产品产量均居全国前列,尤其是粮食生产,2019年总产量达到1339.08亿斤,同比增长0.7%,实现连续14年超过千亿斤、连续3年超过1300亿斤,粮食总产量和单产均创历史新高,不仅解决了自身1亿人的吃饭问题,每年还外调原粮和粮食制成品600多亿斤,被总书记誉为"一大优势、一张王牌"[1],但粮食生产能力基础并不稳固,耕地面积吃紧、质量下降等问题也日渐凸显。一是基础设施建设总体仍然比较薄弱,在农田水利、信息化等方面提档升级任务依然繁重。二是农业生产成本持续上升,以小麦为例,2019年全省亩均生产成本仍然维持在563.6元的高位。三是资源环境约束持续趋紧。尽管化肥、农药施用量已连续4年实现负增长,但农业面源污染、耕地质量下降、地下水超采等问题仍然凸显,农业水资源利用和秸秆、粪便、农膜、生活污水等综合治理利用还有较大提升空间。

2. "四优四化"持续推进,但供给质量不优问题依然突出

近年来,全省以"四优四化"为重点的农业结构调整取得明显成效,优势特色农业发展提速,高效种养业加快转型升级。2019年,全省十大优势特色农业实现产值4994亿元,占农林牧渔总产值的比重达到58.5%,同比提高2.5个百分点。但与此同时,供给质量不优的问题依然突出,产品供给仍以大路货为主,优质绿色农产品占比较低,尚不能满足市场需求。绿色食品、有机农产品生产面积仅占全省耕地面积的9%,有效期内"三品一

---

[1] 《河南:树农业王牌架合作桥梁》,人民网,2015年12月15日,http://henan.people.com.cn/n/2015/1215/c351638-27317753.html。

标"产品数量居全国第 12 位，其中绿色食品排全国第 15 位、中部第 4 位，有机农产品排名更靠后，居全国第 22 位。

3. 农业产业链持续延伸，但产业效益不高问题依然突出

近年来，河南着力推进农业产业延链补链，农产品加工业发展迅速。2019 年，农产品加工业贡献了全省规模以上工业营业收入的 26%、利润的 35%，提供了 150 余万个就业岗位，但农业发展质量效益不高的问题仍然比较突出。一是链条不长。多以供应原料为主，资源综合利用率低，农产品粗加工和一般加工品占比高达 80% 以上，加工能力弱、产业链条短、增值比例低的问题仍然突出，与广东等发达省份能够实现农产品"吃干榨净"相比，差距不小；休闲农业、乡村旅游等普遍存在同质化现象；农业装备产业仍以农机装备为主，在食品精深加工方面发展有限。二是效益不高。2018 年种植业亩均产值 2243 元，仅相当于全国平均水平的 91%、山东的 80%、四川的 78%；农民种粮亩均收益不足 600 元，仅相当于外出务工三五天的工资收入。三是品牌不响。全省农业品牌多而杂、小而乱的情况尚未根本扭转，目前河南农业仅有"中国驰名商标"78 个，面粉、油脂、奶制品等缺乏全国知名品牌，与农业大省地位很不相称。

4. 新型经营主体发展持续提速，但竞争力不强问题依然突出

近年来，全省新型农业经营主体加快培育，家庭农场和农民合作社发展势头良好，截至 2020 年 10 月，全省家庭农场、农民专业合作社分别发展到 23 万家、19 万家；返乡创业持续加快，2019 年，全省新增返乡下乡创业 25.67 万人，总量累计达到 149.79 万人，成为乡村振兴的重要力量。但同时，新型经营主体发展仍处于成长阶段，市场竞争力偏弱，带动作用有待加强。全省省级以上龙头企业 854 家，比山东少 153 家；营业收入亿元以上农产品加工企业 2070 家，仅占规模以上企业总数的 29%；规模以上农产品加工企业 7259 家，不到山东的 60%。同时，抵御风险能力不强，受经济下行和信贷政策紧缩影响，一些龙头企业生产经营陷入困境。

（二）河南粮食"三链同构"的突出挑战

当前，宏观经济下行压力与新冠肺炎疫情形成的叠加冲击等挑战，成为制约粮食产业"三链同构"和高质量发展的突出因素。

1. 宏观经济下行压力持续加大，新冠肺炎疫情形成叠加冲击

当前，国内外经济形势依然复杂严峻，全球经济增长放缓，2018年以来全球贸易摩擦升级、地缘政治紧张等带来的不确定性，也冲击着全球贸易和投资增长，制造业持续低迷后向服务业和消费传导的风险增加，外部不稳定不确定因素增多，国内经济下行压力较大，"猪周期"短期内仍将推高居民消费价格指数，对农业农村的传导效应正逐渐显现，尤其是由新冠肺炎疫情持续发酵所引致的传导性影响，对粮食产业"三链同构"和高质量发展形成叠加冲击。

2. 工业化城镇化反哺能力不足，支持政策亟待创新

当前，河南正处于工业化、城镇化加快推进阶段，2019年，全省城镇化率为53.21%，低于全国7.39个百分点；第一产业增加值占国内生产总值的比重降至8.54%。尽管二者均于2017年实现突破50%、10%的标志性转变，但分别比全国晚6年和8年。工业化、城镇化的相对滞后，决定了其对农业农村发展的反哺能力相对不足。同时，与农业大省相适应的粮食产业"三链同构"和高质量发展支持政策体系尚未形成，如粮食主产区利益补偿机制和生态补偿机制尚不完善，亟待同步实现由增产导向型向质量效益竞争力可持续发展方向转变，并提高政策支持的精准度和针对性。

3. 新动力不足与旧动力乏力并存，基础设施支撑不力

近年来，全省农村三次产业融合发展加速，新产业、新业态、新模式不断涌现。但从整体上来说，农村"三新"无论是在发展规模上还是在对农民增收的带动力上仍很有限，尚未形成能够有效支撑农业高质量发展的强劲动能。而与此同时，以投资拉动为主要驱动力的传统动能却呈现乏力态势。全省第一产业固定资产投资（不含农户）自2019年1月至2020年4月持续负增长，虽然自2020年5月起实现扭负为正，但仍然只是在基数较低的基

础上的恢复性增长。此外，一些地方在农村道路、网络通信、仓储物流等方面的基础设施尚未实现全覆盖，特别是鲜活农产品直销网点等设施相对落后，这些都直接影响粮食产业"三链同构"和高质量发展。

（三）河南粮食产业"三链同构"的趋势展望

在构建"双循环"发展格局、消费升级提速、创新驱动加快、绿色发展引领等大背景下，粮食产业"三链同构"也面临难得的发展机遇，呈现出加速融合、提质升级的发展趋势。

1. 推进"双侧协同"将成为实现"三链同构"的必然要求

在宏观经济下行压力加大、消费需求不振的背景下，推进"三链同构"，必须强化供给侧与需求侧协同。一方面，要持续推进供给侧结构性改革，强化需求导向、市场导向，积极扩大农业农村投资，推进产业创新、业态创新、产品创新，开发符合不同消费层次的个性化、定制化产品；另一方面，要积极扩大有效需求，加快完善社会保障和公共服务，着力提振消费信心，为扩大内需、开拓市场释放潜力和活力，促进产销对接、供需衔接。

2. 产业深度融合将成为"三链同构"的重要着力点

推进"三链同构"是实现粮食产业高质量发展的必由之路，但"三链同构"不仅需要围绕各链自身做足"链内"文章，即产业链延伸、价值链提升、供应链打造，而且也需要各链协同做好"链间"文章，即在一般意义上的农村三次产业融合的基础上，找准高新技术渗透融合点或产业功能互补延伸点，推动资源要素优化重组，实现产业深度融合。如打通食品产业与装备制造业、食品包装造纸产业、功能食品等医药产业、动物饲料产业等，积极推动"食品+装备制造""食品+造纸""食品+医药""食品+物流""食品+动物饲料"等"食品+"大融合大发展，从而推动"三链同构"。

3. 新业态新模式将成为"三链同构"的新增长点

在农业高质量发展传统动能日显颓势的背景下，以漯河平平食品、焦作蜜雪冰城等为代表的发展实践表明，新业态、新模式所蕴含的势能，将成为助推农业高质量发展的新增长点。如在应对新冠肺炎疫情的过程中，顺应居家"宅消费"和无接触式消费需求发展起来的"网上菜场""云逛街""社区集采集送"等数字商贸新模式新业态以及农产品直播电子商务、"生鲜电子商务+冷链宅配"等服务新模式，将成为粮食产业"三链同构"的引领力量。

4. 集群成链发展将成为增创"三链同构"新优势的重要方向

推进产业集群成链发展，不仅是提升质量效益的需要，也是防范化解风险的重要路径，其在降低对区域外尤其是国外相关产业环节的依赖、增强市场竞争力方面的优势，在新冠肺炎疫情防控与复工复产的实践中表现得尤为突出。所以，结合"三链同构"，加快现代种养业、乡土特色产业、农产品加工流通业、乡村休闲旅游业、新型服务业和乡村信息产业等深度融合、集群成链，形成县城、中心乡（镇）、中心村层级明显、功能有机衔接的乡村产业结构布局和乡村产业体系，将成为增创"三链同构"新优势的方向和路径。

三 河南粮食产业"三链同构"高质量发展的路径选择

（一）优化产业生态

"三链同构"归根结底是要构建产业发展质量高、效益好、空间布局科学、利益联结合理、可持续性和竞争力强的产业生态，要优化要素市场化配置，以"三链同构"开拓粮食产业经济新境界。一是夯实粮食产业链基础，以产业链延伸支撑价值链提升和供应链完善；二是创新粮食价值链载体，以价值链提升跨界重塑产业链和供应链；三是补齐粮食供应链短板，以供应链打造拓展产业链和价值链空间。

（二）健全联动机制

"三链同构"涉及多环节、多主体、多区域，需要强化"市场—政府—

社会"联动，充分发挥市场在资源配置中的决定性作用，以市场导向推动链式整合和横向联合，实现"三链"优化配置；充分发挥政府导向作用，深化农业农村"放管服"改革，创新基层小微权力"负面清单"管理，优化乡村营商环境，在创业补贴、创业担保贷款、用地需求、减税降费等方面，完善和落实"三链同构"政策支持体系；充分发挥社会组织和社会资本作用，在社会化服务、质量安全服务体系等方面强化保障，激发社会资本参与"三链同构"的积极性。

（三）强化创新驱动

加强科技创新，推进"5G+智慧农业"体系建设，加快农业科技创新与成果应用。加强业态创新，推进农业与加工流通、文化、旅游、教育、康养、信息等产业融合，跨界配置农业和现代产业要素，形成"粮食+"多业态发展态势。加强模式创新，在规模经营、绿色发展、产业融合、品牌塑造等方面，探索"三链同构"新模式新路径。

（四）激活有效投资

当前，投资特别是"两新一重"投资对"三链同构"的促进作用凸显。2020年一季度，山西省第一产业固定资产投资（不含农户）增长68.3%，第一产业增加值增长1.4%，其中有第一产业基数低、上年同期降幅大的因素，也与推进晋中国家农业高新技术产业示范区建设等密切相关。所以，推进"三链同构"需要抢抓《数字农业农村发展规划（2019—2025年）》和"新基建"契机，加快建设国际农产品加工产业园、现代农业产业园，加强5G网络、城乡分布式冷链、智能供应链等新型农业基础设施建设，推动新数字技术应用，大力发展农产品直播电子商务、数字乡村旅游等新模式、新平台。

（五）深化产业融合

一是以价值提升为导向，把农业供给侧结构性改革的文章往深里做，在确保粮食产能的基础上，以加快构建现代农业产业园建设体系为抓手，推动粮食产业、高效种养业、绿色食品业转型升级。二是以功能拓展为导向,推动农业与文化、康养、旅游等产业深度融合,打造乡村旅游、工业旅游、文化体验、健康养生、养老服务等产业融合特色主题产品,提升乡村资源、生态和文化优势。三是以利益共享为导向,推动农产品加工产业集群、农业产业链尽可能布局在主产区,特别是依托县域形成种养链、产业链、价值链、供应链、服务链、创新链高度融合,促进农民和县域分享全产业链、全价值链等现代化增值收益。

(六)加强品牌塑造

质量兴农、品牌强农是催生新业态、发展新模式、拓展新领域、创造新需求、提升竞争力的重要支撑和持久动力。一是加强农产品质量监管,增强质量意识,加强生产基地监管、农业投入品监管、流通环节监管,完善农产品原产地可追溯制度和质量标识制度。二是开展品牌创建,积极倡导"一村一品""一县一业",加快形成一批农产品区域公用品牌、农业企业品牌、大宗及特色农产品品牌;加快完善农产品品牌建设管理体系,开展优秀农业品牌评选,支持企业开展品牌创建,重点聚焦农业整体品牌形象培育打造,全面提升农业品牌的知名度、美誉度和竞争力。三是加大"三品一标"农产品培育,探索建立多种形式的品牌农产品营销平台,大力发展农业农村电子商务,提高品牌农产品市场占有率。

参考文献

寇光涛、卢凤君:《我国粮食产业链增值的路径模式研究——基于产业链的演化发展角度》,《农业经济问题》2016年第8期。

孙延红、吴石磊、牛银舟:《发展中国家全球农业价值链地位及影响因素分析》,《统计与决策》2020年第9期。

汤碧、常月:《中国农业价值链地位测度与发展研究——基于亚太区域的分析》,《农业经济问题》2019年第10期。

李永博、张凡：《推进"三链同构"努力打造绿色食品业加工强市》，《河南农业》2020年第7期。

吕岩：《抓好"三链同构"建设国家粮食产业经济核心区》，《协商论坛》2020年第2期。

河南省人民政府：《"三链同构"推动农业产业集群发展》，《农村工作通讯》2019年第15期。

袁方曜等：《新冠肺炎疫情对国际粮食供应链的影响及山东应对策略》，《山东农业科学》2020年第6期。

B.6 河南饲草产业高质量发展现状及对策研究

李鹏飞 张志刚 牛岩 张晓霞*

摘　要： 饲草产业是现代农业的重要组成部分，加快发展饲草产业是河南农业调结构、促转型的重要抓手。要充分认识发展饲草产业的意义，立足河南饲草发展的资源优势、区位优势、产业优势，以推进农业供给侧结构性改革为主线，以绿色发展、高质量发展为方向，以优质草畜为支撑，以黄河滩区优质草业带建设为契机，坚持政府引导、市场主导，因地制宜、科学规划，龙头带动、规模经营，大力发展饲草产业，着力提升饲草产业规模和质量，为全省畜牧业高质量发展提供基础保障。

关键词： 饲草产业　草食畜牧业　高质量发展　河南

饲草产业是现代农业的重要组成部分，加快发展饲草产业既是调整种植业结构的重要切入点，又是优化畜牧业结构的重要抓手，既能够促进种养有机融合，减少面源污染，又能够提高资源循环利用效率，对促进现代农业可持续发展具有重要意义。

---

* 李鹏飞，河南省饲草饲料站站长，二级研究员，主要研究方向为牧草栽培技术和示范推广利用、农作物秸秆饲料化加工利用、天然草地改良和饲料资源开发；张志刚，河南省农业农村厅科技教育处调研员；牛岩，河南省饲草饲料站副站长、研究员，河南省牧草产业科技创新战略联盟副理事长；张晓霞，河南省饲草饲料站畜牧师，河南省牧草产业科技创新战略联盟副秘书长。

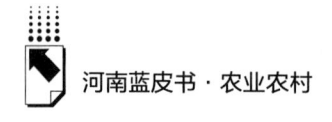

一 大力发展饲草产业的意义

（一）有利于推进奶业振兴，助力草畜发展

奶业发展事关民生保障，近年来，河南省启动实施奶业振兴工程，力促奶业高质量发展；而实现奶业转型升级，优质粗饲料是基础保障。国内外实践证明，以"作物秸秆"为粗饲料来源的奶牛，单产一般为4吨左右；以"青贮玉米+普通青干草"为粗饲料来源的奶牛，单产一般为6吨左右；以"全株青贮玉米+优质苜蓿干草"为粗饲料来源的奶牛，单产能达到8吨以上，牛奶蛋白含量增加0.4个百分点，乳脂肪增加1.2个百分点。另据专家测算，全株青贮玉米饲喂方式与传统玉米籽粒和秸秆分开饲喂方式相比，可使1头肉牛的饲料成本降低950元，每吨牛肉的成本相应会减少3150元。但从目前国内生产情况来，国产苜蓿供应量远不能满足草食畜牧业发展需要。据测算，仅奶牛每年苜蓿需求就达500万吨，供应缺口达200多万吨，而我国进口苜蓿已由2010年的22.70万吨增加到2019年的135.60万吨，主要进口来源为美国，中美贸易摩擦以来，进口苜蓿价格同比上涨10.0%以上，进口价格比国产苜蓿每吨高1000多元，极大地增加了养殖成本，对我国奶业发展极为不利，振兴奶业必须从振兴民族草业做起，发展高产优质国产苜蓿。

（二）有利于增加农民收入，促进乡村振兴

党的十九大提出实施乡村振兴战略，其中产业振兴是关键环节，农村产业振兴的主要资源要素是土地和劳动力，而发展全株青贮玉米和苜蓿种植，可以通过规模化流转土地和用工提高农民收入。调查显示，农民种植一亩青贮玉米，可以收获3吨全株青贮玉米，按每吨售价350元计算，能收入1050元；而籽粒玉米按亩产0.40吨、收购价每千克1.90元计算，只能收入760元，农户种植全株青贮玉米比籽粒玉米每亩多收入近300元。如果以

5000亩为一个单元种植苜蓿，按每亩产1吨干草，每吨干草2500元计算，扣除每亩每年生产成本1600元，每年利润可达450万元，折合每亩900元。

（三）有利于增加土地产出，保障食物安全

随着我国综合国力不断增强，人民生活水平逐步提高，居民膳食结构发生变化，人均口粮消费减少，肉蛋奶等畜产品尤其是牛羊肉、奶及其制品消费需求显著增长。据报道，2018年我国城镇居民人均粮食消费量为110千克，比1956年下降36.6%；人均牛羊肉消费量4.20千克，比1956年增长1.60倍；而我国一半以上的粮食用作饲料粮，由此可见，粮食安全的主要任务是饲料粮安全，且现代社会的食物安全不仅是粮食安全，必须要树立大食物安全观，加大饲草作物种植面积，大力发展牛羊等节粮型草食畜牧业。研究表明，适时收获饲草作物地上部分营养体所获得的营养物质，一般是收获籽粒粮食的3~5倍；在现有农田上实行粮草轮作，其食物生产能力是现行系统的1.23倍；种植1公顷苜蓿的干物质可利用量是11520千克，粗蛋白产量是2304千克，代谢能产量是11.20万兆焦，分别是小麦、玉米两季总和6300千克、686千克、8.19万兆焦的1.8倍、3.4倍和1.4倍。

（四）有利于改善生态环境，打造美丽河南

研究表明，我国耕地土壤板结、酸化、盐渍化现象增加，防旱排涝能力变差，土壤生物性状退化、基础地力不断下降，耕地有机质含量平均已降到1%。而苜蓿等多年生牧草一次种植可以连续利用4年以上，可减少耕作次数，减少风沙扬尘80%以上；苜蓿发达的根系80%集中在耕作层，可改善土壤通气状况，涵养水源能力是农田的40~100倍，水土流失比农田减少90%；苜蓿有固氮作用，有利于改良土壤，种植苜蓿4年后，土壤有机质含量提高1倍，倒茬种植玉米或小麦第1年无须施氮肥，不仅能减少面源污染，而且亩均产量可分别提高19.4%和30.3%。研究表明，3年苜蓿+2年玉米轮作比5年玉米连作经济效益高65.0%。苜蓿植株还可吸收空气中的浮尘及有害气体，净化空气，保持空气湿度、温度，促进生态文明建设。

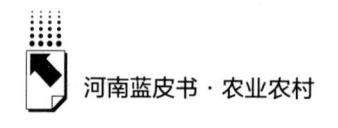

二 河南饲草产业发展的现状

自2012年国家启动实施"振兴奶业苜蓿发展行动"以来，河南省按照中央一号文件要求和省委、省政府安排部署，着力扩大优质饲草料种植面积，大力发展青贮玉米、苜蓿等优质牧草种植，饲草产业发展取得了明显的阶段性成效，成为全国农区饲草产业快速健康发展的典型。

（一）种植面积稳定增长

1. 增加全株青贮玉米种植面积

2016年到2019年连续四年在全省范围内实施粮改饲试点项目，财政补贴项目资金5.40亿元，粮改饲项目试点县增加到69个，累计收贮全株青贮玉米等饲草359.30万亩892.90万吨。其中，2019年全省粮改饲试点面积126万亩，全株青贮玉米317万吨。

2. 扩大优质紫花苜蓿种植面积

2014年以来，河南省以实施"振兴奶业苜蓿发展行动"为抓手，加快实施高产优质苜蓿示范建设项目，扩大规模化苜蓿种植面积6.5万亩，示范带动全省优质牧草种植保留面积17.50万亩。全省规模化奶牛养殖场基本上实现了苜蓿饲喂全覆盖，有效推动了奶业高质量发展。

3. 启动黄河滩区优质草业带建设

2019年，河南省依托黄河滩区土地规模化集中连片，地势平坦，水热资源丰富的基础条件，启动黄河滩区优质草业带建设，以中牟、兰考等9县为重点，计划在滩区发展规模化饲草种植100万亩，其中苜蓿30万亩。2019年草业带建设启动后，当年就发展规模化苜蓿种植2.7万亩，发展势头强劲。

4. 推进农作物秸秆饲料化开发利用

河南是农业大省，农作物秸秆资源丰富。2019年，全省农作物秸秆饲料化利用1450万吨，占秸秆总量的22.0%左右，居全国第二位。为配合产业扶贫，扩大饲草料来源，河南积极推进杂交构树种植利用，在全国率先发展3万余亩，2018年全国构树产业扶贫现场会在河南省召开。

（二）生产水平持续提高

1. 推进饲草品种优良化

近几年，河南积极开展饲草品种筛选及种植适应性示范，筛选推广了适合河南种植的豫青贮23、郑青1号、北贮208、青贮223、曲辰9号等青贮玉米品种，以及WL440、WL363HQ、中苜2号、劲能5020等优质紫花苜蓿品种。

2. 开展饲草生产农艺探索

为提高耕地饲草生产的产出效率、饲料转化效率和资源利用效率，河南因地制宜积极开展饲草生产农艺研究与探索，如南阳"小麦青贮＋玉米青贮"一年两季饲草生产模式、新野"蔬菜＋甜玉米秸秆青贮＋甜玉米秸秆青贮"轮作模式，唐河"大麦青贮＋早玉米青贮＋晚玉米青贮"一年三季青贮饲草生产模式；郑州推广苜蓿测土配方、无人机植保、苜蓿半干青贮等技术，提高苜蓿种植收贮利用综合水平；推广粗饲料营养成分近红外快速检测技术，实现精细化管理，精准化饲喂，在全省300多家养殖企业示范应用，提高了饲草利用水平。

3. 实施标准化生产

制定并推广《秸秆微贮饲料生产技术规程》《甜高粱青粗饲料生产技术规程》《苜蓿半干青贮技术规程》等饲草生产技术标准。开展饲草产品质量控制标准研究，推广青贮苜蓿、全株玉米青贮裹包、花生秧颗粒和花生秧复合膨化饲料等优质新产品生产技术，指导各地进行标准化饲草生产。

（三）种养一体趋向融合

坚持以养定种、种养结合，推进饲草产业与优质草畜联动发展。2019年，全省培育种养结合规模以上典型企业346家，流转土地或合同种植各类饲草44.60万亩，探索出了一批奶牛、肉牛、生猪种养一体化融合发展生产

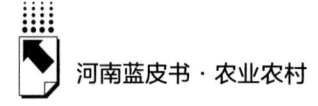

模式。南阳三色鸽公司流转土地2000亩，种植青贮玉米，饲养奶牛950头；上蔡牛硕公司流转土地6000亩，种植青贮玉米和苜蓿，饲养奶牛800余头；科尔沁牛业公司流转土地3万亩，种植青贮玉米、苜蓿、甜玉米，饲养肉牛5600头；新大牧业公司流转土地6000亩，种植苜蓿、籽粒苋，改善母猪繁殖性能和猪肉品质，降低养猪饲料成本；平舆瑞亚牧业公司在河南首次建设优质饲草人工混播草地2000亩，用于奶牛放牧草地，生产高品质牛奶，开启奶业种养结合新模式。

（四）产业水平不断提高

2019年，全省饲草专业化企业（合作社）发展到70家，商品饲草产量60.40万吨；秸秆饲料化收贮加工企业（合作社）173家，收贮量127万吨。以黄河滩区为重点，通过实施苜蓿项目，培育500亩以上苜蓿生产企业20多家。兰考田园牧歌草业有限公司流转土地2.70万亩种植苜蓿，年产苜蓿产品2.30万吨；郑州极致农业发展有限公司种植苜蓿9500亩，年产苜蓿草品近1万吨，产值近2000万元；镇平敏霞牧业有限公司流转土地4000亩种植苜蓿，年产苜蓿干草近5000吨；南阳金农公司流转土地近2万亩，开展大麦与青贮玉米种植，每亩地产值可达3500元；中储草公司先后建设专业化饲草储草站12个，每个站设计年生产能力10万吨；兰考兴盛公司流转土地2万亩，自建青贮玉米示范基地；神州构牛公司种植杂交构树1.40万亩，生产构树青贮5万吨；泌阳恒兴合作社年裹包全株玉米青贮6.50万吨，占泌阳县全株玉米青贮总量的46.4%；正阳新天地公司年加工花生秧草捆、花生壳粉、花生秧颗粒及细草粉等各类花生秧草产品3万吨，产品远销全国各地大中型草畜养殖企业和韩国、朝鲜、越南等地。

（五）生产布局逐步形成

在沿黄地区，紧抓黄河滩区居民迁建机遇，利用滩区腾退土地流转种植饲草，建立健全饲草产业服务体系，促进了沿黄地区优质草业带建设，2019年，沿黄地区饲草种植面积53.50万亩，占全省饲草种植总面积的31.3%。

在优质草畜集聚区，依托69个奶牛肉牛养殖大县及玉米种植集中市县促进种养融合发展。新乡、开封、周口、商丘、许昌、驻马店等花生主产市不断完善花生秧等秸草收集、运输、加工、储存、利用体系，花生秧饲料化加工利用230万吨，占全省花生秧生产总量的一半以上。在浅山丘陵地区，依托构树产业扶贫工程实施，引导构树种植区域化布局，构树种植向黄河滩区、西部南部浅山丘陵区的23个县区集聚发展，2019年全省构树示范种植面积达到5.80万亩。

三 饲草产业发展中存在的问题

近几年河南在统筹粮经饲种植、促进优质饲草种植利用方面做了一些工作，有了一个好的开端，但河南省饲草产业发展还处于起步阶段，与优质草畜发展需求相比差距较大，与实现粮食安全和高效种养业相统一的要求差距更大。

（一）思想站位不够高

一些地方对"种好草才能产好奶、产好肉"的认识不足，对饲草产业在现代农业中的定位把握不准，没有把推进饲草种植放在与粮食作物、经济作物种植统筹发展的高度去推进，在规划布局、政策制定、项目安排、资金扶持等方面用力不够。一些地方认为饲草是"春风吹又生"的植物，不需要好地去种，不需要精耕细作，却不知饲草种植也需要和粮食作物一样，要加强"土、肥、水、种、密、保、管、工"，而且要求更严格。饲草产业还没有形成"以标准促质量、以质量创品牌"的激励机制，一些草畜企业（合作社）对草畜联动发展认识不到位，饲草种植企业片面追求生物产量，对种植或者收获时间把握不好，影响饲草饲用品质；养殖企业片面追求青贮玉米干物质、淀粉含量"双30%"，却忽视了饲草作物生物质产量和纤维质量。

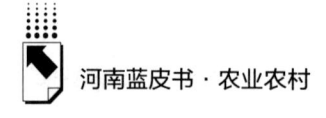

（二）饲草总量不够大

饲草种植是农业现代化国家种植业的重要内容之一，美国耕地的14%用于种植人工草地（2470万公顷），欧洲青贮玉米种植面积稳定在9000万亩以上。按我国种植业结构调整规划，2020年饲草面积要发展到9500万亩，其中青贮玉米2500万亩、苜蓿种植面积3500万亩。按照《河南省人民政府关于支持肉牛奶牛产业发展的若干意见》的要求，2020年要发展400万亩全株玉米、100万亩苜蓿等优质牧草，但从现在来看，还有不小差距，饲草仅能满足奶牛需要，而不能满足肉牛、肉羊需要。2019年，就全国来看，优质苜蓿干草商品草产量180多万吨，进口苜蓿干草138万吨，缺口近半；河南省优质苜蓿干草商品草产量只有3.20万吨，缺口更大。

（三）竞争能力不够强

目前，全省饲草生产还是以养殖场户自收、自贮、自用为主，专业化生产、规模化经营的格局还没有形成。2019年，全省240多家专业化饲草及秸秆收贮加工企业生产商品饲草、秸秆量不足200万吨，只占全省饲草消耗量的十分之一左右。饲草生产企业总体规模还较小，全省仅有一家规模过万亩的苜蓿生产企业。最大的全株青贮玉米收贮生产合作社——泌阳恒兴合作社裹包全株玉米青贮产品生产量也只有6.50万吨，与甘肃一些公司相比差距较大。全省苜蓿企业大多数规模在3000亩以下，土地流转成本高，规模小，造成一定程度的机械和人工浪费，产业竞争力较弱。

（四）产品质量不够高

发达国家的饲草商品化、规模化生产是由发达的机械化支撑的，而国产饲草机械性能差、作业慢，影响饲草收获时间及质量，目前使用比较普遍的收获、打捆等机械设备仍依赖进口，饲草加工技术方面也存在能耗高、标准低等问题，对饲草产品质量和饲草商品化、产业化发展形成制约。2019年，国外进口苜蓿每吨2700元以上，最高达3500元，而国产苜蓿只有2000元左右。全株玉米收获进口机械籽粒破碎率高达95.0%~98.8%，国产机械籽粒破碎率不到70.0%，严重影响青贮饲料的收贮品质和有效利用。

四 河南饲草产业发展的优势

（一）自然资源优势

河南省大部分地区处于暖温带，湿润半湿润季风气候特征明显，年均气温为12~16℃，年均降水量800毫米左右，且省内平原面积占比为50%左右，土地条件优越，适宜农作物生长，也适宜饲草作物生长。据调查，苜蓿在甘肃、宁夏等地区一年只能收割3茬，在黄河滩区可以收割5茬，产量增加40%以上；而南方地区又因为降雨多而不利于苜蓿干草的收贮和晾晒。

（二）草畜产业优势

河南是全国中原奶业带、中原肉牛带、中原肉羊带的核心产区，肉牛、肉羊等草畜存栏居全国前列，2019年，奶类产量208.50万吨，居全国第五位，乳制品加工能力300多万吨，居全国第三位。近几年又吸引了大批的国内知名草畜企业到河南投资兴业。据调查，仅沿黄地区就有首农、现代牧业等多个万头奶牛场、肉牛场建设，优质饲草需求量大。

（三）独特区位优势

河南地处中原，交通便利，是全国承东启西的重要交通枢纽，便于草产品生产加工和流通贸易。据调查，我国苜蓿主产区甘肃河西走廊地区的草产品运到东北、沿海等需求省市，运输成本每吨在600元左右，而从河南黄河滩区运草，运费可节省一半。

（四）技术基础优势

经过30多年的发展，河南省培育了一批草业企业，培养了一批草业实

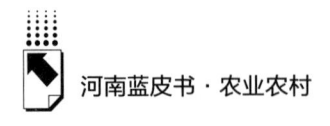

用人才，积累了苜蓿种植管理等饲草生产发展经验，探索形成了一定的饲草生产实用技术和成果，为饲草产业的进一步发展奠定了基础。

五 河南饲草产业高质量发展的对策

（一）转变思想观念，完善扶持政策

饲草种植是发展优质草畜的重要物质基础。要转变传统的"好地不种草""种草大量占用耕地会影响国家粮食安全"的观念，牢固树立大食物观、大农业观、大生态观、大市场观，统筹考虑经济效益、生态效益和社会效益，将饲草种植作为"藏粮于地、藏粮于技"发展战略的重要措施去落实，推进饲草业大发展。充分发挥政策的引导作用，扩大粮改饲试点项目实施范围，以"整县推进""整市推进"带动全省粮改饲全覆盖；实施省级高产优质饲草生产建设项目，扩大补贴范围，提高补贴标准，对各类优质饲草生产应补尽补；出台饲草运输绿色通道政策，扩大饲草机械特别是进口饲草生产机械补贴范围。

（二）推进产业发展，提高饲草产能

着力扶持饲草生产龙头企业发展，发挥龙头企业辐射带动作用和企业资金、技术优势，加快饲草全产业链建设。培育壮大养殖企业，通过养殖龙头企业拉动饲草产业发展。支持奶牛肉牛集中产区扩大全株青贮玉米种植，积极探索农民饲草专业生产合作社、饲草生产加工企业、家庭牧场等草畜联动发展模式，进一步拓展饲草发展空间，扩大种植面积与种植规模，提高饲草供应量，满足优质草畜发展需求。充分调动社会各方面的积极性，整合各方资源和力量投入饲草产业，逐步建立起政府引导、政策扶持、企业运作、农户参与的饲草产业开发格局。

（三）实施标准生产，增强竞争能力

坚持质量兴草、品牌兴草，提升饲草产业整体发展水平。推进饲草产业

标准化生产，重点加快标准修订，完善饲草产业标准体系，推出一批针对性强、实施效果明显的产业标准。加强规范化标准的宣传推广和使用指导，引导规模经营主体按标准生产优质饲草产品，提高产品质量。按照区域化布局原则，在黄河滩区扶持建立一批规模化饲草生产企业，发挥龙头带头作用和产业集聚效应，加快推进黄河滩区优质草业带建设，打造国家优质饲草生产供应基地。

（四）强化科技支撑，提升服务水平

以县级技术推广站为依托，建立健全饲草产业发展技术推广服务体系，大力推广应用饲草生产、加工及青贮等实用技术；加强科研、教学单位对饲草生产、加工等关键技术的研究和科技攻关，不断提高饲草业发展的科技水平，建立产、学、研相结合的饲草产业科技园区，为饲草业发展提供有力的技术支撑。加强人才队伍建设，培养建立一支理念先进、技能优良、作用明显的技术队伍，加快提升饲草产业发展服务能力。

（五）坚持联动发展，做强饲草产业

做大做强花花牛等奶牛养殖企业、伊赛等肉牛养殖企业、青青草原等肉羊养殖企业，扩大优质草畜养殖规模，增加养殖数量，以优质草畜发展带动饲草产业上规模、增效益，从而达到饲草种植和草畜发展相互促进、相互提升的效果，为全省农业供给侧结构性改革和畜牧业高质量发展提供支撑。

参考文献

王卉：《草地农业：现代农业的重要组成部分》，《党政干部参考》2012年第4期。
张英俊：《我国饲草作物的产业发展》，《中国乳业》2019年第4期。
张晓敏、刘旭斌：《从粮改饲看农业供给侧改革效应》，《山西日报》2020年9月8日。
覃肄灵：《端稳饭碗品味变迁》，《人民日报》2019年10月18日。

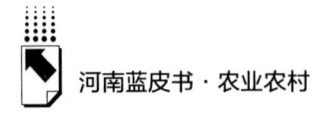

陈恭军：《中国饲料粮供需变化对未来粮食自给的影响》，《中国畜牧杂志》2012年第4期。

任继周、林慧龙：《农区种草是改进农业系统、保证粮食安全的重大步骤》，《草业学报》2009年第5期。

任继周、林慧龙：《农田当量的涵义及其所揭示的我国土地资源的食物生产潜力——一个土地资源的食物生产能力评价的新量纲及其在我国的应用》，《草业学报》2006年第5期。

张英俊等：《论牧草产业在我国农业产业结构中的地位和发展布局》，《中国农业科技导报》2013年第4期。

封志明、李香莲：《耕地与粮食安全战略：藏粮于土，提高中国土地资源的综合生产能力》，《地理学与国土研究》2000年第3期。

B.7
河南畜牧业高质量发展问题及对策

河南畜牧业发展调研组*

摘　要： 畜牧业高质量发展是农业高质量发展的重要支撑，是实现河南乡村振兴的必然要求，是实现畜牧强省的必由之路。2020年以来，河南生猪生产持续恢复，家禽生产基本稳定，牛羊生产势头良好，生产形势总体稳定，畜产品供给平稳有序，重大动物疫情保持平稳。面对当前畜牧业高质量发展面临的生猪稳产保供要求高、资源要素不足、支撑体系薄弱等问题，河南应充分发挥农业资源、产业基础、地理区位、消费市场、品种资源等五大优势，围绕稳定生猪生产、调整优化产业结构、推进畜禽养殖废弃物资源化利用等，加快构建现代畜牧业生产体系、经营体系和产业体系，实现三链同构、三产融合，促进畜牧业高质量发展。

关键词： 河南　畜牧业　高质量发展

　　河南是畜牧养殖大省，畜产品加工大省、消费大省和调出大省。2019年，全省肉类产量553.90万吨、禽蛋产量442.40万吨、奶产量204.10万吨，分别居全国第二位、第二位和第六位。2020年以来，面对非洲猪瘟和新冠肺炎疫情叠加冲击，全省认真贯彻落实党中央、国务院决策部署，在

---

* 调研组组长：高永革；成员：王彦华、张志刚、郑爱荣、崔国庆、张小玲、李亚楠、刘粉；执笔：王彦华。

危机中育新机、于变局中开新局，采取有力措施，像抓粮食生产一样抓好畜牧业生产，生猪产能持续恢复，家禽生产基本稳定，牛羊生产势头良好，生产形势总体稳定，畜产品供给平稳有序，畜牧业保持了稳中有进的良好态势。

一 河南畜牧业发展现状

（一）生猪产能持续恢复

一是产能持续恢复。据统计，2020年6月末全省生猪存栏3402.00万头、能繁母猪存栏344.00万头，均居全国第一位。据监测，8月末全省规模猪场生猪和能繁母猪存栏分别同比增长67.0%和58.0%，已连续12个月正增长，已分别恢复至2017年的92.0%和88.0%，提前完成国家下达的全年目标任务。二是重大项目加快推进。截至2020年10月，全省152个年出栏5万头以上的生猪养殖重大项目已动工121个，完成投资86亿元，预计2020年年底前可完成130个，新增存栏700万头、出栏500万头左右。三是养殖积极性持续提升。目前平均猪粮比价为15.0∶1，自繁自育企业每出栏一头育肥猪平均盈利2500元左右，专业育肥企业盈利约1000元，2020年1~8月全省生猪商品饲料产量同比增长15.0%，7月末全省银行机构生猪养殖贷款余额比年初增长28.0%。

（二）家禽生产基本稳定

一是产能仍在历史高位。上半年，全省家禽产能仍处于历史高位。家禽存栏6.89亿只，同比增长1.3%；出栏4.50亿只，同比增长1.8%；禽肉产量60.70万吨，同比增长2.0%；禽蛋产量196.30万吨，同比增长1.2%。二是重大项目加快推进。全省蛋禽存栏10万只、肉禽出栏50万只以上的17个重大项目已完成投资6.64亿元，其中禹州贝威力、宁陵聚民、商丘艾格、台前肉鸭等项目已建成投产，焦作田中禾、鲁山正隆、驻马店龙华等项目已施工过半，驻马店天润、双好畜牧等项目正在稳步推进。预计全部建成后可新增蛋禽存栏852万只、新增肉禽出栏3200万只。三是转型升级步伐加快。肉鸡笼养技术、蛋鸡层叠式养殖技术得到不断推广应用。双汇万中禽业公司将平养改造为笼养，在不增加养殖圈舍面积的情况下，出栏量由4800万只增加到6500万只，生产能力提升35%。2019年，河南省10万只以上大型蛋禽场基本普及了自动化、智能化层叠式养殖设施，装备化水平不断提升。

（三）牛羊生产势头良好

一是饲养量增加。据监测，截至2020年7月末，河南省6个肉牛大县年出栏50头以上的肉牛养殖场数由一季度的204个增加到216个，肉牛存栏5.31万头，分别较一季度末增长5.8%和3.6%。河南省8个肉羊大县年出栏100只以上的肉羊养殖场有216个，肉羊存栏5.68万只，较一季度末增长11.8%。二是养殖效益较好。据监测，2020年8月19日全省活牛均价32.43元/公斤，同比上涨16.8%；牛肉均价74元/公斤，同比上涨13.9%。育肥一头肉牛可盈利3000元左右。全省活羊均价33.08元/公斤，同比上涨7.8%；羊肉均价73.65元/公斤，同比上涨7.8%。育肥一只肉羊盈利200~300元。三是一批重点项目稳步推进。据调查，2020年河南省计划新建畜位500头以上规模的肉牛场97个，较上年增长31.0%，其中年出栏5000头以上肉牛场5个、年出栏5万只以上肉羊重大项目4个。目前9个重大项目均已开工建设，已完成投资1.47亿元，平顶山玉润、柘城莲旺万头牛场建设进度已超50%，预计项目全部建成后可新增肉牛畜位3.20万个、肉羊栏位15.00万个。

（四）奶业生产稳中向好

一是规模养殖发展不断加快。全省百头以上规模奶牛场达334个，其中1000头以上规模奶牛场35个，规模养殖比重达85.0%，比全国高出近10个百分点，规模奶牛场机械化挤奶率100%。二是奶牛单产水平不断提高。

全省大力推广奶牛良种冻精，积极开展生产性能测定，全省参测奶牛平均单产8.70吨，比全国平均水平高1.00吨。三是加工能力不断增强。伊利、蒙牛、君乐宝、光明等全国知名乳品加工企业均在河南投资布局，花花牛等本地乳企不断发展壮大，全省乳品加工能力350万吨，居全国第三位。四是质量安全水平不断提升。河南在全国率先建立了省、市、县和乳品企业"三级四层"监管平台，构建了生鲜乳质量安全信息化追溯体系，基本实现了实时监控、精准监管、全程追溯，全省生鲜乳检测合格率连续10年保持在99.9%以上，平均乳脂率、乳蛋白率、体细胞数等主要指标达到或超过欧盟标准。

二 畜牧业面临的挑战与发展优势

经过多年实践，河南畜牧业高质量发展取得了一定成效，但受新冠肺炎疫情、外贸环境及内部生产等诸多不确定性因素的叠加影响，与先进省份相比，与国家实施乡村振兴战略的要求相比，还存在一些突出问题。

（一）面临的挑战

1. 生猪稳产保供依然严峻

一是疫情风险等困难依然存在。非洲猪瘟病毒难以彻底消除，融资难、融资贵问题依然突出，不少地方养殖用地特别是中小养殖场户用地落实困难较大。二是生猪养殖成本大幅提升。目前，每出栏一头猪防疫成本增加100元以上，环保成本投入占总投入的20%左右。7公斤断奶仔猪销售价格约为1700元/头，加之1500元的饲养成本等，500头规模猪场共需生产资金190万元左右，生猪养殖成本明显上升。三是母猪生产性能下降。目前三元母猪存栏量占总存栏量的比例近50%，拉低了母猪群体生产水平。

2. 生产要素保障不够

用地难、治污难、贷款融资难问题依然制约着畜牧业高质量发展。如河南拟引进3个万头奶牛养殖场项目，一直难以找到合适地块。"农长贷短"问题突出，如母牛养殖需要30个月左右才能产犊见效益，但银行贷款期限普遍为一年，企业贷款后还未见效益就得还贷，严重影响企业正常的生产经营。保险服务严重不足，仅育肥猪、奶牛、肉牛有政策性保险，羊、禽等保险服务还未全面推广，猪的保险额度较低，保险赔付额度尚不足母猪或育肥猪的生产成本。近年来，用人难问题也日益显现，73家优质草畜企业主要负责人中具有本科以上学历的仅占41%，其中具有研究生学历和高级职称的仅占10%。

3. 资源约束日益严峻

一是部分畜种核心种源依赖进口。核心种源依赖进口，部分品种核心种源长期依赖进口，特别是白羽肉鸡祖代、荷斯坦奶牛、杜长大生猪等核心种源大部分或全部依靠进口。二是蛋白类饲料原料依赖进口。我国大豆进口量常年约为9000万吨（2017年9554万吨、2018年8803万吨、2019年8551万吨），占全球大豆贸易量的近六成，是名副其实的全球第一大豆消费国，而进口量也达到国产大豆产量的6倍左右（2017年国产大豆产量为1528万吨、2018年为1595万吨、2019年为1810万吨）。国内豆粕市场因高度依赖进口大豆而与美豆保持较强联动性。三是部分优质牧草依赖进口。2019年我国进口干草累计159.74万吨，其中进口苜蓿草总计135.60万吨，河南奶牛饲喂的苜蓿70.0%依赖进口。另外，近年来我国燕麦草进口量大幅增加，从2011年的1.30万吨增加到2019年的24.00万吨，2020年1~7月，我国进口燕麦草20.30万吨，每吨到岸价从2011年的282美元上涨到2020年的353美元，目前燕麦草价格已与苜蓿草价格基本持平。

4. 支撑体系比较薄弱

2018年8月以来，非洲猪瘟疫情防控过程中存在的问题充分说明全省基层防疫检疫体系建设还比较薄弱，不能满足防控工作需要。县乡两级普遍存在防检人员少、专业素质不高等问题，专业技术人员占比不足40%，现行防控队伍力量与繁重的防控工作任务不匹配。多数地方基层防检人员待遇偏低，有些地方人员月工资甚至不足千元，有关津补贴政策落实不到位，影响防检人员工作积极性。有些地方动物防疫机构实验室基础设施建设差，仪器设备配置落后，有效的防控手段跟不上。此外，畜产品质量安全追溯体系建设还不完善，一部分中小企业还没有实现产品质量安全可追溯。

5. 产业转型升级任重道远

一是生产成本方面。目前，猪肉、牛肉、乳制品的生产成本远高于国外。2019年，河南省主要饲料原料玉米平均价格为2.40元/公斤，豆粕为3.20元/公斤，而美国分别为0.80元/公斤和2.20元公斤。河南猪肉生产成本约为13.00~14.00元/公斤，牛肉为51.00元/公斤，生鲜乳为3.20~3.60元/公斤，而美国分别为8.80元/公斤、25.00元/公斤、2.32元/公斤，河南价格优势明显不足。二是劳动生产率方面。河南平均每个劳动力养殖生猪500头、养殖奶牛20头，而发达国家高达10000头和100头，差距十分明显。三是单位产品产出率方面。全省每头母猪年均提供育肥猪16头、奶牛年均单产7.80吨、每只种鸡年均提供种苗110只、肉牛胴体重143公斤，分别比美国平均水平少6头、2.20吨、50只、200公斤。生猪养殖料肉比为2.9~3.0:1、肉鸡为1.9~2.0:1，均低于发达国家水平。四是加工业带动力方面。河南33家乳制品企业年产值仅为170亿元，远低于伊利一个企业的年产值。双汇集团年营业收入约600亿元，而上海光明集团、北京首农集团年营业收入分别达1600亿元和1000亿元。精深加工产品占比小，原字号产品多，全省每年外调生猪2000万头。知名畜产品品牌较少，河南注册的农产品地理标志商标仅为57个，仅占山东总量的11.7%。

（二）发展优势

1. 农业资源优势突出

全省每年向省外输出原粮及制成品约600亿斤，全省农作物秸秆年产量约为8600万吨，其中玉米秸2800万吨、小麦秸4000万吨、花生秧450万吨，占全国秸秆总产量的1/10，可饲料化利用的秸秆约6500万吨（干重），饲料化利用率仅为22.0%。如将外调原粮及制成品的六分之一用于畜牧业生产，每年可多出栏生猪1600万头或多出栏肉鸡10亿只；秸秆饲料化利用率提高10个百分点，每年可多养320万头肉牛或210万头奶牛，两项合计增加牧业产值约1000亿元，"以粮以草换肉换奶"潜力巨大，这也是河南草食畜牧业发展的优势所在和未来实现农业高质量发展的主要突破口。

2. 产业基础优势突出

河南适宜畜牧业发展，西周时期周公所著《周礼·夏官司马》中就有"河南曰豫州，其畜宜六扰"（马牛羊豕犬鸡）的记载，畜牧业发展历史悠久。据统计，2019 年全省生猪饲养量为 7672.00 万头，家禽饲养量为 17.80 亿只，均居全国第二位；羊饲养量为 4200.00 万只，居全国第四位；拥有省级以上畜牧龙头企业 240 家，是全国重要的畜产品生产加工供应基地，具有高质量发展的良好产业基础。

3. 地理区位优势突出

河南地处亚热带向暖温带过渡地带，气候兼有南北之长，四季分明，日照充足，降水充沛，年平均气温一般在 12.8～15.5℃，非常适宜畜禽生长和各类优质饲草种植，是国家规划的生猪家禽主产省份、中原肉牛肉羊和全国奶业产业优势区。同时，河南又处于最适宜草畜特别是奶畜养殖的南部边缘地区，牛奶、牛肉等草畜产品向东南发达地区销售，距离消费市场近，与北方其他省区相比，销售区位优势明显。

4. 消费市场优势突出

河南是全国第一人口大省，除自身拥有 1 亿多人口外，以 500 公里为半径，可辐射周边 4 亿多人口的消费市场。随着消费结构升级，优质畜产品需求呈刚性增长。以牛肉为例，按照我国居民人均牛肉占有量由目前的 4.60 公斤提高到 8.00 公斤的世界平均水平测算，仅河南牛肉缺口就达 30 万吨，需要增加肉牛出栏 120.00 万头。从奶业上看，市场空间更大，目前我国居民人均奶类占有量只有 22.70 公斤，要达到世界平均水平 100.00 公斤，需要增加产奶量 1.40 亿吨。2019 年乳制品进口折合生鲜乳 1200 多万吨，超过国内总产量的 1/3。畜牧业发展空间巨大。

5. 品种资源优势突出

河南畜禽养殖历史悠久，地方品种资源丰富，现有地方畜禽品种资源 32 个，约占全国地方品种总数（545 个）的 5.7%，南阳牛、泌阳驴等 7 个品种被列入国家级保护名录，淮南猪、固始鸡、槐山羊、南阳牛等28个品种被列入省级畜禽遗传资源保护名录。近年来，在政策支持、市场拉动、科技带动下，河南畜禽种业自主创新能力和良种供应能力显著增强，培育了夏南牛、豫南黑猪、黄淮肉羊等畜禽新品种。全省共有种畜禽场362家，核心种源自给率稳步提升，对外依赖度不断降低，各畜种供种能力能够满足全省畜禽生产发展的需要。

三 畜牧业高质量发展思路、目标与对策措施

（一）发展思路

以习近平新时代中国特色社会主义思想为指引，牢固树立大农业观、大食物观，以实施乡村振兴战略为总抓手，以畜牧业供给侧结构性改革为主线，按照"巩固、增强、提升、畅通"八字方针，深入推进以"四优四化"为重点的高效种养业和绿色食品业转型升级，坚持"粮头食尾、农头工尾"，坚持集群发展、绿色发展、安全发展，做强生猪产业、做大牛羊产业、做优家禽产业，通过制度创新和政策突破，加快推进布局区域化、生产标准化、经营规模化、发展产业化、产品绿色化，着力构建现代畜牧业生产体系、经营体系和产业体系，推动畜产品供给适应不断发展变化的需求，延伸产业链、提升价值链、打造供应链，做优一产稳基础、做精二产增效益、做强三产添活力，加快推进畜牧业高质量发展。

（二）发展目标

力争到2025年，畜牧业产值占农业总产值的比重达到35%以上，牧业产值与畜产品加工业产值之比达到1:3，畜禽规模化率达到80%以上，畜禽粪污资源化利用率达到85%以上，主要畜种规模养殖基本实现全程机械化，畜牧业空间布局、生产结构、产业结构进一步优化，质量效益和竞争力明显提升，实现畜牧业大省向畜牧业强省转变。

（三）对策与措施

1. 千方百计稳定生猪生产

认真贯彻落实国务院《关于稳定生猪生产促进转型升级的意见》（国办发〔2019〕44号）等一系列政策措施和省政府稳定生猪生产13条政策措施，长短结合，双向发力，统筹抓好生产发展和疫病防控。坚持一手抓恢复生产保供给，一手抓着眼长远促转型，推进疫病防控标准化、生猪养殖规模化、粪污利用资源化、生产经营产业化，持续推进生猪产业健康发展。认真落实种猪场和大型养猪场生物安全措施，切实保护基础生产能力。组织开展多种形式的产销对接活动，推进出栏肥猪"点对点"调运，加强产销衔接，保障种猪、仔猪有序调运。组织协调金融和保险机构，扎实搞好金融对接和保险服务，切实解决企业融资难题，降低养殖风险。引导企业建立新型屠宰流通体系，促进猪肉供应链由"调猪"向"调肉"转变，调整优化产业布局，支持大型生猪养殖企业集团区域内全产业链发展。

2. 积极调整优化产业结构

认真落实省政府奶业振兴行动计划，督促并指导奶业主产市科学制订实施方案，扎实推进奶业振兴。贯彻落实省政府关于支持肉牛奶牛产业发展的若干意见、关于高效种养业和绿色食品业转型升级行动方案有关要求，组织实施好肉牛基础母牛扩群增量、肉牛奶牛标准化规模场建设、奶牛育种基础群组建、进口优质遗传资源补贴等项目，积极培育母牛养殖大县，打造优质肉牛育肥基地和奶源基地，夯实产业发展基础。抓好重大项目建设，重点推进伊赛、首农、伊利、瑞亚等存栏5000头以上的养殖场建设和恒都、科尔沁、蒙牛、花花牛等精深加工基地建设，把握好京、津、沪等城市周边养殖板块外迁转移和全国大型乳品企业建设优质奶源基地的机会，争取再落地一批设施化、信息化、智能化水平较高的大型规模养殖场。推进羊业产业化发展，重点加快兰考中羊、卢氏三阳、上蔡正兴、孟津鑫洛等规模养殖基地建设，推进标准化屠宰，壮大精深加工能力，优化羊肉产品结构。积极推进西峡健羊、新太阳和郑州羊妙妙奶山羊养殖加工一体化项目建设，因地制宜发展羊奶等特色乳制品。实施好蜂业质量提升行动项目，创建国家和省级特色畜产品优势区域，加快发展黑猪、肉驴、绿壳蛋鸡、肉兔、肉鸽等特色养殖，强化特色产品开发，加快创建特色品牌。

3. 强力推进养殖废弃物资源化利用

优化产业布局，科学划定、调整禁养区，引导畜禽养殖向环境承载能力大的区域转移。出台畜禽养殖业污染防治技术规范，加强畜禽养殖业污染防治。大力推广节水、节粮等清洁养殖工艺，控制臭气排放。规范使用饲料兽药，开展兽用抗菌药使用减量化行动，推广低氮、低磷和低矿物质饲料产品。实施好国家和省级畜禽粪污资源化利用整县推进项目，支持畜牧大县和非畜牧大县养殖场粪污处理利用配套设施建设，推广粪污全量收集还田、水肥一体化等技术模式，就地就近施用粪肥。实施果菜茶有机肥替代化肥行动和化肥减量行动，鼓励各地出台有机肥施用补贴政策。积极开展以种养结合为主要特征的"美丽牧场"和"国家畜禽养殖标准化示范创建"活动。

4. 加快建设优质饲草料生产体系

实施好国家粮改饲试点项目，组织试点县科学制订实施方案，落实项目实施主体、饲草种植地块和种植品种，推进订单生产，完善种、收、运、贮等相关设施设备，积极开展技术培训和指导，强化绩效考核，力争试点县全年完成粮改饲面积100万亩。扩大优质牧草种植利用，实施好国家振兴奶业苜蓿发展行动项目，因地制宜推广黑麦草、燕麦、甜高粱、构树、蛋白桑等优质饲草种植，加快黄河滩区优质饲草产业带和规模养殖场周边配套饲草基地建设，力争全年使优质饲草种植面积达到25万亩。抓好秸秆饲料开发利用，积极开展花生秧饲料化收贮加工利用技术研究，总结推广典型经验做法，建立完善青贮玉米、花生秧等粗饲料的近红外快速检测体系，在500家规模草畜企业中推广粗饲料精准化饲喂技术，全面提高主要农作物秸秆的饲料化利用水平。积极培育专业化秸草收贮加工企业（合作社），引导企业流转土地自种或通过订单生产建立饲草基地，探索建立优质饲草料机械化种收、规模化加工和商品化销售模式，培育发展一批秸草加工龙头企业。科学利用天然草地资源，充分发挥豫西、豫南草山草坡资源优势，培育优质母畜繁育基地，积极发展草山草坡养鸡、鹅、猪、蜂等优质特色畜牧业，不断提高草地资源综合利用效率。

5. 提档升级现代畜禽种业

深入实施畜禽遗传改良计划，扎实做好品种登记、性能测定、遗传评估等育种工作。加强种猪遗传评估和基因组选择省级平台建设，重点推进一级以上种猪场开展联合育种；持续开展奶牛品种登记和生产性能测定，认真实施优质奶牛核心群选育项目，力争年内遴选2万头左右育种基础母牛群；积极筹建省级种羊遗传评估平台，引导一级以上种羊场使用育种软件，开展性能测定，提高选育水平。组织实施好省奶牛测定中心、谊发、诸美等现代畜禽种业提升项目建设。组织实施好畜禽遗传资源保护与开发利用项目，推进郏县红牛、固始鸡、淮南猪等地方品种的保护与开发利用，积极做好豫西黑猪新发现资源的鉴定，加快推进皮南牛等新品种的培育。引导种畜禽场升级改造，提高育种制种能力，推进夏南牛种公牛站建设和洛阳种公牛站搬迁工作，争取再创建3～5家国家核心育种场、种公猪站、扩繁基地。落实国家和河南中长期动物疫病防治规划，持续开展种畜禽场疫病净化工作。

6. 全面提高对外开放水平

坚持以大开放促进大发展，完善中原畜牧业交易博览会（河南家禽交易会）等对外合作交流平台，发挥行业协会、商会的桥梁纽带作用，加强豫沪农业领域合作，组织畜牧企业赴共建"一带一路"国家考察学习、参加展会，拓宽视野、寻求商机。加快推进对外合作重大项目建设，重点加快贵友集团与吉尔吉斯斯坦、金凤公司与法国荷兰、谊发牧业与德国、华扬农牧与丹麦、花花牛乳业与荷兰、神农饲料与埃塞俄比亚等的合作项目建设。不断扩大畜牧业对外贸易，加强国外先进技术装备、优良畜禽遗传资源引进，大力推动肉制品、牧业机械出口，鼓励龙头企业建立海外养殖加工基地，持续提高畜产品对外贸易规模。

7. 持续做好生产监测预警

按照省部共建要求，制订完善全省畜牧业生产监测预警方案，进一步调整监测网点、完善监测网络，强化统计人员培训，提高数据采集的及时性、

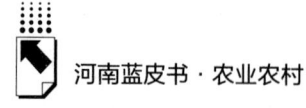

准确性和代表性。重点加强生猪生产和市场价格动态监测，密切关注疫情及其对生产的影响。认真做好畜产品和饲料价格、畜禽产品交易量、淘汰母猪屠宰量、规模商品猪场、生鲜乳收购站、畜禽生产监测县及规模场生产监测等工作，为科学研判生产形势提供依据。定期开展畜牧业生产调研和形势会商，及时发布相关畜产品价格等信息，科学指导养殖场户适时调整生产计划。

参考文献

杨海涛：《我国畜牧业可持续发展的影响因素及对策》，《乡村科技》2020年第18期。

崔国庆等：《2020年上半年河南省生猪生产形势及未来发展举措》，《中国畜牧杂志》2020年第8期。

张红宇、胡凌啸、何宇鹏：《我国现代畜牧业的发展方向：襄阳样板》，《农民日报》2020年9月5日。

陈颖：《开启畜牧业高质量发展新征程——访河南省政协委员，省农业厅党组成员、省畜牧局局长王承启》，《决策探索（上）》2018年第2期。

贾敬亮等：《衡水市畜牧业转型升级发展的对策研究》，《北方牧业》2020年第17期。

林秀蔚等：《黑龙江省畜牧业发展水平综合评价研究》，《黑龙江畜牧兽医》2020年第16期。

崔国庆等：《河南畜牧业生产形势及未来发展思考》，《中国畜牧杂志》2019年第3期。

B.8 河南绿色食品产业转型升级发展对策分析

苗 洁[*]

摘 要： 加快绿色食品产业转型升级是河南农业高质量发展的必然选择。经过多年的发展，河南绿色食品产业取得了一定成效，但整体发展水平还比较低，需要进一步扩大产业规模、优化产业结构、完善产业生态、加快品牌建设、加强营销监管，推动产业转型升级和农业高质量发展。

关键词： 绿色食品 农业 高质量发展 河南

随着生活水平提高和消费观念转变，以及环境污染日益严峻，无污染、安全、优质、健康、营养的绿色食品越来越受人们青睐。绿色和营养成为农业发展的目标。当前，河南绿色食品产业发展水平与其农业大省、农产品加工大省、食品工业大省的地位还不相称，难以满足市场需求，难以适应高质量发展要求，必须加快推进绿色食品产业转型升级，充分发挥其在推进绿色发展、引导绿色消费、保护生态环境、促进农业增效、带动农民增收等方面的重要作用。

一 河南绿色食品产业发展现状

近年来，在河南各级政府和相关部门的积极推动下，在市场需求的有力拉动下，河南绿色食品产业保持稳步发展态势，取得了一定成效。

---

[*] 苗洁，河南省社会科学院农村发展研究所副研究员，主要研究方向为农业经济与区域发展。

（一）获证企业和产品逐年增加

绿色食品，是产自优良生态环境、按照一定标准生产、实行全程质量控制并获得绿色食品标志使用权的安全、优质的食用农产品及相关产品。[1] 截至2020年9月25日，河南省有效使用绿色食品标志的企业有631家、产品有1165个[2]，比2019年分别增加121家、146个（见图1），分别是2010年的5.5倍和3.4倍。在河南绿色食品产品结构中，农林及加工产品占80.8%，畜禽产品占3.4%，水产品占0.3%，饮料类产品占4.7%，其他产品占10.8%。从绿色食品产品类型看，蔬菜类和鲜果类占比较大，分别为24.2%、23.2%；其次是方便主食品和小麦粉，占比分别为7.2%和6.4%。

图1 2013～2020年河南有效用标绿色食品企业和产品数

资料来源：中国绿色食品发展中心网站及历年《绿色食品统计年报》。

（二）产业发展水平稳步提升

2019年，河南绿色食品原料标准化生产基地有5个，面积128.2万亩。[3] 在

---

[1] 农业部绿色食品办公室：《全国绿色食品产业发展规划纲要（2016—2020年）》，2016年4月6日。
[2] 根据中国绿色食品发展中心官网数据统计而得。
[3] 《2019年绿色食品统计公报》。

获得绿色食品认证的企业中，农业产业化龙头企业共240家，占获证企业总数的47.1%，其中国家级龙头企业27家，占5.3%，省级龙头企业82家，占16.1%。从获证主体类型来看，有限（责任）公司360家，专业合作社215家，家庭农场40家，分别占57.06%、34.07%、6.34%（见图2）。截至2020年7月，全省有效期内的绿色食品生产资料获证企业有12家（肥料类11家、农药类1家）。①

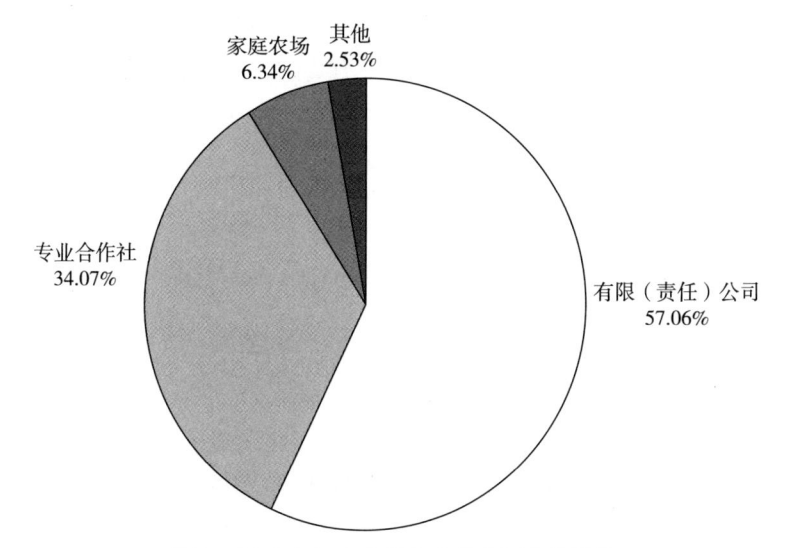

图2 2020年河南省绿色食品获证主体结构

资料来源：根据中国绿色食品发展中心官网统计数据整理而得（截至2020年9月25日）。

河南面向市场变化，以绿色食品为引领大力推动农产品加工业转型升级，推动产品由传统食品向精深加工食品发展，已经形成了面制品、肉制品、油脂制品、乳制品、果蔬制品五大主导优势产业，农产品加工业产值过万亿元，农产品加工转化率达到68%，精深加工率为20%，加工增值率达到1∶2.5。绿色食品产业带动就业增收能力不断增强。比如，截至2019年，卢氏县香盛轩核桃专业合作社通过土地流转、劳动力需求等，累计带动1300余家农户参与产业链，其中有363户是贫困户。

---

① 根据中国绿色食品发展中心官网公布数据整理（截至2020年9月25日）。

（三）新产业新业态不断涌现

面对激烈的市场竞争，河南绿色食品企业越来越重视新产品研发和新技术采用，积极拓展产品种类、创新业态模式。例如，豫坡酒业有限责任公司采用绿色酿造、生态洞藏，打造出一条循环经济链，通过"酿酒副产品—生物蛋白饲料—生态养殖—有机肥（沼气）"，实现了资源循环利用和绿色生态发展；正阳县以绿色花生食品深加工为基础，通过建设花生梦工厂、花生主题公园、花生养生公社等，打造花生产业小镇和花生全产业综合体。此外，随着河南涉农电商平台和网销品牌的快速发展，尤其是新冠肺炎疫情防控的特殊时期，网络直播带货等新零售模式也为绿色食品的生产和销售带来了深刻变化，既扩大了绿色食品的品牌宣传，又帮助贫困地区绿色食品对接了市场、找到了销路。

（四）市场影响力逐步提升

绿色食品标准体系完备、质量边界清晰，是政府管理的公共品牌，经过多年宣传推广，其推行的生产方式、倡导的消费理念、树立的社会形象和产生的品牌效益已得到普遍认可。[1] 近年来，河南绿色食品品牌的认知度、影响力正逐步提升，涌现出了豫粮面粉、华星粉业、二仙坡绿色果业、生命果等一批绿色食品知名企业和知名品牌。2020年6月，河南豫坡酒业有限责任公司、河南菌香生态农业专业合作社、洛阳生生乳业有限公司、河南宏力高科技农业发展有限公司和三门峡二仙坡绿色果业有限公司5家企业被农业农村部中国绿色食品发展中心评为"最美绿色食品企业"。[2]

---

[1] 农业部绿色食品办公室：《全国绿色食品产业发展规划纲要（2016—2020年）》，2016年4月6日。

[2] 吴向辉：《为优质农产品插上品牌翅膀》，《河南日报》（农村版）2020年8月11日。

二 河南绿色食品产业转型升级面临的问题

虽然河南绿色食品产业取得了一定成效,但在规模、结构、品牌、营销、监管等方面仍存在不少问题,还有很大的提升空间。

(一)产业规模比较小,亟须进一步扩大

近几年,河南绿色食品产业呈稳步增长态势,但整体规模较小,绿色有机农产品生产面积仅占全省耕地面积的7.8%,有效用标企业和产品数量以及原料标准化生产基地个数和面积在全国的占比都很低,分别为3.4%、2.8%和0.7%、0.8%,与山东、江苏、黑龙江等绿色食品产业发展较好的省份相比,差距较大(见图3)。比如,山东省有效用标绿色食品企业和产品数量分别是河南的2.8倍和3.6倍;黑龙江绿色食品原料标准化生产基地个数和面积分别是河南的29.2倍和47.1倍。当前河南绿色食品产业规模与其农业大省、食品大省的地位非常不相称,究其原因,并不是河南自身产地环境不行,而是企业绿色发展和品牌意识不强,政府对绿色食品产业的重视程度和扶持力度也有待增强。[①]

(二)产业结构不合理,有待进一步优化

一是产品供给结构不合理,难以满足市场需求。大多数绿色食品还是直接卖原材料,加工程度比较低,从2019年统计数据看,河南绿色食品中初级产品占比接近70%,深加工产品占比还不足5%,其余产品经过初步加工即进行销售,高档、优质的产品少,产品科技含量和附加值不高。二是生产企业结构不合理,龙头企业带动绿色食品产业发展的作用有限。河南虽然拥有一批国内知名的农业产业化龙头企业,但大多不是有效用标绿色食品企

[①] 窦艳芬、姜岩:《京津冀绿色食品产业协同发展现状及对策研究》,《农业经济》2017年第12期。

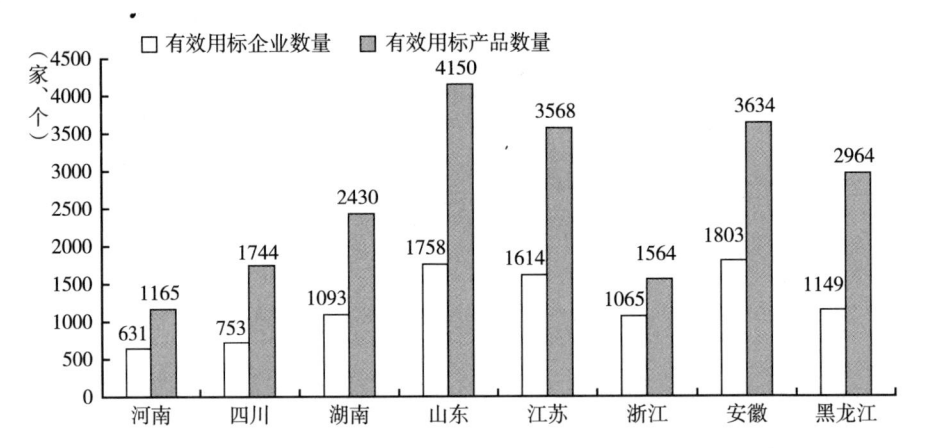

图3 2020年河南与部分省份绿色食品有效用标企业和产品数量

资料来源：根据中国绿色食品发展中心官网数据整理（截至2020年9月25日）。

业，比如双汇、牧原、三全等。2020年河南公布的首批绿色食品业转型升级重点企业名单中，10家中有9家不是有效用标绿色食品企业。获得认证的企业大多是中小企业和农业合作社，国家级和省级龙头企业仅占1/5，缺乏实力较强、带动作用明显的龙头企业。三是地区发展结构不平衡。从绿色食品产地来看，驻马店、郑州、开封和洛阳绿色食品数量之和占全省的一半，均在100个以上，远超其他地市。

（三）营销管理跟不上，需要进一步完善

一是营销网络不完善。绿色食品的市场流通体系建设滞后，销售渠道单一，营销方式传统，产销难衔接。虽然随着农村电商的发展，河南绿色食品也开始采用网上销售的方式，但规模较小。比如，同样都是绿色食品，在京东商城上，河南二仙坡苹果收到的评价最多只有400条，而甘肃陇原红苹果有1万多条，山东烟台苹果收到的评价更是高达10万多条。此外，绿色食品在包装、流通、运输、销售的过程中也容易造成二次污染，从而影响产品品质和食品安全。二是对绿色食品的培育和宣传力度不够。河南绿色食品知名品牌少，品牌知名度和辨识度不高，难以体现绿色食品的产品优势。而且，居民的绿色消费意识淡薄，对绿色食品缺乏认知，影响了其对绿色食品

的选择。三是监管机制不完善。存在重申报轻管理、重生产轻安全的现象，难以实现绿色食品的优质优价。假冒绿色食品的情况依然存在，在很大程度上影响了消费者对绿色食品的好感度和信任度。

三　加快河南绿色食品产业转型升级的对策建议

当前，河南绿色食品产业发展受新冠肺炎疫情和经济下行压力的影响，面临一定的困难和挑战，但乡村产业振兴战略为绿色食品产业发展创造了良好环境，消费结构升级也为绿色食品产业发展提供了有利空间。要以此为契机，把高端化、绿色化、智能化、融合化作为主攻方向，加快转型升级，扩大产业规模，优化产业结构，提高发展质量，提升品牌效益，推动河南由传统食品工业大省向绿色食品产业强省转变。

（一）扩大产业规模，提升产能空间

河南绿色食品产业规模较小，难以满足市场需求，扩大发展规模刻不容缓。一是高度重视绿色食品的申报和认证，尽快弥补数量短板。针对绿色食品企业和产品数量较少的现状，充分挖掘河南优质农产品资源，鼓励生产主体申请使用绿色食品标志，加强对绿色食品标志申报的宣传和指导，尽量将符合条件的农产品认出来并推出去。支持新型农业经营主体开展绿色食品认证，通过绿色食品的申报，使其了解绿色食品生产方面的知识和要求，从而提高生产技术，规范生产管理等。二是坚持"粮头食尾""农头工尾"，壮大绿色食品加工规模。加快生产线智能化、绿色化改造，做强肉制品、做优面制品、做精油脂品、做大乳制品、做强果蔬制品。[①] 三是加快建设绿色食品原料标准化生产基地，着力解决原料瓶颈问题。推进原料基地创建申请工作，鼓励龙头企业自建、联建绿色原料基地，为加工和养殖业发展绿色食品提供充足的集中连片的优质原料。四是积极发展绿色生产资料，为绿色食

---

① 宋虎振：《牢记使命嘱托推动农业高质量发展》，《农村工作通讯》2019年第6期。

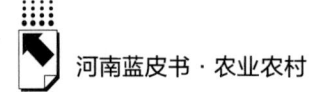

品生产提供物质基础和保障。① 加快填补河南在食品添加剂、饲料及饲料添加剂、兽药类绿色生产资料方面的空白和不足。

（二）优化产业结构，壮大龙头企业

一是瞄准市场需求，优化产品供给结构。随着居民人均收入和生活水平的提升，人们对食品价格的敏感度明显下降，符合营养标准和环保要求的优质产品，即使价格高，市场也照样有需求。面对市场需求变化，河南绿色食品企业应积极调整经营策略，增加多样化、精细化、个性化的中高端产品和精深加工产品供给。积极开发营养食品、功能食品、休闲食品、保健食品等，提升产品特色、档次、品质和价值。二是发展新产业新业态，加快三次产业融合。通过延链扩链，形成与种养、加工、流通、销售等协同发展的生产经营方式。依托绿色食品生产，以农业功能拓展带动业态融合，积极发展创意农业、体验农业、众筹农业、认养农业、可视农业、农业研学等，建设绿色食品文化小镇，提升绿色食品产业价值。三是优化绿色食品产业区域空间布局。推动绿色食品产业相关功能区差异化、高端化、品牌化发展。四是大力培育绿色食品龙头企业。龙头企业是引领农业高质量发展的重要变量。要切实解决绿色食品企业发展面临的劳动力成本、资金供应、产品创新以及用地限制等多重困境。鼓励支持有条件的龙头企业通过兼并重组、参股控股等方式扩大市场份额，打造绿色食品行业领军企业和产业联合体。

（三）完善产业生态，提高发展质量

一是全面加强产地环境保护和治理。要消除鼓励过度使用农业投入的政策，构建以绿色生态为导向的政策补贴机制。② 开展绿色发展和标准化生产，集成示范推广节肥增效、绿色防控等规范化、轻简化种植模式。加强农

---

① 孙道玮等：《吉林省发展绿色食品的农业生态环境优势分析》，《地理科学》2020年第2期。
② 汪波：《深入推进农业供给侧结构性改革的总体要求和重点领域》，《哈尔滨市委党校学报》2018年第5期。

业面源污染治理，加快推进农业废弃物资源化利用。二是开展绿色食品产业提质行动。实施绿色循环高效综合利用，构建以绿色原料、绿色仓储、绿色工厂、绿色园区为重点的绿色食品产业体系。引导绿色食品企业向园区集聚，吸引研发、仓储、物流、信息等配套服务企业入驻，打造绿色食品全产业链发展格局。以漯河为例，在新冠肺炎疫情防控期间，正是由于产业闭环、生态完善，大量原辅料等生产要素在漯河区域内实现配套，加上各级惠企政策即时落地，全市食品企业和食品包装、物流企业得以迅速协同复工达产。① 三是实施绿色食品产业创新驱动发展。创新是驱动产业高质量发展的根本动力。支持以龙头企业为主体，联合高校院所和产业链上下游企业共建资源共享、开放合作的创新平台。② 鼓励绿色食品企业与省内外大专院校、科研机构签订合作协议，建立产学研用合作机制和技术创新体系。③

（四）推动品牌建设，加强营销监管

一是强化品牌引领，提升绿色食品的认可度和美誉度。绿色食品产业转型升级和高质量发展离不开品牌的支撑。作为政府管理的公共品牌，绿色食品本身就是质量、安全和信誉的象征。要加强宣传推介，总结河南绿色食品生产的典型案例，讲好品牌故事，扩大绿色食品的影响力。④ 积极培育绿色食品企业品牌和产品品牌，开展绿色食品品牌创建整市推进行动，提升河南绿色食品知名度和竞争力。二是拓展营销渠道，完善绿色食品市场流通体系。发挥河南物流、交通优势，建立绿色食品网络营销渠道，培育绿色食品流通企业，加快冷链物流体系和配套设施建设。持续开展农商互联、绿色食品出村进城行动。多渠道拓宽绿色食品线上营销渠道，联合大型电商平台和

---

① 《坚持"三链同构"着力打造完善丰满的绿色食品产业生态》，河南省人民政府网，2020年6月4日，https://www.henan.gov.cn/2020/06-04/1544808.html。
② 程怡欣、刘金陈：《成都推进绿色食品产业高质量发展：2030年成为全球川菜中央厨房》，《成都日报》2020年1月3日。
③ 农业部：《农业部关于开展农产品加工业质量品牌提升行动的通知》，《中华人民共和国农业部公报》2016年第5期。
④ 毛绪强：《2018年绿色食品宣传月在全国展开》，《农产品市场周刊》2018年第13期。

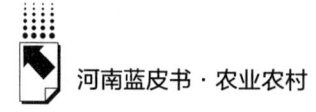

抖音、快手等网络直播平台，开展线上产销对接和品牌推介活动，推动直采直供直销，建立长期稳定的线上产销关系，助力农村绿色食品上行。三是加强监管，促进绿色食品产业良性发展。不断完善质量安全保障体系，加强产地环境检测，合理管控投入品；加强生产过程的管理，要求农户和企业严格按照标准进行生产；加强产品质量检测，建立"从田间到餐桌"的绿色食品质量追溯体系，确保全程质量管控。依法查处和严厉打击假冒绿色食品，避免出现"柠檬市场效应"，保护企业生产绿色食品的积极性以及消费者对绿色食品的好感度和信任度。

参考文献

姚婧、袁名泽：《绿色食品产业如何跨越发展瓶颈》，《人民论坛》2018年第14期。
李彦春：《黑龙江省绿色食品产业高质量发展研究》，《商业经济》2020年第8期。
赵冠艳、栾敬东、宋燕平：《中国绿色食品政策：类型、特征及优化路径》，《南京农业大学学报》（社会科学版）2019年第6期。
张会影等：《绿色食品一二三产业融合助力乡村振兴的实践探索》，《安徽农业科学》2019年第8期。
张俊飚、赵博唯：《供给侧改革背景下绿色食品产业转型升级的思考》，《中南民族大学学报》（人文社会科学版）2017年第4期。
赵莉：《创新驱动背景下黑龙江省绿色食品产业发展路径探索》，《商业经济》2019年第1期。

B.9
河南农业优势特色产业集群培育分析与展望

朱攀峰*

摘　要： 全面推进高质量发展，促进乡村产业振兴，将成为"十四五"时期农业发展的核心任务，培育优势特色产业集群是顺利完成目标任务的重要抓手。河南培育农业优势特色产业集群，要把握好农业产业发展面临的大趋势，建设规模化、绿色化、数字化集群，创建创新型和共享型集群。

关键词： 农业　产业集群　乡村产业振兴

近年来，我国粮食等农产品综合生产能力显著提高，农业生产方式、经营方式、资源利用方式发生深刻变化，农业农村经济发展正在加速由高增长向高质量发展转换。积极应对外部条件和内部动因深刻变化，全面推进高质量发展，促进乡村产业振兴，将成为"十四五"时期我国和河南农业发展的核心任务。农业优势特色产业集群，作为高质量发展阶段乡村产业"圈"状发展的重要组成，是引领农业产业集中要素集聚的重要平台，是凝聚"条""块"发展合力的重要载体，更是农业高质量发展方向和目标的重要保障。

---

* 朱攀峰，河南省政府发展研究中心农村处处长。

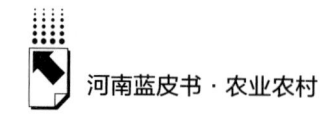

一 优势特色产业集群是"十四五"时期乡村产业发展的重要载体

为加快乡村产业发展，农业农村部依据《国务院关于促进乡村产业振兴的指导意见》编制《全国乡村产业发展规划（2020—2025年）》，统筹布局乡村产业"圈"状发展新格局。主要由"一村一品"微型经济圈、农业产业强镇小型经济圈、现代农业产业园中型经济圈和优势特色产业集群大型经济圈组成。首批支持建设50个优势特色产业集群，其中河南承担伏牛山香菇产业集群、豫西南肉牛产业集群两项建设任务。

优势特色产业集群和"一村一品"示范村镇、农业产业强镇、现代农业产业园共同形成推动乡村产业振兴"点、线、面"结合、功能有机衔接的格局，有效推动乡村产业空间从"平面分布"转型为"集群发展"。这些载体和平台虽然在作用和功能上有很多相似之处，但又有各自的定位和侧重点，需要正确把握和理解。总体来看，优势特色产业集群主要有以下特征和定位。一是特色优势更强。几类载体建设都要求做好"特"字文章，但优势特色产业集群对特色的要求更高、更突出。一方面，特色品种的知名度、规模、品质等要在省内、国内市场占据重要位置；另一方面，必须已经形成较好的产业化基础，具备产业形态由"小特产"升级为"大产业"的潜力，全产业链开发的条件比较成熟。二是带动范围更广。"一村一品"主要是形成"小而精、特而美"的一村带数村、多村连成片的发展格局；农业产业强镇主要是通过吸引资本聚镇、能人入镇、技术进镇，壮大镇域主导产业发展；现代农业产业园主要是发挥园区的要素集聚和融合平台作用，支撑"一县一业"发展；优势特色产业集群则是定位于区域性的特色资源优势，形成"多县成带"的发展格局。三是规模体量更大。按照《全国乡村产业发展规划（2020—2025年）》提出的3~5年的培育目标，"一村一品"示范村镇年产值1亿元，农业产业强镇年产值10亿元，现代农业产业园年产值100亿元，国家首批支持建设的骨干优势特色产业集群则要达到年产值

1000亿元的规模。四是融合程度更深。乡村产业"圈"状布局一个重要目的就是推动农产品加工流通环节向乡村下沉，加快提升农村三次产业融合发展的广度和深度。其中，现代农业产业园和优势特色产业集群的主要任务是带动区域三产融合向纵深推进，尤其是优势特色产业集群更要坚持"全链条"开发和引领精深加工，代表全省农村三次产业融合最高水平，参与更高层次的市场竞争。

二 河南建设优势特色产业集群的基础和短板

2020年7月，河南省政府出台《关于加快推进农业高质量发展建设现代农业强省的意见》，将建设好优势特色产业集群列入推动农业高质量发展的十大行动计划，提出到2025年培育2个千亿级产业集群、20个百亿级产业集群的任务目标。综合分析，河南建设优势特色产业集群，既有特色资源丰沛、集群化基础较好等优势，也存在机械化水平低、组织化水平低等突出短板。

（一）基础较好

1. 特色农业资源丰沛

河南是全国的农业大省、粮食生产大省，同时也是特色农业资源大省。在地理上，河南处于第二阶梯向第三阶梯的过渡带，地貌类型丰富，山区、丘陵、平原占比都不小；在气候上，河南处于北亚热带和温暖带交错带，兼有南北气候的特色。这种地理和气候上明显的过渡性特征，为生物资源多样性的产生提供了优越的自然条件，使全省形成了各具特色的农业生态类型，在全国具有较大影响力的特色资源多。全省农产品地理标志有119个。农业农村部发布中国农业品牌目录（2019年），河南有灵宝苹果、温县铁棍山药、信阳毛尖等16个特色农产品区域公用品牌入选，数量上仅次于山东省。这些在全国具有影响力的特色农业资源，在较大程度上决定着全省优势特色产业集群的发展空间与潜力。

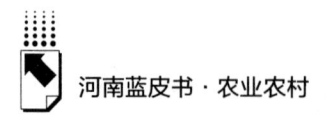

2. 农业产业化基础较好

20世纪末，河南选定将打造食品工业的品牌和规模作为推动全省工业化和农业现代化的切入点，农业产业化步入快车道。到2006年，河南食品工业产值上升到全国第二位，河南成为全国重要的食品大省。规模以上食品工业企业主营业务收入2015年突破1万亿元，2019年达到1.5万亿元，食品工业成为全省规模最大的支柱产业，约占全省工业增加值的1/3。目前，在农业的三大板块中，河南已在粮食和畜禽两大板块形成较高水平的种养加一体化全产业链条。虽然目前特色农产品板块产业化水平相对较低，但长期农业产业化实践积累的物质基础、经验理念和企业人才储备，在新的市场环境和政策导向下会对河南"小特产"升级为"大产业"提供有力支撑。

3. 集群化发展起步较早

2012年，河南省政府出台《河南省农业产业化集群专项行动方案》，构建"全链条、全循环、高质量、高效益"的农业产业化集群。2019年，全省已培育各级农业产业化集群500多个，其中省级集群254个，分布于全省农业领域11个产业的50多个子产业，基本覆盖全省优势农产品产业和区域性特色产业。2019年，全省农业产业化集群销售收入超万亿元，销售收入为30亿~50亿元的40个，50亿元以上的17个，超百亿元的8个。通过持续培育集群，全省特色农业资源越来越集中，种养规模化、标准化程度提升，产业链延伸拓宽能力增强，品牌价值市场认可度提高。从特色集群向"优势"特色集群提升和跨越的基础已经初步具备。

4. 农村电商发展迅猛

这是近年来河南乡村产业发展重要的新增优势。电商平台重塑了农产品供应链模式，让小宗特色农产品与大市场实现低成本对接，长期制约特色农业产业化的大难题有望借力数字化得以根本性破解。民权、宁陵、兰考、新安等县农村电商销售的特色农产品占特色农产品销售总量的四成以上，光山县网店数量突破了2万家，辐射相关从业人员5万多人。西峡猕猴桃、柘城辣椒、正阳花生、方城黄金梨、鄢陵花卉、泌阳夏南牛、原阳稻米、灵宝苹果等一大批特色农产品，借助电商实现从卖产品到卖品牌的转变。

（二）短板突出

1. 机械化水平低

全省农业机械化能力主要布局在粮食种植方面，特色农产品生产的机械化水平要低得多，导致大多数特色农产品属于劳动密集型产品，生产环节主要依靠家庭直接经营。在如今农村人口结构变动和劳动力流动趋势下，尤其是考虑到特色农产品生产对科技的更高要求，以当前的经营方式推动特色农产品规模化、标准化和优质化受到很多约束。优势特色产业集群要求"多县成带"的辐射规模，没有高水平机械化作支撑很难达成。从荷兰、日本等农业发达国家的经验来看，特色农产品产业化要实现大发展，特色农机是必须迈过去的一道坎。

2. 组织化程度低

特色农产品市场需求层次多，如果销售端也放在家庭层面，会出现议价能力低、谈判成本高等问题。营销端为合作社或龙头企业是最好的选择，产品营销、产品推广、品牌创建主要依靠组织化带动。但全省特色农产品产业的组织化程度较低，关键原因是本应起主导作用的合作社缺位。一方面，全省70%以上的合作社集中在粮食生产领域，涉及特色农产品板块的数量少；另一方面，合作社规范性不强，社员参与度较低，真正发挥组织功能的合作社少。同时，调研发现没有合作社从中组织协调，龙头企业直接对接农户的意愿较低。

3. 保险覆盖不足

特色农产品相较于大宗粮食作物具有自然风险和市场风险"双高"的突出特点，更需要农业保险来托底。但当前农业保险险种较少，主要针对粮食、生猪等大宗产品，涉及特色农产品的险种就更少；保额较低，主要是保障生产成本，对实际经营风险的覆盖率较低；灵活性较差，服务意识不强，对接农业生产多层次、多样性需求的能力不足。当前，规模小导致成本高，从而保险机构参与意愿不强，保险不足导致风险大，从而经营主体扩大规模意愿不强，两方面的因素相互交织作用，是特色农业保险长期缺位的一个重要

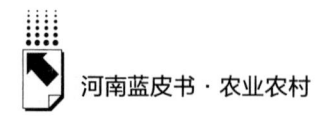

原因。

4. 绿色认证滞后

绿色化是产业升级的重要标志，也是对接消费升级的必然选择，尤其是对于特色农产品而言，"绿色"就是"特色"的核心组成。但相较于丰沛的特色农业资源，河南绿色认证工作却比较滞后。2019年，全省有效期内的认证绿色食品有1019个，排全国第15位；无公害农产品3505个，排全国第11位；有机农产品36个，排全国第22位。全省认证绿色食品生产资料产品29个，排全国第9位；已建成全国绿色食品原料标准化生产基地5个，排全国第16位。这也是市场意识不强、经营理念落后的突出表现。"增产"与"增质"、"增绿"之间仍然有较大冲突。

三 "十四五"时期农业产业发展面临的几大趋势

"十四五"时期是我国农业农村发展的关键时期，外部环境和内在条件发生深刻变化。建设优势特色产业集群作为"十四五"时期农业产业发展的重要抓手，必须把握和应对这些主要趋势带来的机遇和挑战。

（一）双循环新发展格局不断深化

双循环新发展格局是党和国家顺应时代要求作出的战略深化和战略再定位，是我国步入高质量发展阶段、解决新时期面临的各种中长期问题的重要战略举措。可以预期，双循环新发展格局不断深化，将成为我国"十四五"时期宏观发展环境的一条主线。双循环新发展格局对农业产业发展有深刻影响，从机遇方面看，农业作为基础性产业是国内大循环的起点，农业产业安全是高质量发展的"压舱石"，新型城镇化和农村现代化是拉动内需的最大潜力。加快推进乡村振兴战略，加快补齐农业农村发展短板，将是有效提升国内大循环的主导力量的重要方面。从挑战方面看，双循环新发展格局也会有"阵痛"，稳增长的任务更重，各级财政压力加大，市场环境总体趋紧，不确定性提升，农业供给侧结构性改革紧迫性提升。

（二）消费升级仍是重要市场主题

随着我国经济社会持续快速发展，消费结构升级不断加快，以满足人"吃"的需求为核心的农业更是走在消费结构升级的前列。目前，从全国看，我国基本已跨越中等收入陷阱，从全省看，人均GDP已迈上1万美元台阶，因此消费结构升级仍将是"十四五"时期重要的市场主题，相应加快供给侧结构性改革仍将是"十四五"时期农业产业化的重要方向。总体判断，消费结构升级会沿着两条主线进行。一是消费品质升级。继续沿着由吃饱向吃好、吃得健康加速升级，市场需求多样化、差异化不断提升，优质、特色、绿色将成为核心竞争优势。二是消费内容升级。从商品消费向服务消费扩展，农业不再只是提供农产品，以服务为核心的多功能价值越来越被市场认可，将涌现更多以乡愁、体验、创意为核心的乡村新业态。三是消费模式升级。线上消费的广度和深度将继续提升，线上消费与线下消费进一步融合发展。

（三）资源环境约束进一步趋紧

"十三五"时期，绿水青山就是金山银山的理念已经深入人心，绿色发展成为农业产业转型升级的主导方向。"十四五"时期，农业产业发展面临的资源环境条件会更紧张，资源节约、环境友好的要求会更高。"大水大肥"的粗放生产方式难以维系，在"十三五"时期化肥农药零增长目标完成的基础上，"十四五"时期还会继续推动农业集约化生产，化肥农药减量化会成为新的趋势。尤其河南是沿黄大省，黄河流域面积大，沿黄县数量多，黄河滩区面积大，地方经济社会发展尤其是农业生产与黄河生态治理保护有冲突、有矛盾。在黄河流域生态保护和高质量发展上升为国家战略的大背景下，河南农业发展在资源环境上的约束进一步收紧。

（四）竞争力导向支持体系加快构建

十八大以后，我国农业产业发展进入新阶段，面临四个方向的转变：一

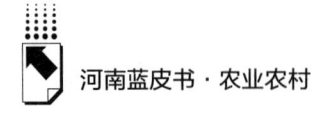

是从重产量向重产能转变，二是从追求数量增长向更加注重质量效益转变，三是从生产主导向消费主导转变，四是从以一产为主向三产融合转变。国家农业政策也作出重大战略调整，提出农业供给侧结构性改革、"藏粮于地、藏粮于技"战略和农村三次产业融合发展等一系列新举措。与此相对应，国家也在构建以竞争力为导向的产业政策支持体系，尤其是增量资金更体现效率和项目带动作用。河南各级政府财力有限，"农业大县、财政穷县"的现象更是普遍，中央财政支持对全省农业发展至关重要。"十四五"时期，河南推动农业高质量发展必须高质量对接国家的整体战略布局，将地方发展资源要素嵌入国家的平台、项目和资金支持体系。

（五）乡村数字化跨越式发展

近年来，数字化对乡村的改变有目共睹，有些甚至是全方位、根本性的重塑。这种重塑主要表现在通过数字化方式打破城乡间的壁垒、空间上的间隔，在一定程度上改变了农业农村天然的弱质性，而且随着数字化更广泛、更高级的运用，未来这种改变有望更大、更彻底。"十三五"时期，河南高度重视乡村信息基础设施建设。截至2019年底，全省20户以上自然村4G和光纤接入已经实现全覆盖，全省农村中小学校全部实现光纤接入，数字乡村建设的技术和物质条件已比较成熟。2019年5月，《数字乡村发展战略纲要》已经印发，提出到2025年数字乡村建设取得重要进展，乡村4G深化普及、5G创新应用，城乡"数字鸿沟"明显缩小。对于河南这样的农业大省而言，"十四五"时期乡村数字化跨越式发展将是重要的发展机遇。

四 "十四五"时期农业优势特色产业集群的培育方向

（一）规模化集群

"十四五"时期，河南培育农业优势特色产业集群的首要任务还是扩大规模和提升规模效应。农业优势特色产业集群是定位于全国大市场的产业平台，产业规模要与市场容量相匹配。"十四五"时期，要继续推动优势特色品种的集中连片，要在全国范围内形成重要的主产区和集散地。另外，要更加重视提升规模效应，主要依靠市场化手段，这也是集群化建设的核心任务。一是要着力培育家庭农场和专业合作社这些新型经营主体，用市场手段把分散的农户动员起来、组织起来、凝聚起来，通过健全"公司+合作社+农户"的经营体系实现规模化种养。二是要着力培育各类专业化中介组织，用市场手段提升社会化服务水平，构建良好的产业发展生态，让发展特色农业像种粮食一样能够得到便捷的生产服务。三是要着力培育龙头企业，营造良好的营商环境，用市场手段推动产业链的延伸与拓宽，用健全产业链的方式有机链接群内的要素资源，发挥集群规模效应。

（二）绿色化集群

"十四五"时期，河南培育农业优势特色产业集群，要坚持绿色发展就是生产力的新理念，把绿色化作为核心竞争力来培育。这既符合资源环境约束条件，又契合市场变化和消费升级趋势，更符合特色农业的生产特点。其根本是转变发展方式，调整过度依赖要素投入的增产导向，向"增绿""增质"转变，导向上不调整绿色化很难有大的突破。关键是绿色农技突破，推广一批节肥、节水、节地、节能的关键技术，对传统农技形成有效替代，依靠科技促进集约化发展。重点是打造绿色品牌，强化相关专业化认证工作，通过市场化手段促进绿色资源形成市场优势。同时，要加强与"四美乡村"建设整体布局对接，以生态振兴促使绿水青山转化为金山银山。要加强与黄河流域生态保护和高质量发展战略对接，发挥好黄河这张新时代绿色名片，开发好沿黄丰富的特色农业品种，利用好广袤滩区的优质生态资源。

（三）数字化集群

"十四五"时期，河南培育农业优势特色产业集群，要坚持数字化的技术路线，依靠云计算、大数据、互联网、人工智能等数字化技术推进传统农业转型，进而推动农业经营增收、流通效率提高和产品质量提升。着力搭建数字化农业集成平台，覆盖整个特色集群、所有产业单元，集成农业信息资源，构建定制化数据供应系统，以数据驱动农业全程标准化体系建设。着力构建数字化供应体系，从农资供应到农业农产品生产、加工、流通，再到终端销售各环节，对传统农业组织架构进行创新，更好地推动农业全产业链融合。着力营造数字化商业生态，构建包括消费者、运营商和农民在内的生态伙伴集群，促进商业模式创新，让消费者的个性化需求与农业供给实现精准高效对接。

（四）创新型集群

"十四五"时期，河南培育农业优势特色产业集群，要更加注重新旧动力的转换，即要从投资拉动向创新驱动转变，瞄准关键制约和主要瓶颈，将科技创新和机制创新作为培育农业优势特色产业集群的主动力。集群培育要立足科技创新，政府要搭建创新平台，促进创新链上中下游对接和耦合，推动产学研用相结合，通过关键技术和机械装备创新化解产业低端化的问题。像长垣市与河南省农科院共同建设研究院，在现代农业产业园建设和药食同源发展中就起到了重要作用。集群培育要善用机制创新，集群建设中遇到的人、地、钱等关键难题必须通过改革的办法来破解。国家支持农业优势特色产业集群建设，除了配套资金外还有很多配套支持政策，只有地方政府加大制度创新才能落地。

（五）共享型集群

"十四五"时期，河南培育农业优势特色产业集群，必须坚持共享发展的新理念，建立健全利益联结机制，促进小农户与现代农业有机衔接，促进各主体同步发展、同步收获、同步提升，真正把"小特产"做成带动农民持续增收的大产业。按照"粮头食尾""农头工尾"要求，推动加工产能向特色农产品优势区下沉，改变过去加工在城市、原料在乡村的状况，把更多产业留在乡村，把更多就业岗位留给农民，把加工流通增值收益留在乡村。要积极创新组织方式，培育带农作用突出的产业化联合体，构建现实可行的利益分享机制，通过保底收购、股份分红、利润返还、带动就业等方式，带动农户参与产业发展，合理分享二、三产业收益。同时，河南深度连片贫困的"三山一滩"，恰是特色农业优势区域，要注重将培育农业优势特色产业集群与巩固脱贫成果结合起来，作为建立解决相对贫困问题长效机制的重要探索，提高集群建设的共享性。

参考文献

李铜山：《现代农业产业化集群创新发展的若干思考》，《农业经济》2012年第10期。

张鹏程、刘从九：《国内外农业产业集群研究综述》，《长沙大学学报》2010年第4期。

尹成杰：《新阶段农业产业集群发展及其思考》，《农业经济问题》2006年第3期。

B.10
以农业服务业现代化促进河南现代农业强省建设分析

侯红昌*

摘　要： 推进农业高质量发展、建设现代农业强省，是新发展理念在河南农业发展中的具体体现，推动新型农业经营主体的发展壮大、小农户和现代农业发展的有机衔接等，都离不开农业服务业发展的现代化。2020年上半年，面对国内外复杂形势特别是新冠肺炎疫情等风险挑战，河南扎实做好"六稳"工作、全面落实"六保"任务，先后出台了一系列支农政策举措，统筹各项农业农村工作，农业服务业呈现出"稳中求进"发展态势，取得了良好成绩。但同时仍面临不少发展挑战，要从规划统筹、资金支持、政策倾斜、科技支撑和深化改革等方面加快农业服务业的现代化进程。

关键词： 农业服务业　现代农业　河南

河南是一个农业大省，推进农业高质量发展，建设现代农业强省，必须推动农业由增产导向向提质导向转变。农业服务业现代化发展是现代农业强省建设的重要组成部分，在促进河南农村产业兴旺、生态宜居、乡风文明、治理有效、生活富裕等方面具有不可替代的基础性作用。作为新发展理念在

---

* 侯红昌，河南省社会科学院农村发展研究所副研究员，主要研究方向为现代服务业。

河南农业发展方面的具体体现,建设现代农业强省,尤其要推动新型农业经营主体的发展壮大、小农户和现代农业发展的有机衔接,而这都离不开农业服务业的发展现代化。

一 河南农业服务业发展现状态势分析

2020年上半年,面对国内外复杂形势特别是新冠肺炎疫情等风险挑战,河南扎实做好"六稳"工作、全面落实"六保"任务,先后出台了一系列涉农政策举措,统筹各项农业农村工作,全省的农业发展呈现"以保促稳、稳中求进、进中蓄势"的发展态势,农业服务业发展"稳中求进"态势明显,表现出如下发展特征。

(一)农林牧渔服务业发展保持平稳

受新冠肺炎疫情影响,2020年上半年,河南农林牧渔服务业实现增加值97.69亿元,同比增速为6.1%,相较于第一季度2.9%的增速,有了很大回升。这既说明河南广大农村地区的新冠肺炎疫情防控效果好,也说明农村地区的农业服务业发展正在快速地恢复常规发展态势。事实上,自2016年以来,河南农林牧渔服务业一直呈现较为稳定的发展态势,增速稳定。统计数据显示,2016年以来,河南农林牧渔业增加值增速基本保持在10%以上,比2013~2015年高速增长前的平稳发展期的增长速度有了略微的提升(见图1)。可以预计,2020年全年的增长速度将会接近10%,基本恢复到近些年的较高速增长态势,为农业服务业的现代化发展打下良好基础。

(二)农业服务业基础条件稳步改善

农业服务业的发展和现代化离不开基础设施条件的持续改善。近些年,河南的农业固定资产投资基本保持高速发展态势,远超同期的全省固定资产投资增速。2020年上半年,全省农林牧渔业固定资产投资增速为6.6%,高于全省固定资产投资增速4个百分点(见图2)。在全省涉农工业企业的主

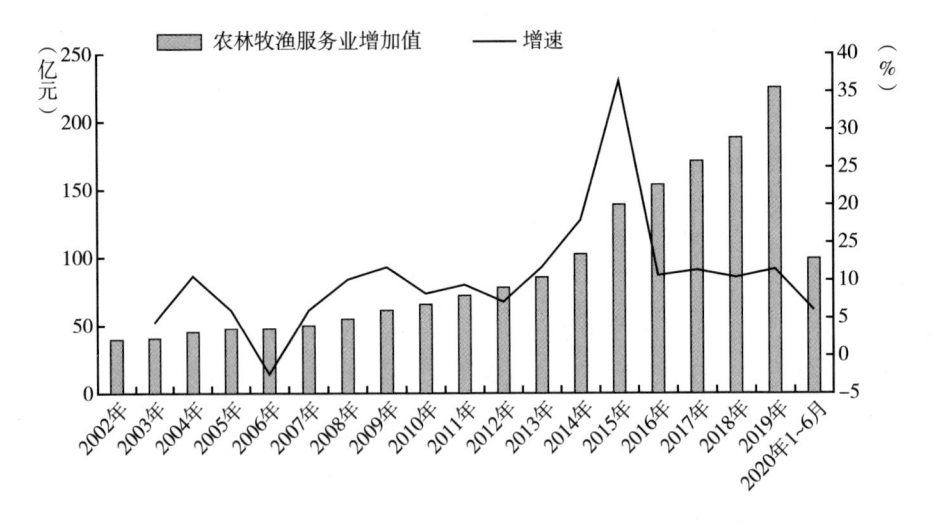

图1 2002~2020年河南农林牧渔服务业增加值及增速

资料来源：根据历年《河南统计年鉴》及《河南统计月报》整理。

要产品中，2020年上半年，农产品加工专业设备产量1.28万台，增长11.9%，大、中、小型拖拉机产量分别为0.97万台、2.40万台、0.43万台，分别增长76.1%、9.1%、23.4%，呈现稳中求进的发展态势。

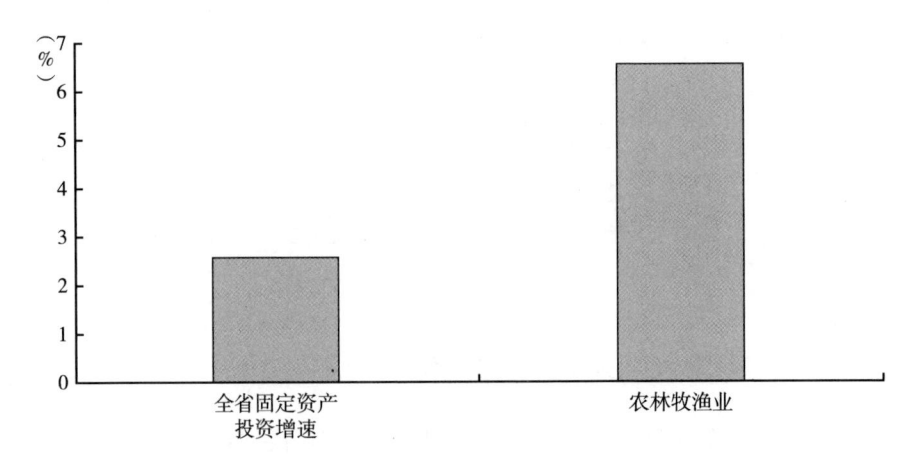

图2 2020年上半年河南省农林牧渔业固定资产投资增速

资料来源：根据《河南农业统计月报》整理。

（三）农产品流通服务体系稳步完善

农业服务业的现代化包含农产品流通业的现代化，即农产品流通服务体系的建立健全和不断完善。近年来，河南的农产品流通服务体系得到逐步完善，发展较快，基本形成了以县（市）批发市场为主导，以乡（镇）集贸市场为支撑的全省农产品商贸流通体系。2020年上半年，全省限额以上批发零售业涉农商品销售额为1631.55亿元，其中粮油、食品类销售额为536.76亿元，同比增长9.4%；烟酒类销售额最高，为718.79亿元，棉麻类增速最高，为29.9%（见图3）。受新冠肺炎疫情的影响，2020年农村社会消费品零售额可能在增速上会有所下降，但全年的农村社会消费品零售总额很可能会保持增长，持续增长的农村社会消费品零售总额为农业商品服务业的现代化发展提供了稳固的基石，进而为河南农业服务业的现代化奠定基础。

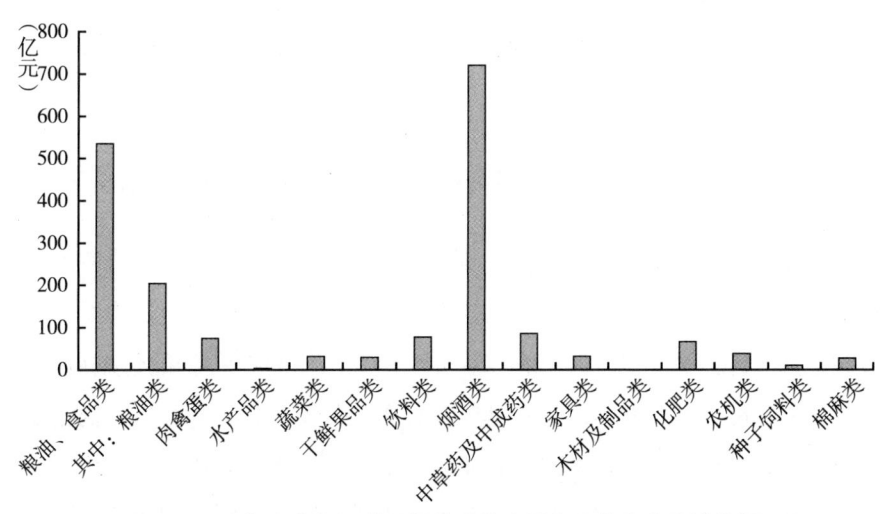

图3 2020年上半年河南限额以上批发零售业涉农商品销售额

资料来源：根据《河南农业统计月报》整理。

二 河南农业服务业现代化发展中面临的现实挑战

近年来，虽然河南农业服务业获得了较快发展，但在农业服务业的现代进程方面还面临着一些现实挑战，这些挑战成为推动和加快河南农业服务业现代化发展的制约因素，主要体现在以下几个方面。

（一）农业服务业总体规模偏小，影响农业服务业现代化的基础

农业服务业现代化发展的首要前提是服务业的发展有一定的规模基础，这种规模基础不仅是从绝对总量的角度而言要大，而且从相对比值的角度来看，比重也不能太低。2019年河南农林牧渔服务业增加值为224.98亿元，占农林牧渔业增加值的比重仅为4.6%。因此，河南的农业服务业还有很大的发展空间和潜力。随着国内大循环为主体，国内国际双循环相互促进的新发展格局的形成，以及河南新型城镇化和乡村振兴战略的深入推进，对农业服务业现代化发展的要求和总量规模的要求也将迅速提升，因此，必须高度重视农业服务业总体规模偏小的现实，要尽快从规模、结构、质量和效益的角度大力促进农业服务业的发展，以便为现代农业强省建设提供坚实支撑。

（二）农业服务业内部结构不优，影响农业服务业现代化的构成

推动农业服务业现代化发展，必然要对农业服务业的内部结构提出要求。农业服务业内部结构的优化既是农业服务业现代化的目标，也是农业服务业现代化的发展过程。河南农业服务业内部结构的不优主要体现在两个方面，一是空间布局上的不优，二是产业分布上的不优，详述如下。河南是农业大省，很多地市是农业大市，农业的产值较高，但农业服务业的发展水平与其农业整体发展总量不相匹配。另外，由于历史的原因，河南农业服务业在产业分布上的不优主要体现在，大部分农业服务业产值主要集中在农业生产资料的流通和销售等方面，农业技术服务业和农业保险等方面的产值较低。因此，推动科技服务和农业生产托管的规模服务等农业生产性服务业的快速发展，既是优化和推动河南农业服务业结构转型升级的必然选择，也是建设河南现代农业服务业的重要内容。

（三）新兴数字服务业发展滞后，影响农业服务业现代化升级

农业服务业的现代化发展离不开新兴服务业的带领，农业服务业的现代化本就是由传统农业服务业向新兴农业服务业转型的过程。当今世界，数字经济是发展最为迅猛的产业，不断地向各个领域扩张，在农业服务业领域数字农业服务业成为当下的新兴服务业形式。乡村振兴战略的深入实施，新型农业经营主体的不断发展壮大，小农户逐渐与现代农业的紧密连接，对一些新兴数字农业服务的发展提出了新的更高要求。现实是河南的新兴数字农业服务业发展缓慢，尤其是以智慧农业服务为代表的科技服务在硬件建设和软件投入上明显不足。此外，在农村电子商务服务业的建设进度上，全省范围内也存在较大差异。新兴数字农业服务业的发展缓慢，严重制约着农业服务业的数字化转型进程，使得农业服务的现代化进程（即传统农业服务业的转型升级和新兴农业服务的业态成长）受到很大影响。

上述挑战和问题存在的原因是多方面的，但主要包括三个方面。首先是传统的轻视服务业的观念，其次是河南的城乡发展差异较大，最后是广大农村地区的文化教育水平不高，详细陈述如下。如同在整个国民经济领域的产业发展一样，服务业在农村地区也被传统观念认为是"不打粮食"，与农业生产关系不大，而且在现实中还经常得到佐证，比如卖出粮食能带来收益，而提供服务很多时候是帮忙的、免费的。此外，在发展农业服务业的时候，没有认真区分农业生产性服务业和农村生活性服务业的差异，很多农村生活性服务业带有一定的社会属性，自带一些公益性质，不能带来很好的收益回报；另外，农业生产性服务业的发展对农林牧渔业本身的现代化、规模化程度有一定的要求，这就限制了农业生产性服务业的发展。这会从现实中强化人们对农业服务业发展的轻视。统计数据显示，2019年，河南省常住人口城镇化率为53.21%，低于我国60.60%的水平。全省城镇居民家庭人均可支配收入为34200.97元，是全省农村居民家庭人均可支配收入的2.26倍，其中农村居民家庭人均生活消费支出为11545.99元。较少的农村消费需求，较大的城乡消费需求差异，较好地解释了农业服务业的发展规模不大，所占

比重较低的发展状况。此外，受教育水平不高的影响，农业服务业的发展缺乏有力的人才支撑。虽然，近些年河南不断加大对农民的技能培训力度，但是与农业服务业现代化升级发展的需求相比还有很大差异，特别是一些新兴数字农业服务业领域，对使用者的基本文化素质要求更高。

三 以农业服务业现代化推动现代农业强省建设的对策建议

随着"十四五"规划的开局推进，乡村振兴将进入深入实施的后小康社会时代，在以国内大循环为主体，国内国际双循环相互促进新发展格局的形成阶段，河南现代农业强省建设进入新阶段，农业和农村现代化的建设进程步入新阶段，对河南农业服务业发展和现代化建设也提出了新要求。

（一）加强对农业服务业的规划管理和综合统筹

一要加快农业服务业现代化的专项规划制定。要加快制定河南农业服务业现代化建设的相关推进政策，尽快编制河南农业服务业现代化"十四五"建设规划。要统筹安排农业服务业现代化建设的各项任务，明确长期、中期、短期发展目标并确保其细化可行，要统筹规划农业服务业现代化建设和现代农业强省建设的目标侧重以及内在统一，要突出谋划农业服务业现代化的建设重点和发展路径并明确各相关职能部门的分解任务和考核指标。二要统筹推行农业服务业和农村服务业的发展。农业服务业和农村服务业各有其功能、边界与属性，但是随着城乡一体化和三次产业的融合发展，二者在很多领域的边界发生叠合。因此，推动农业服务业的现代化建设必须统筹兼顾农村服务业的现代化建设进程，在政策倾斜和资金支持等方面，要做到普惠原则。同时，考虑到很多农业服务业和农村服务业的规模较小，影响较弱，在吸纳支持政策方面容易被一些门槛性措施羁绊，必须对此有一些补充性支持举措。三要分类指导农业服务业的多样化多层次供给。建设农业现代化强省，推动农业服务业现代化，不仅要有主导性的农业服务业产业如农机服务类，还要确保农业服务业供给的多样性和多层次。要基于农业现代服务业的优质高效、布局合理等产业属性，综合统筹全省农业服务业的顶层设计、战略规划、专项行动等政策层面的分类指导，以及综合考虑主导需求的动态变化和各地的资源禀赋与要素约束，统筹推进农业服务业现代化的差异化和特色化供给。

（二）加大对农业服务业的财政支持和融资扶持

推进农业现代化建设必须从财政资金、金融市场、社会资金等三方面加大倾斜力度，确保"投入力度不断增强、总量持续增加"的要求。一要鼓励相关财政资金向农业服务业现代化建设适度倾斜。农业服务业的发展离不开财政金融的引导性倾斜支持，与农业服务业发展的自身属性有关，很多农业服务业项目不能带来直接的收益，或者资金流需求巨大但回收期超长，而农业的发展又离不开这些农业服务业，因此要发展这类农业服务业就必须有相应的财政金融进入，或者以引导资金的形式进入，或者以税费减免的形式等，只有这样才能推进项目的实施和进展。二要创新投融资机制，拓宽农业服务业现代化建设的投融资渠道。发展现代化的农业服务业离不开现代金融市场的支持，城市现代服务业的发展就是因为城市有非常发达的金融市场，有众多金融机构，银行和非银机构提供的大量金融工具，为城市现代服务业的发展壮大提供了宽阔的金融平台。因此，一方面要推动城市金融机构向农村市场拓展业务，另一方面要建设针对农村市场的金融市场服务平台。要以农业信贷资金和农业科技投入为契机，加快推进农村金融创新，建立健全农业综合服务平台系统。三要积极引导社会资本参与农业服务业的现代化建设进程。社会资本是国民经济发展中的活跃资金，随着各项强农惠农富农政策的有力推出，一些制约社会资本参与乡村振兴的樊篱正在被逐步打破，要进一步搭建平台，积极引导社会资本参与农业服务业的现代化建设。要在农业生产的产前、产中、产后等环节引导社会资本进入，以订单生产为纽带，带动农民分享收益。要引导社会资本进入乡村产业链的延伸、价值链的提升等环节，为农业创造更多就业机会。

（三）推动农业生产性服务和托管服务的大发展

农业生产性服务业是三次产业融合的重要途径之一，是培育新型经营主体的助推器，是小农户和现代农业有机衔接的融合器，建设现代农业强省，推进农业服务业现代化离不开农业生产性服务尤其是农业生产托管服务的大发展。一要大力培育农业生产性服务业龙头企业。推动农业生产性服务业的大发展，离不开龙头企业的带动和引领作用。首先要鼓励和支持农业生产性服务龙头企业跨区域发展，规模化和连锁化经营。其次要推动全省现有大型农业生产性服务业企业开展多种形式的业务整合与资产重组，增强实力和竞争力。最后要鼓励农业生产性服务业企业重视品牌发展、特色化经营、定制化服务，充分挖掘发展潜能。二要大力推行农业生产托管服务。农业生产托管是农户在不流转土地经营权的条件下，将农业生产中的全部或部分作业环节委托给农业生产性服务组织的经营方式。农业生产托管作为链接小农户和现代农业的桥梁在促进农业生产节本增效、实现规模经营方面意义重大。首先要支持服务小农户的生产托管，帮助其进入现代农业轨道。其次要重视服务粮食等大宗农产品的生产托管，稳定河南粮食生产。最后要重视服务全程托管的开展，形成新型农业经营主体的示范。三要积极培育各类农业生产性服务组织。按照主体多元、形式多样、服务专业的原则，充分发挥各种类型农业生产性服务组织的比较优势和功能特长，在产前、产中、产后等生产环节为小农户和各类新型农业经营主体提供专业化的生产性服务，促进农业生产的现代化、规模化。与此同时，要鼓励这些农业生产性服务组织开展多元互动、融合发展，实现功能的互补和服务链条的拓宽与延伸，打造农业生产性服务组织的联合体或服务联盟等新型组织形式。

（四）加强对农业服务业的科技支撑和人才支持

农业服务业的出路在现代化，农业服务业现代化的关键在农业科技的发展和人才的支撑。一要加大农业科技攻关和示范推广。要加大农业生产全链条科技攻关创新支持力度，着力打造优质小麦、优质花生的育种、播种、加工等和肉牛奶牛等的育种、养殖、加工等全链条科技攻关创新团队，就各个链条中的难题进行协调攻关。加大农业科技创新联盟建设，鼓励农业高新技术企业与省内外农业高校和农业科研院建立创新联盟或联合实验室，进行前瞻性农业科技研究。二要完善农业科技转换机制。持续推行科技特派员制度，加大对一些成熟的科技成果的示范推广力度。推动建立适应市场需求的农业科技成果推广系统，引导科研人员的项目选题与农业生产的关键技术紧密契合，奠定成果转化的基础。试点设立农业科技成果转化专业机构，提升转化效率。完善科技成果的利益分配机制，保障供需双方利益，推动科技成果攻关的可持续性发展。三要加强农业科技人才队伍建设。做好农业科技人才队伍建设的"十四五"规划编制工作，完善农业科技人才的发展机制。以引进战略型人才和培养领军型人才为重点，打造河南农业科技人才核心团队。通过加大对现有农技人员的继续教育培训力度，优化农业高校的学科设置，建成一支优异的现代农业科技梯队。

（五）加强对农业服务业的要素改革和价格形成机制改革

一要深入推进农业服务业的要素改革。推动农业服务业现代化发展，必须充分激活农业服务业的要素活力，解放土地、产权、劳动力、金融等服务业生产要素，全面推进实施农业服务业发展的市场准入负面清单制度和内外资企业公平竞争机制。可尝试推进农业服务业现代化发展的体制机制创新发展模式，试点建立河南农业服务业现代化改革发展综合试验区，以便于总结经验和复制推广。二要改革创新农业服务业价格形成机制。推进农业服务业价格机制改革的一项关键内容就是发挥市场在资源配置中的基础性作用。要鼓励和推动普惠原则和公平竞争机制在农业服务业的现代化发展中更好地落地，在调整过去的价格支持和价格干预式政策举措的同时，推动一些补贴型和倾斜型的政策举措更好地向小农户和新型经营主体聚集。三要完善联农带农的利益联结机制。农民是乡村振兴的主体，也是建设现代农业强省的主体，更是农业服务业现代化发展的主体，因此建立和完善联农带农的利益联结机制至关重要。首先是在对一些以财政资金为主导的项目评价中，必须把提高农民收益作为一项重要的评价标准。其次是所有涉农项目的设立和发展都必须与促进农民就业和促进农民增收联结起来。最后是鼓励农业服务业龙头企业带领不同类型的经营主体建立供应链上的伙伴关系，结成牢靠的利益联结机制。

参考文献

姜长云：《中国服务业发展的新方位：2021—2030年》，《改革》2020年第7期。

魏后凯、杜志雄主编《中国农村发展报告——聚焦"十四五"时期中国的农村发展》，中国社会科学出版社，2020。

叶兴庆等：《走城乡融合发展之路》，中国发展出版社，2019。

李天娇、荆林波：《农业服务投入对农业生产效率的影响——基于10国面板数据的实证研究》，《商业经济研究》2018年第5期。

张天佐：《农业生产性服务业是振兴乡村的人产业》，《农业经营管理》2018年第12期。

单玉丽、刘克辉：《台湾工业化过程中的现代农业发展》，知识产权出版社，2009。

B.11
河南省农村金融业高质量发展对策研究

宋彦峰*

摘　要： 实施乡村振兴战略、做好新时期"三农"工作离不开金融的支持，需要以农村金融业的高质量发展推动"三农"工作的高质量发展，更加突出农村金融服务的质量和效益。本报告在分析河南省农村金融业发展现状的同时，对河南农村金融业在发展中存在的有利因素和制约条件进行分析，明确农村金融业高质量发展的支持方向。同时，结合河南农业农村发展现状提出农村金融业高质量发展的思路，并从农村金融组织体系完善、加强金融基础设施建设、强化金融科技应用、发展多层次融资体系、完善风险防控体系和信用环境建设等方面提出高质量发展建议。

关键词： 农业　农村金融　河南

近年来，河南省作为全国农业大省的地位不断巩固，2019年河南粮食总产量为1339亿斤，再创历史新高，充分发挥了"稳定器"和"压舱石"的作用，全省农业高质量发展水平不断提升，农业农村发展稳中有进。金融作为现代经济的核心，在支持和服务农业农村发展的过程中具有不可替代的作用，河南省对于农村金融在服务"三农"中的核心作用也给予了高度的重视，并出台多项改革完善政策。但是，现阶段河南省的农村金融改革尚未

---

* 宋彦峰，河南省社会科学院农村发展研究所博士，主要研究方向为农村金融、贫困治理。

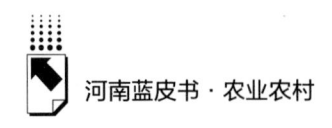

完全到位，农村金融囿于自身存在的诸多问题对农业农村发展的促进作用还没有完全发挥。因此，为推进河南省农业农村的高质量发展，需要进一步推进农村金融的供给侧结构性改革、提升农村金融服务农业农村发展的能力，以农村金融的高质量发展推动农业农村的高质量发展。

一 河南农村金融业发展的现状

近年来，河南省金融机构全面贯彻落实国家关于支持农业农村发展的各项部署，践行新发展理念，紧扣高质量发展的主线，不断深化农村金融的改革，完善各项支持"三农"发展的政策体系，金融监管部门积极引导各种类型的金融机构创新农村金融产品和服务方式，增强金融服务农业农村发展和农村实体经济的能力，不断提升农村金融服务的可得性和便利性。

（一）农村金融改革扎实推进，组织体系不断健全

河南省农村金融体制改革进一步深化，多种类型的金融组织陆续建立，金融体系不断完善。农村信用合作社（简称"农信社"）改革稳步推进，截至2019年底，全省139家县级农信社中，106家已挂牌和获准筹建农商行，农信社管理体制和内部经营机制不断完善。稳妥有序培育新型农村金融机构，提升金融服务覆盖面。截至2019年底，全省共组建新型农村金融机构85家，包括村镇银行82家和农村资金互助社3家，覆盖县（市）90个，覆盖率为83.33%。省内大中型银行业金融机构持续完善三农金融事业部运行机制，下沉服务重心，在县域设立机构网点和小微企业专营机构。全省乡镇实现银行业金融机构全覆盖，行政村基础金融服务覆盖率达98.2%。成立了河南省农业信贷担保有限责任公司，加快推进农业信贷担保体系建设。成立了中原农业保险股份有限公司，在全国率先实现小麦制种保险，小麦农业保险覆盖面超过70%。

（二）农村金融信贷规模持续扩大，金融供给不断扩大

河南省涉农信贷投放规模持续增长，各银行业金融机构聚焦"三农"

重点领域，持续加大涉农贷款投放力度。如表1所示，2014年涉农贷款为11710万亿元，到2018年已经达到18456万亿元，年均增长12%，涉农贷款总量呈现增长趋势。农户贷款同样呈现较为明显的增长趋势，由2014年的3073万亿元增长到2018年的5385万亿元，增长0.75倍，国家对农户获得金融支持更加重视，正规金融机构对农户的融资支持情况逐步提升。农村（县及县以下）贷款同样保持了增长趋势，银行业金融机构在农村地区的信贷投放有力地支持了农村地区的建设。

表1 2014~2018年河南省涉农贷款情况

单位：万亿元，%

年份	农村(县及县以下)贷款		农户贷款		涉农贷款	
	余额	同比增长	余额	同比增长	余额	同比增长
2014	10319	16.5	3073	22.6	11710	17.7
2015	11715	13.5	3552	15.6	13506	15.3
2016	12745	8.8	4114	15.8	14913	10.4
2017	14311	12.3	4659	13.2	16657	11.7
2018	16095	12.5	5385	15.6	18456	10.8

资料来源：根据历年《中国金融年鉴》整理。

（三）农村金融创新多样化，金融可得性增强

河南省辖内各金融机构围绕农户生产经营、农业产业化发展等重点领域，创新农村金融服务，扩大抵押担保范围，加大涉农金融产品创新力度，满足农业农村多样化资金需求，探索创新了金融扶贫的"卢氏模式"、普惠金融的"兰考经验"等典范。省内农村承包土地的经营权和农民住房财产权"两权"抵押贷款试点任务完成，探索了承包地经营权直接抵押贷款、"承包地经营权+多种经营权组合抵押""承包地经营权+农业设施权证抵押""农户联保+承包地经营权反担保"等模式。农信社、城市商业银行等地方银行业金融机构通过建立村级金融服务站、布放自助设备等多种形式不断完善便民服务网络，填补农村金融服务空白，农村金融服务"最后一公里"的问题基本得到解决。

（四）资本市场融资能力不断增强，保险保障功能不断增强

涉农上市后备企业培育力度不断加大，对纳入省定重点上市后备企业的涉农企业实行动态管理，加强分类指导。截至2018年12月末，河南省共有12家境内涉农上市公司、5家境外涉农上市公司、36家涉农新三板挂牌公司。积极发展农产品期货，截至2019年底，郑州商品交易所推出13个涉农期货品种，覆盖粮棉油糖果等5大板块，探索了"期货+保险"模式。农业保险持续为河南农业发展保驾护航。在全国率先试点小麦制种保险，小麦农业保险覆盖面超过70%，同比提升14个百分点。扩大保险险种范围，开办辣椒价格指数、茶叶低温气象指数、蔬菜制种、淡水养殖等特色保险险种，创新开发大蒜、辣椒、西瓜、石榴等地方特色产业的商业性农业保险产品，业务覆盖全省14个地市40个县区。截至2019年末，河南省农业保险规模实现连续增长，实现保费收入48.2亿元，同比增长5.6%。

二 农村金融业高质量发展的现实基础：有利条件和制约因素

（一）有利条件

1. 农村经营体制改革为农村金融业高质量发展带来了活力

长期以来，农村地区融资难的一个重要原因是缺乏抵押物、农村产权主体不明，使得质押融资受限，农村金融的融资需求难以转化为有效需求。当下，河南新一轮的农村经营改革进展顺利，农村土地"三权分置"改革稳步推进，农村土地经营权进一步放活，"两权"抵押贷款试点建设有序开展。农村集体产权制度改革进展顺利，截至2019年8月底，共清查核实资产总额2786.1亿元，三批共18个国家级试点市县改革任务基本完成。土地产权的明晰建立起土地使用权和金融需求之间的桥梁，进一步激活了农村金融的发展动力，为农村金融的高质量发展提供了基础。

2. 乡村振兴战略的推进为农村金融业高质量发展提供了思路

乡村振兴战略的推进能够推动城乡要素的合理配置，实现城乡之间要素的双向流动，推动城乡产品市场和要素市场的一体化发展。在这一过程中，乡村振兴战略的推进离不开农村金融的助力，需要农村金融的高质量发展支持城乡融合战略的实施和推进。同样乡村振兴战略的推进释放了农业农村发展对金融的巨大需求，为农村金融高质量发展提供了方向和思路，明确了农村金融的重点发展领域和方向，拓展了农村金融的服务领域和发展空间。

3. 普惠金融战略的推进弥补了农村金融业高质量发展的短板

发展普惠金融旨在让更多的弱势群体和地区获得金融服务，推广普惠金融的目的在于解决农村金融的薄弱环节，特别是对于偏远和贫困地区来说，就是要消除这些地区金融服务的空白点，解决贫困地区和偏远地区金融服务的可得性问题。大力推进普惠金融的发展，可以弥补农村金融服务的短板问题，以更有效的信贷投放、更丰富的金融产品和更便捷的金融服务，持续完善和提升农村金融服务水平，为农村金融的高质量发展提供坚实的基础条件。

4. 农业高质量发展为农村金融业高质量发展提出新要求

新形势下，河南省农业正加速由增产导向转向提质导向，提高农业质量、效益和整体素质已经为成为河南省农业发展面临的重大任务。2020年7月，河南省发布了《关于加快推进农业高质量发展建设现代农业强省的意见》，全面系统地部署河南省农业高质量发展工作，加快建设农业强省。农业高质量发展对农村金融机构做好新形势下金融服务"三农"工作提出了新的要求，需要金融业在金融供给、风险保障、农业保险等方面给予全力的支持和保障。

（二）制约因素

1. 农村金融组织体系需要进一步完善

从供给主体来说农村地区的金融服务供给者依然是农村信用社，其他类型的农村金融机构发展不充分。如截至2019年底，河南共有新型农村金融机构营业网点604个，而河南省内有1891个乡镇，新型农村金融机构仅覆盖了约1/3的乡镇地区，且还有一部分村镇银行在县城。农村金融组织的供给数量和质量与城市地区相比还有很大的差距。此外，农村金融机构以银行业金融机构为主，结构性偏差也较大。

2. 农村地区投融资结构需要进一步完善

一是农业产业存在高风险和低收益特性，金融机构对其发放贷款的利率往往会高于其他行业。二是农业资金需求主体主要是间接融资，直接融资比例较小，融资手段少，涉农企业资产证券化、期货等手段缺乏，农业产业发展基金、风投基金等投融资平台建设滞后，多元化的金融市场和资本市场尚未形成。

3. 农村金融产品与服务供给不够

一是农村金融机构的覆盖面不够，农村金融从业人员的素质与城市相比存在一定的差距。二是农村金融产品的供给还比较单一，同质化现象严重，创新程度不够，农户、新型农业经营主体等依然存在融资难的问题，尽管新一轮农村产权制度改革正在推进，但是与真正的盘活农村资源、解决农村融资瓶颈之间还有一定的距离。

三 河南加快农村金融业高质量发展的总体思路

（一）农村金融业高质量发展的指导思想

农村金融业的高质量发展必须贯彻落实新发展理念，正确把握金融本质，以农村金融的供给侧结构性改革为主线，以服务河南农业农村的发展为本，坚持创新驱动、科技引领，不断深化农村金融改革，不断提高农村金融服务农业农村发展和实体经济的能力，不断提升风险防控能力，找准农村金融服务的方向和重点，构建机构健全、功能完善、运转有效、风险可控和监管有力的农村金融服务体系，全面提升农村金融业的服务质量和效能。

（二）农村金融业高质量发展应具备的特征

第一，坚持服务"三农"。把服务农业农村经济发展作为农村金融高质量发展的出发点和落脚点，助力农村经济发展、支持城乡融合发展，不断提高农村金融的有效供给，实现农村金融的良性循环和健康发展。

第二，坚持优化结构。不断完善农村金融机构体系、市场体系和产品体系，满足不同农村经济主体的融资需求，引导金融资源配置到农村经济社会发展的重点领域和薄弱环节，不断提升农村金融的服务效率。

第三，坚持风险防控。以防控风险为底线，有效化解防范各类风险，不断提升农村金融的风险防控能力，确保农村金融业的稳健发展，提高农村金融服务"三农"的可持续性。

第四，坚持科技赋能。借助科技手段不断转变农村金融发展方式，积极探索便捷高效的农村金融服务模式，进一步推动金融科技在农村金融中的广泛应用，为农村金融支持"三农"产品和服务创新提供强大动能。

（三）农村金融业高质量发展的重点支持方向

1. 加大重点领域的支持力度，助力"县域强"

河南省县域面积占比近九成、经济总量占比超过六成，县域经济的发展在全省的发展中具有举足轻重的地位。在推进县域经济高质量发展的情况下，农村金融需要扛起助力县域经济发展的重任。一是大力支持县域特色产业和支柱产业，紧紧围绕县域特色产业、优势产业、重点产业和支柱产业加大信贷投放力度，支持传统企业的转型升级、促进整个产业链的飞跃。二是大力支持小微企业的发展。小微企业在稳增长、扩大就业中发挥着极为重要的作用，融资难和融资贵是困扰小微企业发展的核心问题。农村金融要不断改善服务方式，积极创新针对小微企业的产品与服务，支持企业做大做强，不断提升县域经济发展活力。

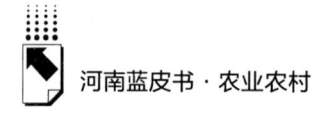

2. 加大现代农业的支持力度，助推"农业强"

当下，河南省正处于由传统农业向现代农业转变的关键时期，农业的高质量发展需要农村金融各方面的支持。一是全面服务农业供给侧结构性改革，优化农业信贷投向。以市场需求为导向调整完善农业生产结构和产品结构，不断提高农业综合效益和竞争力。二是大力支持新型农业经营主体。不断加大信贷支持力度，创新金融服务方式，提升农业产业化龙头企业、农民合作社、家庭农场等新型农业经营主体的发展能力和发展质量，切实提升金融服务实效。三是支持农村三产融合。大力推进农村三次产业的融合发展，构建现代农业产业体系。支持农业产业化集群培育工程、主食产业化工程和都市生态农业发展工程，支持加快发展农产品加工业，积极拓展农业新业态、新功能。

3. 加大绿色金融的支持力度，助推"农村美"

推进农业绿色发展，从根本上扭转高投入、高消耗、高强度的传统农业发展方式是促进农业可持续发展的重大举措。良好的生态环境是农村居民最广泛的福祉，需要发挥农村金融的积极引导作用。一是支持绿色农业的发展，践行绿色发展理念，大力发展资源节约型、环境友好型农业，积极支持节水、节肥和节药技术在农业生产中的应用。二是推进循环农业发展。支持实施种养结合循环农业示范工程，推进种养结合、农牧结合的示范区建设，促进农业农村的可持续发展。

4. 加大普惠金融的发展力度，助推"农民富"

农村金融的发展需要助力满足农民日益增长的美好生活需要，不断提高农民金融的可得性和满意度。一是持续做好金融精准扶贫工作。鼓励更多的金融机构进入农村金融市场，形成对农户多层次和多方位的支持，真正变"输血"为"造血"，防止贫困户出现返贫，实现贫困农户可持续脱贫能力的增强。二是深入推进普惠金融战略，不断完善农村金融基础设施建设，提高金融服务的覆盖率、可得性和有效性，让农民能够以较低的成本和便捷的途径获得所需的金融产品和服务，助力收入的持续增长。

四 推进河南农村金融业高质量发展的对策建议

深入贯彻落实国家新发展理念,紧紧围绕金融支持乡村振兴战略、支持农业供给侧结构性改革,不断提高农村金融的供给效率,不断增强农村金融的风险防范能力,在服务"三农"的基础上,实现农村金融业的高质量发展。

(一)完善农村金融组织体系,增强农村金融供给能力

推动各类涉农金融机构回归本源,提供差异化、特色化涉农金融产品和服务。加快推进县级农信社改制组建为农商行,探索省农信联社管理体制改革。推动村镇银行发展壮大,尽快实现县域全覆盖,并积极向乡镇延伸。以省农业信贷担保公司为龙头,加快推进完善全省农业信贷担保体系建设。深入推进金融"村村通"建设,加快在金融服务空白区进行布局,广泛布设金融服务终端。

(二)加强农村金融基础设施建设,深入推进普惠金融

加快农村金融基础设施建设,深入推进"村村通"建设,打通农村金融发展的"最后一公里",加快在金融服务空白区进行布局,广泛布设ATM、POS机、转账电话和自助服务终端等金融电子机具,延伸村级基础金融服务。同时,不断优化服务内容,实现由"从无到有"向"从有到优"的转变。不断完善与"三农"发展相适应的普惠金融体系,完善运行机制和普惠金融服务模式,加强对"三农"发展的金融支持。

(三)强化金融科技思维,强化金融产品创新能力

利用金融科技打破农村金融发展中的时间和空间限制,弥补农村金融网点较少的问题,解决农村金融"最后一公里"的问题,有效扩展农村金融服务的地域和受众范围。推动金融产品与科技的深度统合,借助大数据、区

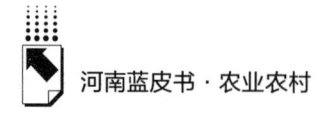

块链等技术，将科技嵌入基础性金融服务，以金融科技创新思维，加快农村产品创新节奏，优化农村金融业务办理流程，缩短农村金融产品更新周期。

（四）优化融资结构，积极发展农业保险

推动河南多层次资本市场发展，引导中原股权交易中心创新运营模式和服务方式，提高多层次资本市场服务能力。支持涉农龙头企业发行上市或在新三板挂牌融资。引导鼓励涉农企业用好双创债券、绿色债券优先审核政策以及上市公司并购重组小额快速政策，提高融资效率。推动农业保险"增品、提标、扩面"，积极发展针对生产龙头企业、农民合作社、家庭农场的保险产品。推动发展地方特色农业保险及"农业保险+小额信贷保证保险"，稳步发展目标价格保险、区域产量保险、收入保险，稳步推进农业大灾保险试点。

（五）加强风险防控，完善风险分担机制

进一步完善农村金融风险防控和监管体制机制建设，健全农村金融服务法规体系建设。增强农村地区资金需求主体的风险意识和信用意识，金融机构要建立风险预警机制，完善金融突发事件的应急处理能力，防止金融风险的传递和蔓延，确保不发生区域性系统风险。另外，要完善农村金融的风险分担机制，创新银行与担保公司、保险公司等机构的合作，丰富风险化解手段，健全农村金融风险缓释机制，提高农村金融风险防控水平。

（六）完善农村信用体系，优化农村金融生态环境

完善农村社会信用体系，为金融服务"三农"创造良好的环境，奠定扎实的基础。一方面建立健全农村信用信息采集、评价和应用机制，加快建立多层级的农民信用档案平台，实现农户家庭等多维度信用数据可应用，通过各种途径和手段营造良好的农村地区金融生态环境。另一方面进一步完善脱贫攻坚已经建立起来的农村信用体系，使农村地区的信用体系建设与金融机构信贷体系形成良好衔接，为金融服务农村地区创造良好的条件和环境。

参考文献

蔡锦松：《我国农村金融改革困境的逻辑机理分析》，《税务与经济》2020年第4期。
姜婷婷：《乡村振兴背景下农村金融机构的发展研究》，《农业经济》2020年第5期。
刘社欣、刘亚军：《农村金融供给侧改革如何发力》，《人民论坛》2020年第10期。
生厚良、李中华：《农村金融产品创新路径》，《中国金融》2020年第3期。
宋彦峰：《供给侧改革视角下金融支持与精准扶贫衔接机制研究——以河南省为例》，《农村金融研究》2019年第11期。

B.12
河南培育提升新型农业经营主体的对策分析

生秀东*

摘　要： 新型农业经营主体已成为农业现代化的引领者，但是，在培育提升新型农业经营主体时，还面临着农村土地产权不明晰以及小规模兼业农户转出农地所要求的土地租金高于市场租金的困扰。同时，农村金融体制改革滞后和农业社会化服务发展滞后也是当前亟须解决的问题。本报告针对这些问题提出了推进土地规模化流转、加大资金政策扶持力度等建议。

关键词： 新型农业经营主体　农业现代化　土地流转

新型农业经营主体，在历年中央一号文件中有四种规定形式：专业大户、家庭农场、农民合作社、农业龙头企业。所谓农业经营主体是指专门从事农产品生产、加工、销售和服务的经济组织或个人。改革开放以来，河南省的农业经营主体已由改革初期相对同质的小农户占主导地位的格局向目前多类型经营主体并存的格局转变，除了一般的小农户之外，专业大户、家庭农场、农民合作社和农业龙头企业这些新型农业经营主体纷纷涌现。因此，新型农业经营主体概念的提出是相对于小农户而言的。其主要特征有以下三点：一是适度规模化生产和专业化经营，劳动生产率高；二是集约化经营，资源利用率高；三是市场化程度高。随着农村经济的不断发展，新型农业经营主体日益

---

* 生秀东，河南省社会科学院农村发展研究所研究员，主要研究方向为农业经济。

显示出发展生机与潜力,已成为传统农业向现代农业转型发展的骨干力量。

截至2019年底,全省新型农业经营主体发展到28万家,其中家庭农场5万家,县级以上示范家庭农场4071家,省级示范家庭农场466家;农民合作社18万家,入社农户近550万户,占承包农户总数的1/3;全省规模以上农产品加工企业7250家。全省土地流转面积3823万亩,托管土地面积1.57亿亩次。新型农业经营主体在耕、种、防、收等生产环节中发挥主力军作用,推进农业生产向社会化、规模化、集约化转变,带动越来越多小农户融入现代农业。

在新型农业经营主体中,农民合作社具有特殊的地位,既是经营主体,也是服务主体。2019年,为成员提供产加销一体化服务的农民合作社在全省合作社中的占比在50%以上,灵宝市宝地高山蔬菜专业合作社生产产品统一供应广州、深圳、澳门等地大超市及香港西餐厅等高端市场。部分家庭农场和专业大户利用技术装备优势也开展社会化服务。社旗县盛康家庭农场利用自身拥有的先进技术、大型农业机械优势,主动开展多元化经营,为周围农户提供农业生产性服务,包括机耕、机播、机收等。农业龙头企业既是全省工业化快速发展的主导力量,又以订单农业形式带动现代农业发展,促进农民增收。农业龙头企业一边连着大市场,一边连着万千农户,正在引领和推动着河南农业的现代化进程。河南多地的发展实践证明,农业龙头企业具有引导生产、开拓市场、加工增值、提供社会化服务的综合功能,带动农户能力强,有利于带动农民增收致富。同时农业龙头企业让生产、运输、仓储、销售等环节紧密连接,拉长了产业链条,有利于农村劳动力就地转移。

一 培育新型经营主体是推进传统农业向现代农业转型的必然选择

(一)培育新型经营主体有利于确保粮食安全和重要农产品供给

随着城乡一体化的深入发展,农村劳动力向城镇和工业大量转移,农村劳动力就业结构、农村人口构成和农业生产经营格局正在发生重大变化,农

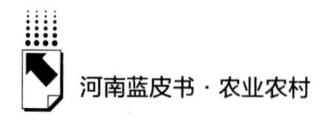

业劳动力数量不断减少、素质结构性下降等问题日益突出。耕地利用率开始下降，严重威胁到粮食安全和重要农产品供给。目前河南省农业生产的现状是农村家庭承包地一般由缺乏就业能力的老人、妇女耕种。青壮年劳动力已经外出打工，外出打工收入占家庭收入的60%以上。新型农业经营主体的出现，可以解决农业生产后继无人的问题。

因此，在新时期坚持和完善家庭联产承包责任制，就是要发展新型农业经营主体，实现规模经营，取得规模效益。只有农业劳动者的收入实现较大增长，才能激发农民生产积极性，保障粮食安全和重要农产品供应。

（二）培育新型农业经营主体有利于推进现代农业建设

当前河南省农业资源和环境约束加剧，依靠资源和劳动投入推动增长的模式难以为继，迫切要求农业生产方式由传统小生产加快向社会化大生产转变。土地流转能够把分散化的小块土地集中起来，把细碎化的地块集中连片，扩大耕地规模，有利于实现农业规模化经营，实现规模种植、规模养殖，有利于建设标准化、符合大工业规格要求的农产品生产基地。土地规模经营形成后，农业先进科技推广应用的成本大幅度降低，农民有动力加大农业投入力度，引进新的生产技术和优良品种，能够促进农业生产的集约化，提升农业生产效率和资源配置效率。因此，家庭农场可以加快优化资源配置和提高粮食产出效益。而农民合作社、农业龙头企业则是农业先进生产要素的有效载体，能够为农户提供技术指导和生产性服务。因此，新型农业经营主体有利于引进现代要素替代传统要素，加快改造传统农业，推进现代农业建设。

二 培育新型农业经营主体过程中存在的主要问题

（一）规模化连片流转土地困难

土地流转是推进农业适度规模经营的前提条件。受土地流转机制不完善等诸多经济社会因素的影响，新型农业经营主体实现规模经营最大的难题就是不能租到集中连片的耕地，并保证较长的流转期限。通常的情况是地块比较零碎，流转期为1~3年不等。其次，从2011年到2016年土地流转的数据显示，土地总流转面积年均增长率为5%，呈现出流转速度增快的特点。另一方面，在土地流转中80%是以小规模分散经营农户为主，只有20%的土地流转到新型农业经营主体中，规模化、组织化程度偏低。分散的土地经营不利于农业大规模机械化生产作业，许多生产环节要靠临时雇工解决，导致生产成本增加。2019年，季节性雇工日平均工资达到100元左右。

（二）土地流转租金过高

家庭农场等新型农业经营主体与其他国家的家庭农场相比，90%以上的土地是流转而来的，地租在农业成本结构中占了很大比重。当前农村土地流转租金已经跨入千元时代。土地流转租金过高，还因为土地租金中包括了小农户家庭劳动力的工资，并不是单纯的租金。

农民家庭都存在一个鲜明的特征：家庭中年轻一代进城打工，老年一代在家务农。农村中的留守老人在城市就业困难，换句话说他们从事农业生产的机会成本是零。只要农产品收益超过生产性投入的价格和土地租金，他们便愿意从事农业生产，超出的部分是回报给留守劳动力的工资性收入。因此，小规模农户从事农业生产的净收入是工资和地租。按照市场规律，家庭农场能够承受的土地流转价格就是地租，但是小农户要求的土地流转价格是农业生产的净收入，也就是工资和地租。工资内化到地租里，这个过程可以称作农业劳动力价值的租金化，这是老人农业特有的现象。

（三）农业基础设施弱

由于农田基础设施年久失修，"欠账"太多，增加了农业规模经营的困难，而新型农业经营主体自身又难以承担基础设施修建费用。漯河市召陵区农展种植合作社反映，流转来的土地农田水利基础设施差，影响生产；由于农业生产性辅助设施用地政策的限制，无法自建晒场、库房。农业基础设施差的另一个原因是经营主体流转的土地一般流转期较短，在租来的土地上进行长期性投资，会面临很大的合同毁约风险。经营权保护政策不落实到位，经营主体不敢修建农田基础设施，必然会加大短期经营成本。

（四）新型农业经营主体融资难、保险难

新型农业经营主体需要支付大笔土地租金，每年在支付地租的时间段会出现资金紧缺的情况。不同于小规模农户，新型农业经营主体经营规模大，集约化程度高，经营投入比较集中，资金需求量很大。从先进国家的经验看，对于新型农业经营主体的融资需求，主要由政策性金融机构和民间金融组织解决。完善的农村金融体系，应当包括农业政策性金融机构、商业性金融机构和互助性民间金融组织。当前的情况是政策性金融机构支农力度不大，民间金融发展迟缓，支农责任主要由商业性金融机构承担。但商业性金融机构主要针对城市，其对客户盈利能力评估和信用担保要求，使得新型农业经营主体很难满足贷款条件。例如，要求的担保、授信标准高，新型农业经营主体贷款缺乏有效的抵押和担保，极大地制约了新型农业经营主体扩大土地规模。

（五）政府扶持力度不够

政府扶持力度小，表现在以下几个方面。一是农业辅助设施用地支持不足。新型农业经营主体在土地流转后需要的办公用地、农机具存放库房用地、仓储用地和产品加工用地难以落实。收获的农产品露天存放，遇到雨天，容易霉烂变质；农机具露天存放，也缩短了使用寿命。二是资金扶持力度小，引起不正当竞争。例如，有的县出台土地深耕项目，只拿出20万元资金，每亩补贴5元，只有少数农机合作社能得到补助。一方面，政策实施成本高，得到补助需要竞争；另一方面，这些有补贴的合作社深耕时，每亩少收费5元，其他合作社在市场上被排挤出局，没有活干。三是政策支持往往是锦上添花，大多数小型农民合作社和农业龙头企业，很难得到项目和资金的支持。

三　加快培育提升新型农业经营主体的对策建议

（一）推进土地规模化流转，提升规模经营水平

在河南大中城市郊区、中心镇周围的经济发达地区，广大农户已经长期在城镇就业，拥有稳定的职业和收入，具备长期出租、转让耕地经营权的现实条件。可以因势利导建立农村土地股份合作社，促进大片土地集中流转，推动农业规模化经营、专业化生产。所谓土地股份合作社，就是农户以土地承包权入股土地股份合作社，或对外出租或自主经营，所得收益按照农户土地股份进行分配的组织形式。鹤壁市在土地流转中采用土地承包经营权入股的方式流转了3万亩耕地，占土地流转总量的7%。

（二）加大资金政策扶持力度

新型农业经营主体当前正在起步成长阶段，投资数额大，经营风险大，需要加大资金政策扶持力度，推动新型农业经营主体健康发展。在财政支农资金安排分配上，向新型农业经营主体倾斜。优化财政支持政策，增强补贴政策的针对性实效性。对示范性农民合作社、家庭农场，重点采用以奖代补、先建后补、示范奖励的方式进行扶持，对生产性服务组织，重点采用购买服务、大型设备购置补贴等方式进行扶持。

（三）加大金融信贷支持力度

首先，长期来看，应有序开放农村金融市场，激发农村金融活力。引导政策性金融、合作性金融、商业性金融及其他新型金融机构多元协同发展，互为补充。发挥民间金融的补充作用，是西方发达国家发展家庭农场和现代农业的成功经验之一。

其次，发展农村合作金融。扩大农村合作金融试点，规范发展农村合作

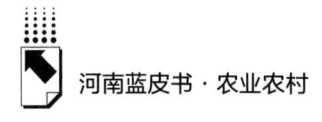

金融组织，支持农民合作社开展信用互助业务，发展真正的农村合作金融，解决农村小额资金需求。

在保险方面，以部分财政救灾资金作为专项扶持资金，提高保险覆盖面和赔付标准。落实农业保险保额覆盖直接物化成本。

（四）重点发展面向小农户的农业生产性服务业

河南传统农区，在相当长的历史时期内以小农户为主体的农业生产结构还会继续存在，大多数农户仍然是"自家的地自家种"，限于客观条件不能放弃承包权和经营权。2017年，各类新型农业经营主体流转耕地1622万亩，占全省家庭承包土地总面积的比重只有15%，说明以小农户为主体的农业生产格局并未发生实质性变化。这是河南发展现代农业、构建农业经营体系面临的基本省情、农情。小农户相对于新型农业经营主体来说，仍然有其优势，它的劳动力经济成本为零，这是它的效率来源。实现小农户和现代农业发展有机衔接，需要重点发展面向小农户的农业生产性服务业。2017年，农业服务组织为农户托管耕地2007万亩，占全省家庭承包土地总面积的比重是18.7%，已经超过新型农业经营主体流转耕地面积。所谓土地托管是农户等经营主体在不流转土地经营权的条件下，将农业生产中的耕、种、防、收等全部或部分作业环节委托给服务组织完成或由其协助完成的农业经营方式，是服务型规模经营的主要形式。土地托管实现了小农户劳动力成本低的优势与农业服务组织技术装备优势的有机结合，对于实现小农户和现代农业发展有机衔接发挥了越来越重要的作用。

参考文献

《农业部 国家发展改革委 财政部关于加快发展农业生产性服务业的指导意见》（农经发〔2017〕6号），2017年8月16日。

生秀东：《河南省发展农业适度规模经营的模式与经验探讨》，《南方农业》2017年第36期。

生秀东：《家庭农场与兼业农户：专业化和兼业化的冲突》，《区域经济评论》2013年第6期。

河南省农业农村厅：《关于新型农业经营主体发展情况调研报告》，2018年1月。

B.13
河南省现代农业产业园区建设分析与展望

王元亮*

摘　要： 建设现代农业产业园对推进我国农业发展方式变革，改变农村社会经济现状和促进农民增收具有重要的积极作用。近些年，河南省现代农业产业园建设有力地推动了城乡统筹发展和三次产业深度融合，取得了积极成效，但也存在建设质量还不高、产业融合还不深、利益联结还不紧、要素保障还不足、品牌还不响等突出问题。本报告进一步分析其主要制约因素，提出创新体制机制，强化科技支撑，加大要素保障力度，完善基础设施和服务体系、加强组织领导管理等进一步推进河南省现代农业产业园高质量发展的对策建议。

关键词： 现代农业产业园　产业融合　河南

现代农业产业园是围绕当地优势特色农业，以规模化种养为基础，以农业产业化龙头企业为带动，以农业发展和农民增收为目标，集聚现代生产要素进行集生产、加工、科技、营销为一体的全产业链条开发，实现三次产业融合发展的农业发展平台和载体。推动现代农业产业园高质量发展，是适应农业现代化发展的现实需要，是乡村产业振兴的重要抓手，是解决好"三农"问题的有效路径，对推进我国农业发展方式变革、改变农村社会

---

* 王元亮，河南省社会科学院科研处副研究员，主要研究方向为农村经济。

经济现状和促进农民就业增收具有重要的现实意义和积极作用。河南省委十届九次全会强调，加快构建现代农业产业园建设体系，实现粮食安全与现代高效农业发展的相统一，为全省现代农业产业园的发展指明了方向，提供了遵循。

一 河南省现代农业产业园的建设现状

近年来，河南贯彻落实党中央、国务院及省委、省政府决策部署，高度重视现代农业产业园创建工作，相继制定出台了《河南省乡村振兴战略规划（2018—2022年）》《河南省省级现代农业产业园建设工作方案（2019—2022年）》《河南省省级现代农业产业园建设指引（试行）》等一系列重要指导性文件，并不断加大现代农业产业园建设扶持力度，国家、省、市三级现代农业产业园体系梯次推进的格局基本形成，为加快推进全省农业农村现代化建设和乡村振兴提供了有力支撑。在国家级现代农业产业园创建方面，2017年，正阳县围绕花生资源优势，成为首批国家现代农业产业园和全国唯一一个以花生为主导产业的国家现代农业产业园创建县。2018年，温县依托优质小麦育种、四大怀药的特色产业优势成为国家现代农业产业园。2019年，泌阳县获批创建以夏南牛产业集群为核心的国家现代农业产业园，延津获批创建以优质小麦为主导产业的国家现代农业产业园。2020年，灵宝市、内乡县分别围绕苹果、生猪全产业链入选国家现代农业产业园创建名单。在省级现代农业产业园创建方面，2019年，河南省委、省政府启动省级现代农业产业园创建工作，建设包括扶沟县、清丰县、西峡县、柘城县、卢氏县等30家省级现代农业产业园。2019年，为加快建设现代农业产业园，省农业农村厅与国家开发银行河南省分行签订战略合作协议，支持延津县、温县、正阳县、泌阳县等县建设现代农业产业园。在市级现代农业产业园创建方面，各地高度重视、积极谋划，规划建设市级现代农业产业园221个，涉及优质小麦、中药材、果蔬等15个主导产业。

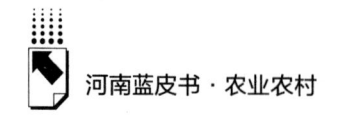

二 河南省现代农业产业园建设存在的问题

河南省现代农业产业园建设产生了显著的经济效益、社会效益和生态效益,有力推动了城乡统筹发展和三产深度融合,取得了积极成效,但同时发展过程中也暴露出一些问题和矛盾,制约了全省现代农业产业园的进一步发展,主要体现在以下五个方面。

(一)建设质量还不高

总体上看,现阶段现代农业产业园建设尚未达到现代农业发展的标准要求,在农业生产模式创新、基础设施完善、科技创新程度、合作化程度等方面还没有充分发挥出其对现代农业发展应有的引领推动作用,农业生产高端要素集聚程度还不够,高质量的农业种植和水产养殖面积还较少,产业规模化集约化程度及农产品机械化程度还比较低,农业生产基础设施不健全以及农业生产空间分布不均衡等问题还不同程度地存在。

(二)产业融合还不深

目前,全省现代农业产业园尤其是省、市级现代农业产业园的三次产业融合程度还不高,大部分农业产业园的规模种养基地不大,初级产品多,深加工不足,产业链不完整,农业全产业链条还没有形成。此外,多数农业产业园的休闲、生态、文化等功能还没有得到完全开发,产业价值链还没有得到充分链接。此外,现代农业产业园的企业主体在项目设计上往往互相独立,无法实现真正的合作、推动三次产业的融合发展。

(三)利益联结还不紧

当前,河南省现代农业产业园的利益联结机制还没有完全建立健全,大部分农业产业园的利益联结机制依然停留在订单农业、土地租金收益、就近打工收益等低层次水平,主要表现在农民组织化程度不高、参与度较低,单个农民分散经营与市场社会化大生产无法有效对接，农业产业园辐射带动效应还没有充分显现，没有产销一体化服务系统，农产品基础生产、深层加工以及市场营销关联性不足，导致农民生活质量、收入水平以及社会保障等没有得到显著的改变。

（四）要素保障还不足

在土地保障上，河南省农村可用建设用地、农业设施用地指标紧张，不能完全满足现代农业产业园建设需求。在资金保障上，财政资金投入方式单一且较为分散，吸引金融资本成效不佳，撬动金融和社会资本力度不足，农业领域PPP模式还不成熟。在人才保障上，人才总体供给不足，缺乏专业人才队伍，特别是缺乏规划设计、文创、科研等方面的创新型产业人才。

（五）品牌还不响

河南省虽拥有不少农业科研院所，但科技对现代农业产业园发展的促进作用并未得到充分发挥，主要体现在农业生产科技含量较低，农业生产企业对农产品创新和研制的投入力度不足，造成河南省现代农业产业园品牌形象不强、数量不多，"三品一标"发展滞后，农产品品牌建设管理体系不完善，产品无法满足市场需求，与全国农业大省地位不符。

三 河南省现代农业产业园存在问题的原因分析

河南省现代农业产业园存在问题的主要原因有土地政策的制约、园区管理运行机制的制约、经营主体层次的制约与财政和金融支持的制约，这些因素在不同程度上影响着河南省现代农业产业园的高质量发展。

（一）土地政策的制约

目前，土地指标还多倾向于用于优先开发工业、商业用地，对现代农业产业园建设的土地支持相对而言较少。由于现代农业产业园要占用大量的土地，虽然土地的规模化流转在一定程度上保障了现代农业产业园初期的建设用地，但在进一步的建设发展过程中，现代农业产业园仍然受到了基本农田保护、土地利用总体规划、建设用地指标等多种因素的制约，多数园区内企业的加工、物流、研发和休闲服务等项目建设用地需求得不到有效满足，制约了现代农业产业园的产业链延伸、产业融合和区域分工合作，影响了现代农业产业园进一步扩大规模。

（二）管理运行机制的制约

在实际运营中，河南省现代农业产业园的管委会建设还不到位，多数农业产业园缺少编制、经费和专业人才，发展主体多处于空转状态。管理运行机制的不健全导致现代农业产业园管委会与所在乡镇、与上级政府的农业部门联系不够紧密，这也成为现代农业产业园农户与企业主体利益联结机制不健全的主要原因。

（三）经营主体层次的制约

一方面，虽然河南省现代农业产业园与部分农业类科研院校建立了合作关系，但合作关系大多不够紧密，在主体招商、创业孵化、成果转化上，现代农业产业园缺乏较高层次的经营主体。另一方面，很多受过高等教育和具有较高知识文化素质的专业技术人员多不愿意在农业产业园内开展农业培育、加工以及开发等活动，造成研发人员的科技水平与园区的发展需求不相适应，制约着现代农业产业园的快速发展。

（四）财政和金融支持的制约

目前财政资金有限，难以对现代农业产业园建设进行大规模的投入，影响着现代农业产业园的基础设施建设，基础设施建设跟不上反过来又进一步影响农业项目的招商引资，造成企业入驻不多，没有企业的入驻导致无法提高入园企业经营层次，造成现代农业产业园比较难获得信贷金融支持。

四 河南省现代农业产业园建设的对策建议

要突出质量兴农导向，创新体制机制，强化科技支撑，加大要素保障力度，完善基础设施和服务体系、加强组织管理，进一步推进河南省现代农业产业园高质量发展。

（一）创新现代农业产业园的体制机制

重视发展新型农村合作经济，激发专业大户、家庭农场、农民合作社、专业合作社等新型农业经营主体的积极性，带动支持农户增收致富。如推行"公司+基地+种植大户"的工农联动的产业化经营模式，企业除了保留核心的示范试验用地外，种植田块引进种植大户实行专业化生产，企业对种植大户实行统一的物资供应、技术指导、质量标准、产品包装和加工销售等。

（二）强化现代农业产业园的科技支撑

一是加强技术改造。加强现代农业产业园的农业生产、加工、物流的技术改进，提高园区的科技化水平。二是实施科技项目。引导企业积极争取更多农业科技类项目，尽快将企业打造成现代农业产业园科技创新的主体。三是引进科技人才。积极与农业部门、农业类科研院校对接，引进高素质专业技术人才，建立科技人才培训基地，实现产学研有机结合。四是构建科技创新机制。加快建立政府为引导、市场为主导、企业为主体的农业科技创新机制。

（三）加大现代农业产业园的要素保障力度

一是加强财政保障。积极落实财政支持农业基础设施建设等方面的支持政策，积极采用以奖代补、贴息贷款等多种方式，加快农业生产基地、农产品深加工基地、农产品仓储物流基地等标准化建设。二是加强金融支持。支持金融机构为现代农业产业园经营者开发更多专门的农业贷款产品，缓解融资困难的局面。三是加强招商引资。吸引更多经济实力较强、具有龙头带动作用的企业投资现代农业产业园。四是加强人才支持。加强对现代农业产业园经营管理、专业科技、产品销售等各类人才的引进和培养。

（四）完善现代农业产业园的基础设施和服务体系

一方面，坚持政府引导的原则，加快完善现代农业产业园的基础设施体系，实现水、电、道路、网络、燃气、通信、排污、灌溉的畅通以及田地平整，提升现代农业产业园的基础设施配套能力和综合生产能力。另一方面，树立为现代农业产业园内经营主体服务的意识，园区供应电力实行优惠价格，重视园区内部生态环境综合整治，优化农产品市场销售和网络营销服务，加强农业生产技术培训和升级，加快公共文化服务向农耕文化、农业科技和乡村特色旅游方向延伸。

（五）加强现代农业产业园的组织领导管理

一是加强组织协调。省级层面成立现代农业产业园工作领导小组和办公室，建立统一领导、紧密配合的组织体系，统筹协调现代农业产业园的建设。工作领导小组和办公室的主要职责是制定现代农业产业园的管理办法、招商引资办法、土地流转办法等政策以及制定绩效考核办法，做到评价结果与奖惩措施挂钩。二是健全管理机构。成立现代农业产业园管理委员会，协调各部门和园区的关系，实现现代农业产业园的规范化高效运行。三是实行动态管理。构筑国家、省、市三级现代农业产业园监测体系，定期监测现代农业产业园建设进展和运行情况，及时发布相关信息，实现现代农业产业园的动态管理。

参考文献

全峰梅：《项目策划视角下的中国——东盟现代农业科技合作园区概念性规划设

计》,《规划师》2014 年第 1 期。

俞美莲、张莉侠:《国外现代农业园区发展实践及启示》,《世界农业》2015 年第 3 期。

周志兰:《现代农业产业园建设与示范效应研究》,《农村实用技术》2019 年第 2 期。

许萍等:《国家现代农业产业园发展特点及展望》,《农业展望》2018 年第 8 期。

赵振兴:《现代农业园区发展中的地方政府职能研究》,硕士学位论文,西北大学,2017。

周军、吉银翔:《农旅融合视角下传统农业园区的转型与重构——以南京滁河大农业园区发展规划为例》,《江苏农业科学》2015 年第 12 期。

黄修杰等:《国内外现代农业园区发展现状及其研究综述》,《广东农业科学》2010 年第 7 期。

段秋虹:《河南省田园综合体创新发展模式研究》,《乡村科技》2018 年第 31 期。

B.14
河南推进农业产业强镇建设研究

李国英[*]

摘　要： 近年来，河南省在推进镇域乡村产业发展中创新思路，加大力度，跨界配置农业与现代产业要素，催生了大量的新产业、新业态、新模式，建设了一批主导产业突出、农旅文体融合发展、宜居宜业的农业产业强镇。特别是随着物联网、大数据、区块链、人工智能、第五代移动通信网络、智慧气象等现代信息技术在农业领域的应用，河南省在农业产业数字化、乡村数字化治理、电子商务等领域获得了长足的发展，为加快数字乡村建设和促进农业高质量发展提供了技术保障，为引领乡村产业转型升级提供了引领和驱动力量。

关键词： 农业　产村融合　镇域经济

在中国农业发展动力升级、发展方式改变、发展结构优化的创新改革背景下，农业产业强镇的建设与发展对培育农村经济发展动能、推动农民就业增收有积极的作用，是农业改革的重要途径之一。农业产业强镇的落脚点在产业上，农业产业在乡镇发展中起着至关重要的作用，这也是未来农村发展、农民增收致富的关键所在。2020年7月，农业农村部印发了《全国乡村产业发展规划（2020—2025年）》，提出要发掘乡村功能价值，强化创新引领，突出集群成链，培育发展新动能，聚集资源要素，加快发展乡村产

---

[*] 李国英，河南省社会科学院农村发展研究所研究员，主要研究方向为农业现代化。

业，为农业农村现代化和乡村全面振兴奠定坚实基础。发展镇域经济、建设美丽乡村，既是我国深层次改革开放的重大举措，也是迎接第四次产业革命、推动三次产业融合、城乡融合、乡村治理和实现农业高质量发展的伟大创新。河南各地方在农业产业发展规划中也特别强调了要引导中心镇（特色镇）的健康发展。在优先开发县（市）打造一批加工制造、商贸物流等类型中心镇或特色镇，发展县域卫星城镇或县域次中心。在壮大镇域经济时强调要坚持全产业链开发，围绕短板弱项做功，从过去的"抓产品"向"抓产业"转变，不断提升产业的内在竞争力和发展活力，增强区域经济带动力，推动目标任务由"做大"转向"做强"，使之成为乡村振兴的重要平台和抓手。

一 以产业为基础培育镇域经济发展新优势

产业是人口合理聚集、乡村健康发展的基础，所以无论是乡村振兴还是农业强镇的建设都要强调产业功能的优先性。要从乡镇的比较优势、资源禀赋以及是否具备新奇产业基础、人口结构等条件出发，因地制宜地制定农业（乡）镇发展的主导产业，并借助于全球化和互联网手段，把相关产业引入全球产业链中。

（一）多措并举发展农产品深加工业

尽管当前我国粮食安全问题无须担忧，但农业结构和生产效率在双循环格局下仍有很大的调整和提升空间，在保证粮食安全的同时加快转变农业发展方式、调整产业结构、延伸农业产业链成为发展现代农业的重要抓手。农产品加工业从种养业延伸出来，连接工农、沟通城乡，是提升农产品附加值的关键，也是构建农业全产业链的核心，需要政策优先给予各项资源和支持。

河南省是农业大省，主要农产品产量位居全国前列，具有突出的产业特色。进一步提升农产品加工业，延长农业产业链条、提升价值链、重组供应链，进而形成一批特色鲜明、优势明显的镇域主导产业是当前河南农业产业发展的着力点。

宝丰县石桥镇2018年被批准创建农业产业强镇后，积极调整农业产业结构，在优势和特色上显亮点，整合资源，持续打造健康食品工业重镇。主要做法如下。第一，聚焦农副产品加工优势产业。依托伊利乳业，建设奶业小镇；依托桂柳集团，建设养殖大镇；依托废旧厂院，建设食品强镇。第二，依托区位优势，建设物流强镇。利用便捷的交通优势和农牧业基础优势，通过引进智慧冷链物流项目，在健康食品园区建成集冷冻、冷藏、分拣、加工、包装、销售和配送为一体的现代冷链物流园区和专业化货物中转集散枢纽物流基地。第三，建立"公司+合作社+农户"联合机制，实现购、养、销集约化、规模化，进一步完善农产品加工业上下游产业链，促进石桥镇三次产业的融合发展。

（二）优化乡村休闲旅游业

乡村休闲旅游业是农业功能的拓展。乡村休闲旅游要坚持个性化、特色化发展方向，以农耕文化为魂、美丽田园为韵、生态农业为基、古朴村落为形、创新创意为径，开发形式多样、独具特色、个性突出的乡村休闲旅游业态和产品，让传统乡村变成"宜业宜居宜游"的特色（乡）镇，让乡村呈现出"农业+"多业态的融合发展趋势，最终通过农业与现代产业要素的交叉重组，实现农商文旅体产业融合发展。

田园综合体是乡村旅游升级的重要方向。乡村旅游需求强劲，市场对乡村旅游资源需求激增，田园综合体的建设可有效增加旅游资源，还可以促使农村资源实现效率最大化。同时，田园综合体涵盖农业、文旅、地产三个产业，可为消费者提供特色景区、特色餐饮、特色民宿、特色产品、休闲体验等多样化服务，不仅能更好地满足消费者多元化的需求，还可提升游客旅游体验，这一模式将成为休闲农业和乡村旅游发展的大方向。

宝丰县观音堂乡林站位于西部山区，是宝丰县最偏远的地方，18个行政村里有14个是贫困村。近年来坚持田园综合体发展理念，突出"一乡一业、一村一品"的产业发展思路，结合种养殖奖补措施，通过发展养蜂等

"山上经济",打造本地蜂蜜、蝎子、黄粉虫等特色品牌,实现了乡村产业从产品到商品的转换。在发展乡村休闲旅游业方面,通过产业发展美化山乡,以石板河山水风景、三间房人文资源为旅游突破点,打造马堂—宋沟—滴水崖—北水峪—罗顶—三间房—垛上—庄科—闫三湾—金庄大环线全域康养旅游胜地,实现了"绿水青山就是金山银山"的绿色发展理念。

(三)推动集群发展,加速产业融合

产业链的延伸与垂直化不足意味着乡村的主要收入来源于第一产业,且若加工流通建设也未完善,输出的农产品将为初级化产品,产品附加值不高,产品盈利空间有限。在双循环发展格局下农业结构和生产效率仍有很大的调整和提升空间的背景下,拓展农业产业链延伸程度并加速三次产业融合成为发展现代农业、建设产业强镇的重要抓手。特别是在下游精深加工领域,通过扶持龙头企业,可以形成对中小企业的带动力,从而推动产业规模化、集群化发展,培育乡村产业增长极,示范带动乡村产业转型升级。

在镇域内设立现代农业产业园区可以通过利用物联网、大数据、人工智能等现代技术手段,实现种植业、养殖业、加工业、零售业、旅游业等向多元化产业相结合的方向发展,进而实现第一、第二、第三产业联合发展,培育开发高附加值的特色农业产品,带动农产品销售与创新。

林州市位于河南省西北部、太行山东麓,晋、冀、豫三省交界处,86%的土地是山地和坡地,近年来,以坡地经济、特色产业为重点,以推进全市一镇一业布局为主线,把地方土特产的小品种做成带动农民增收的大产业。围绕"种、养、销、体、旅"一体化发展思路,在生猪、家禽、中药材、小杂粮、核桃等五大产业集群基础上,坚持市场导向,突出规模化、产业化,高质量、高标准打造了东姚小米、茶店菊花、横水红薯、桂林辣椒、姚村蔬菜等5大农业产业基地。以红旗渠现代农业产业园为依托,培育壮大龙头企业,延长农业产业链条,打造农业产业化孵化基地,规划建立了1个市级仓储冷链物流中心和4个镇级仓储冷链物流副中心,建立起了高效的冷链运输机制。初步形成了山区林果、太行休闲、农产品深加工等三次产业立体

化产业格局，打造了一批主业强、百业兴、宜居宜业的乡村产业发展高地。

安阳市内黄县二安镇立足腐竹产业，以豆制品工业园区为载体，着力打造全国腐竹特色小镇，集豆制品（腐竹）食品加工、技术研发、物流仓储、包装运输、综合服务为一体的完整的产业链条正在逐步形成，不仅走出了一条以工带农、以产促城、循环发展的道路，更促进了内黄县二安镇的社会经济快速发展。

二 培育新型农业经营主体，形成互助共进机制

习近平总书记指出，培育新型农业经营主体，是建设现代农业的前进方向和必由之路。[①] 这也是破解"未来谁来种地"问题的迫切需要。目前，一大批新型经营主体正在向全产业链、全价值链方向发展，通过股份合作、农业产业化联合体等新型模式建立起紧密型的利益联结机制，形成了龙头企业引领、新型经营主体为主、广大农民广泛参与的融合发展格局。

（一）龙头企业的示范引领作用

龙头企业凭借农产品生产、加工、深加工及农业技术研发等技术优势，在产业强镇的开发和运营中具备强大的产业竞争力，这些企业以农产品加工技术集成基地和精深加工示范基地为平台，以价值主张为导向开展价值创造，推进价值共享，致力于构建农业产业生态系统。龙头企业总体数量较多是河南农产品精深加工业发展的优势，根据农业农村部公示名单统计，截至2019年底，全国共有农业产业化国家重点龙头企业1542家，其中，河南省76家。此外，农业农村部发布的2019年全国农产品加工业百强名单中，河南省有6家企业上榜。

仲景食品是第六批农业产业化国家重点龙头企业，2009~2019年，该

[①] 《农业农村部关于印发〈新型农业经营主体和服务主体高质量发展规划（2020—2022年）〉的通知》，农业农村部网，2020年4月23日，http://www.moa.gov.cn/nybgb/2020/202003/202004/t20200423_6342187.htm。

企业连续十年累计投资 626 万余元兴建 207 亩香菇标准化示范生产基地。以"标准化、集约化、产业化、现代化"为发展目标，为菇农提供技术、物品、资金支持，并按照产业化经营的要求，采用"公司＋基地＋合作社＋农户"的模式，发展"订单农业"，帮助菇农打通种植、加工、销售各个环节。通过基地的示范带动，鹳河两岸、312 国道沿线各乡镇建成了百公里香菇生产长廊，全县已建成香菇专业乡镇 15 个专业村 110 个标准化基地 176 处，带动了 4 万余户农户从事香菇的种植生产，20 万余人从事与香菇相关的生产和经营，目前香菇产业已经成为西峡农民增收致富的支柱产业。

（二）以利益联合体建立利益共享机制

龙头企业、家庭农场、农民合作社、小农户等通过"园区＋龙头企业＋基地＋小农户""订单收购＋分红""农民入股＋保底收益＋按股分红"等方式构建起的利益联结机制是农业产业化经营的核心内容，也是农民能够分享全产业链增值收益的关键举措。

农业产业化联合体是龙头企业、农民合作社和家庭农场等新型农业经营主体以分工协作为前提，以规模经营为依托，以利益联结为纽带的一体化农业经营组织联盟。推动农业产业化联合体高质量发展，发展镇域经济，打造产业强镇，要通过农业产业集群建设，聚焦大基地、大主体，打造大产业、大品牌，形成贯穿产业链全过程，串联龙头企业、家庭农场、合作社、种养大户等各类经营主体，不同功能区域相结合的产业发展新高地。联合体可以集生产、经营、销售为一体，能够使参与成员结成紧密的利益共同体，进而实现互利共赢。在这个联合体内，龙头企业的经营范围涵盖整个产业链，涉及农产品的种植加工、仓储物流、销售等，组织化和专业化程度较高，所以要充分发挥龙头企业的创新意识，在已有基础上积极探索创新股权式、合作型等更为紧密有效的利益联结机制，打造综合运营平台，带动农民合作社、家庭农场和广大小农户各展所长、分工协作，形成共创共享、共荣共生的产业生态圈。

达士营村位于南阳城区北 3 公里，近年来，组建艾业集团大力发展艾草产业，采取入股企业的方式，大幅度提高了村集体经济收入。村政府通过与电商运营企业合作，采取"政府+基地+企业+农户"模式，开展"培训、孵化、平台、基地"四大板块建设，建立汉艾电商产业园、向阳艾草电商产业园、艾草淘宝街，为全乡乃至全区居民进行免费电子商务知识培训。目前，七里园乡年产值千万元以上艾草加工企业有12家，企业年产值突破3亿元，带动就业人员3000余人，为农民人均年增收3万~7万元。

平顶山市宝丰县康龙生猪农业产业化联合体是2018年度河南省省级农业产业化联合体。以康龙现代农业为牵头企业，以康龙农业科技示范园、共享田园综合体都市生态农业项目为平台，旗下"百亩田、千头猪"生产线和畜禽粪便资源化使用利用示范项目涵盖肖旗乡、商酒务镇、张八桥镇、大营镇、观音堂林站、赵庄镇等乡镇。康龙实业立足精准农业、智慧农业，致力于打造中国生态循环农业标杆企业，在推进农业产业化，拉长生产链条，提高农业附加值上，一是以发展订单农业为主，同河南金梦种业公司签订优质小麦种植合同，同集团众口销售公司签订谷子种植销售订单，种植的玉米供给养殖公司。二是建立农产品加工基地。通过拉长谷子、核桃生产链，增加其附加值，目前已建成谷子初加工生产基地和核桃初加工生产基地。2019年，在联农、惠农上，对全县39个贫困村实施了普惠扶贫订单农业帮扶工程，实现了宝丰县全县贫困户订单农业全覆盖。

三 数字乡村赋能镇域农业高质量发展

随着数字技术向农业农村的加速渗透，数字农业已经成为当前推动乡村振兴的重要驱动力。一方面，数字农业推进了农业规模化经营和新型农业经营主体的发展，为社会资本进入农业生产经营领域创造了条件；另一方面，5G时代加速到来，将进一步推动物联网技术的升级，也将极大地提升信息的传播和处理速度，为数字农业的高效、精准运营提供技术保障。

（一）物联网奠定了镇域农业数字化基础

农业物联网是物联网的重要应用领域，是数字农业中数据的主要来源。

河南省人民政府办公厅《关于加快推进农业信息化和数字乡村建设的实施意见》（豫政办〔2020〕10号）中提到河南省要实施数字农业建设工程，加快物联网、大数据、区块链、人工智能等现代信息技术在农业领域的应用，建设小麦、玉米、水稻、花生等大田作物物联网技术应用示范基地，推进设施农业智能化。

物联网在农业领域应用范围广泛，基于物联网的农业解决方案，通过实时收集并分析现场数据及部署指挥机制的方式，能够达到提升运营效率、扩大收益、降低损耗的目的。可变速率、精准农业、智能灌溉、智能温室等多种基于物联网的应用也将推动农业流程改进。特别是物联网科技可用于解决农业领域特有问题，打造基于物联网的智慧农场，实现作物质量和产量双丰收。

智慧农业是数字技术和农业科技的结合，数字体系的完善和万物互联的实现，让农业有可能出现全新的社会供销关系。通过搭建供应链环节的基础设施、供应链环节数字化、生产环节数字化、订单数字化、供需关系数字化等几个环节可以打通农产品从田头到餐桌的整个产业链路，这种凭借大数据沉淀的技术优势赋能镇域产业的模式可以帮助镇域产业升级，从而通过数字化引擎推动乡村振兴。

漯河市临颍县是国家数字乡村试点地区，目前，该县打造的"一云两中心三平台N个系统"智慧农业体系日渐完善，其中的大田种植数字农业建设试点项目水肥一体化管理云平台，通过智能化管理控制方式将灌溉与施肥、施药融为一体，根据作物生长的养分需求，将肥料及农药溶于灌溉水中，同时进行灌溉、施肥和施药。适时、适量满足农作物对水分和养分的需求，实现了水肥药同步管理和高效作用。

（二）数字科技支撑强化了农业产业链条

农业产业强镇建设，关键在于推动产城融合、城乡融合，依托镇域1~2个农业主导产业，加快全产业链、全价值链建设，催生农业现代化转型。数字科技的力量，正在农业产业的转型升级进程中发挥着越来越重要的作用。

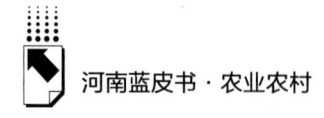

镇域内布局产业，有利于在规模经济效益和范围经济效益的基础上提高产业和企业的市场竞争力，通过这种高集中度密集型的产业链条带动村镇的发展，而物联网、大数据、人工智能等现代技术手段则为这种产业链条的延伸和增值提供了便利条件。以京东数科打造的数字农业生态圈为例，其旗下"数字农牧"依托大数据、人工智能、IoT、区块链等数字科技，自主研发并推出集成"神农大脑（AI）+神农物联网设备（IoT）+神农系统（SaaS）"的智能养殖解决方案，独创养殖巡检机器人、饲喂机器人、3D农业级摄像头等先进设备，打通了养殖全产业链。同时在生产和消费的双向需求下，京东数科数字农牧联合观星农业，共同打造了数字化水产养殖模式，通过集装箱养殖，充分利用生态养殖科技，打造全新的可持续数字化水产养殖发展之路。

（三）农村新零售重构了镇域产业体系

农村电商实质上是以互联网技术为基础的商业模式在农业农村发展中的应用。它为农村引入数据要素和现代商业模式，通过低成本的交易、流通和组织等优势，形成网商聚集和集成创新，不仅驱动了产业结构调整，推动专业分工及跨区协作，也激发了社会创新和服务创新。

自2016年起，大数据、人工智能、云服务技术的革新发展推动浅层决策智能走向成熟，新型商业智能时代逐步开启，新零售浪潮席卷大半个行业市场，新的科技和应用正在重塑整个零售行业，为传统零售业带来底层技术驱动、消费结构分化与升级持续。随着一、二线城市流量见顶，各电商平台纷纷布局农村新零售，从线上线下竞争到线上线下融合，加速构建现代快捷便利的物流网络，运用大数据进行农产品消费分析，推动农业生产朝着标准化、绿色生态的方向迈进，农村电商也进入了全新的发展阶段。各大电商平台通过打造产、销、研、加工一体化的现代化农业产业链系统，实现了消费端"最后一公里"和产地"最初一公里"直连，探索出农业产业新模式，改变了小农户的利益分配格局，让产业利益变得更加平衡。

（四）信息全覆盖强化了镇域"智治"新模式

依托"互联网+"推动公共服务向农村延伸，为弥补城乡间的"数字鸿沟"提供了前所未有的历史机遇，信息传播的"最后一公里"被全面打通，标志着农业农村数字化服务体系初步建立，为上连县、下带村的镇域经济、社会生活和公共决策提供了坚实的网络保障。

拓展信息技术和地理信息技术在乡村治理实践中的运用，构建"数字乡村一张图"，即乡村治理数字化平台，涵盖乡村规划、乡村经营、乡村环境、乡村服务、乡村治理等诸多方面。形成具有地方特色的数字乡村发展模式既是当今中国农业农村发展大势所趋，也是推进镇域治理体系建设和治理能力现代化的内在需求。2020年4月河南出台了《关于加快推进农业信息化和数字乡村建设的实施意见》，预备用3~5年推动全省农业信息化和数字乡村建设，随着"全光网河南"全面升级，河南乡村治理体系和治理能力现代化水平有望得到显著提升。

四 推进农业产业强镇建设的对策建议

基于以上分析，当前推进农业产业强镇建设要特别注意以下几点。

第一，要注意农业产业强镇和优势特色产业集群建设的规模差异、产业差异、主体差异和业态差异，从重点打造"一乡一业、一村一品"向"一县一园、一域一带"拓展；要通过项目实施，努力建设一批产业高地，壮大一批龙头企业，创响一批知名品牌，扩大一批就业岗位；要突出建设优质原料基地、建设加工设施装备，完善冷链物流体系，搭建商贸营销平台，培育壮大经营主体，健全利益联结机制，构建完善的乡村产业发展体系。

第二，要立足当地资源条件和特色要素，以发展绿色生态旅游产业、拓展农业多种功能为主线，按绿水青山就是金山银山的思路进行镇域产业发展谋划，激活绿色资源，促进跨界融合。

第三，推动下游产业链集群化发展并加快三次产业融合。在下游精深加

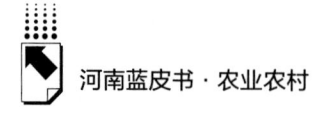

工领域，通过扶持龙头企业形成对中小企业的带动力，从而推动产业集群化发展。在促进产业融合方面，以农产品精细加工为媒介，实现果蔬变菜肴、产品变礼品、农房变景区的转化。并进一步优化河南省小麦、花生、草畜、林果、蔬菜、花卉、茶叶、食用菌、中草药材、水产等特色农业的产业形象。

第四，为解决资本市场介入不足的问题，要大力扶持镇域龙头企业对接资本市场。可以通过建立农业龙头企业预备上市企业库、鼓励企业进入全国股转系统挂牌等方式分层次分阶段推动龙头企业在市场内进行融资。同时利用财政资金引导撬动金融、社会资本投入镇域建设，通过政府与社会资本合作、政府购买服务、贷款贴息等方式，共同推进农业产业强镇示范发展。

参考文献

农业农村部：《全国乡村产业发展规划（2020—2025年）》，2020年7月9日，中国政府网，http：//www.gov.cn/zhengce/zhengceku/2020-07/17/content_5527720.htm。

《河南省人民政府关于加快推进农业高质量发展建设现代农业强省的意见》，2020年7月13日，河南省人民政府网，https：//www.henan.gov.cn/2020/07-13/1706890.html。

李国英：《构建都市圈时代"核心城市+特色小镇"的发展新格局》，《区域经济评论》2019年第6期。

王洋：《乡村休闲旅游业要优化升级》，《中国旅游报》2020年7月17日。

天风证券研究所：《数字农业，以数据为核心的精准生产与经营》，2018年6月10日，网经社网，http：//www.100ec.cn/detail--6453961.html。

郁静娴：《乡村产业，等你来》，《农产品市场》2020年第15期。

郭建伟、祁丽君：《数字农业如何破解传统农业发展瓶颈？》，《财经界》2019年第16期。

陈华彬：《乡村振兴视阈下深化农村综合性改革研究——基于安徽省宣城市宣州区洪林镇的实证分析》，《重庆理工大学学报》（社会科学版）2020年第5期。

穆向丽：《解决新型农业经营主体用地难问题应多管齐下》，《中国农民合作社》2020年第5期。

《关于促进乡村产业振兴的实施意见》，2020年1月3日，重庆市人民政府网，http：//www.cq.gov.cn/zwgk/fdzdgknr/lzyj/qtgw/202001/t20200114_4624623.html。

B.15
河南数字农业高质量发展的现状与对策

安晓明[*]

摘　要： 推进数字农业高质量发展，是加快实现河南农业现代化的必然选择，是推动河南农业供给侧结构性改革的重要抓手，是实现河南数字经济抢占先机的重要途径。近年来，河南省在数字农业建设方面积极探索实践，取得了较好成效，数字农业发展顶层设计逐渐明晰，数字农业建设取得较大进展，各地数字农业发展精彩纷呈。但从总体上看，河南省的数字农业仍然处于起步阶段，未来推动河南数字农业高质量发展，要从数字农业的顶层规划设计、基础设施建设、数据采集与整合应用、专业人才队伍建设等方面发力。

关键词： 数字农业　农业现代化　河南省

当前，信息技术日新月异、方兴未艾，产业数字化、数字产业化已经成为经济发展的新特征。数字农业作为一种新型的农业模式，是用现代信息技术对农业对象、环境和农业生产全过程进行可视化表达、数字化设计、信息化管理的现代农业发展方式。可以说"数字农业是农业的又一次革命"。加快河南数字农业高质量发展，是推动全省农业农村高质量发展、促进农民增收的重要举措。近年来，河南省广大农村地区积极推进数字农业建设，宽带网络基本实现全覆盖，物联网、大数据、人工智能等现代信

---

[*] 安晓明，河南省社会科学院农村发展研究所副研究员，主要研究方向为区域经济、农村经济。

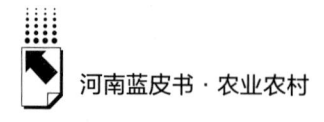

息技术得到推广运用，信息进村入户工程益农信息社建设、畜牧业信息化、农机智能化等取得积极成效，以"互联网＋"为载体的新产业新业态发展较快，数字农业发展已经打下了较好的基础。随着经济社会发展和乡村振兴战略深入实施，需要进一步发挥信息化的先导作用，强化数据资源的新型战略性生产要素支撑，推动河南省数字农业高质量发展，整体带动和提升农业农村发展质量。

一 河南数字农业高质量发展的现实意义

推动河南数字农业高质量发展是加快实现河南农业现代化的必然选择，是推动河南农业供给侧结构性改革的重要抓手，是实现河南数字经济抢占先机的重要途径，具有非常重要的现实意义。

（一）数字农业高质量发展是加快实现河南农业现代化的必然选择

没有农业智能化，就很难实现真正意义上的农业现代化。推动数字农业高质量发展，既是加快实现河南农业现代化的有效举措，也是实现河南农业现代化的必然选择。一方面，数字农业能显著提高农业生产效率。在数字农业中，信息和知识作为生产要素介入其中，解放和发展了农村生产力，促使产业结构升级优化，促进产业生产方式变革，使得农业生产效率成倍放大，能显著提升产业整体效益和竞争力。另一方面，数字农业能实现农产品的标准化生产。数字农业通过运用数字技术、物联网传感器数据信息等精准分析并制定最佳种养方案，将实现农产品生产由单纯依靠人工经验到综合运用智能化手段精准定义农业生产的标准化转变，农业生产将变得更优质更高产。作为传统的农业农村大省，河南数字农业的高质量发展，将提升全省农业产业资源利用效率、劳动生产率和经营管理效率，实现农业生产的精准化、标准化，促进河南农业现代化的顺利实现。

（二）数字农业高质量发展是推动河南农业供给侧结构性改革的重要抓手

一方面，数字农业能使农产品更好地对接市场，优化农产品供给结构。数字农业可以通过销售大数据的应用，改变传统农业"点对点、面对面"的销售模式，使农产品更好地对接市场，建立起以消费为导向的现代化农业生产销售体系。由于数字农业能较好地解决信息传播受限、信息不对称的问题，提高了农产品生产与销售的匹配度，将更好地满足消费者对农产品的个性化、多样化消费需求，也能更好地实现精准、无缝对接的农业生产销售。另一方面，数字农业能使农业提质增效，提高农产品供给质量。近年来，随着经济社会的发展和人们生活水平的提高，消费者对优质农产品的需求也越来越强烈。生态无公害产品、"三品一标"农产品等逐渐成为消费者青睐的农产品。绿色优质农产品不仅市场潜力大，利润也非常可观。数字农业中遥感、大数据、物联网等现代信息技术的使用，能长期跟踪监测和分析农作物的生长发育、土壤环境等各种状况，为农业绿色发展积累数据支撑，进而提供质量优化方案，提升农产品品质。并且数字农业可基于物联网客观记录呈现农产品从生产到加工、运输、销售所有环节的真实信息，可以实现完整可视化的追溯，真正保障农产品质量安全。

（三）数字农业高质量发展是实现河南数字经济抢占先机的重要途径

数字经济是全球新一轮产业竞争的制高点。发展数字农业具有广阔的发展前景。截至2019年6月，我国互联网普及率超过50%，网民规模达到8.54亿人，其中农村网民2.25亿人，占26%，意味着每四个网民中就有一个在农村。可以想见，农村互联网发展空间非常广阔。但是，与制造业及电力等有关行业相比，农业数字经济仍是一片"洼地"。2018年我国农业数字经济只占整个农业增加值的7%，远远落后于工业的18%。这表明农业数字经济还有巨大的提升空间和发展前景。① 当前正是全省新旧动能转换的关键时期，亟须找准发力点培育发展壮大新动能。十九大提出实施乡村振兴战略，在今后很长一段时期内，农村发展将是我国经济社会发展的重中之重。农村是一片沃土，蕴含着无穷的机会。推动数字农业高质量发展，是乡村产业振兴的重要途径，也契合当前新旧动能转换的需要，是推动河南省高质量发展的重要手段。河南省是我国的农业大省和农村人口大省，在全省城镇化率达到51.71%的今天，农村常住人口仍然有4638万人。应当大力推动数字农业高质量发展，抢占农业数字经济先机，拥抱数字经济蓝海。

二 河南数字农业发展的现状

河南是我国的农业大省、全国重要的粮食主产区，资源禀赋优势明显，农产品品牌众多，发展数字农业具有较好的基础。近年来，河南省在数字农业建设方面积极探索实践，取得了较好成效。

（一）数字农业发展的顶层设计逐渐明晰

从国家层面来看，《中共中央 国务院关于实施乡村振兴战略的意见》《数字乡村经济发展战略纲要》对数字农业发展提出了发展要求和发展方向。2020年1月，我国《数字农业农村发展规划（2019—2025年)》出台，明确了今后一段时期我国数字农业发展的主要目标、发展思路和重点任务。为深入贯彻落实国家有关政策，加快推进农业信息化和数字乡村建设，2020年4月，河南省也出台了《关于加快推进农业信息化和数字乡村建设的实施意见》，为全省的数字农业发展提供了明确的方向。《2020年河南省数字经济发展工作方案》对农业的数字化转型也提出了明确要求。可以看出，从国家层面到省级层面，对数字农业发展的谋划设计已经全面铺开。近期，

---

① 农业农村部信息中心：《2019全国县域数字农业农村发展水平评价报告》，《新疆农业科技》2018年第6期，第16~19页。

数字农业发展有了比较明确的思路,但值得一提的是,由于我国数字农业发展整体起步较晚,无论是国家层面还是河南省层面对数字农业发展的远景规划还没有出台。为了更好地推进数字农业发展,还需要从长远性、战略性的视角对此进行规划设计。

(二)数字农业建设取得较大进展

一是实现了农村基础通信网络基本覆盖。近年来,河南省积极推动数字乡村建设,信息进村入户工程、蓝天卫士等一批重要工程相继建成运营,当前,全省移动网络、基础通信网络已实现全部下乡,通向三农的信息高速公路初步打通。二是农业领域信息技术应用进展迅速。从2017年开始,河南省利用遥感技术实现了"按图承保、按图理赔和按图监管",解决了长期困扰农业的保险估产难、定损难的问题。[①] 2020年7月21日,河南省农业农村厅与阿里巴巴集团合作签约,将围绕河南农业产业数字化、数字产业化、数字生态、乡村数字化治理、电子商务等领域,为加快数字乡村建设和促进农业高质量发展提供全方位、多维度的解决方案与产品服务。并计划在未来5年内创建60个以上数字乡村建设示范县,培育20家以上数字乡村建设领军企业,建设一批省级数字乡村建设创新中心。三是开展了数字农业建设试点。自2017年开始,农业农村部开始实施数字农业建设试点,重点扶持大田种植、设施园艺、畜禽养殖、水产养殖等数字农业建设四类试点项目。2017年,河南新郑市的河南木本良创意农业有限公司设施园艺数字农业建设试点项目入选全国首批设施园艺数字农业建设试点。2018年,临颍县、温县麦玉轮作项目入选第二批大田种植数字农业建设试点。四是越来越多的农副产品"触电上网"。全省乡镇快递网点覆盖率达100%,累计建成村级以上电商服务站点超2.5万个,打通了河南农副产品线上销售渠道,让更多物美价廉的农副产品"触电上网",实现与终端市场的更快对接。2020年上

---

① 《数字乡村越来越近——关注我省农业高质量发展之五》,2020年7月24日,河南省人民政府网,http://www.henan.gov.cn/2020/07-24/1744626.html。

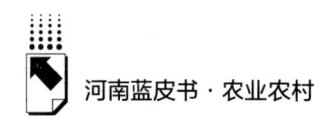

半年，全省农村产品网销额达330多亿元。但是，从总体上来说，河南作为农业大省，农村底子薄、条件差，农业信息化水平总体不高，数字农业发展还处于起步阶段。

（三）各地数字农业发展精彩纷呈

鹤壁市高度重视数字农业、数字农村发展，以提升农业农村信息化服务水平和应用能力为重点，以信息进村入户为抓手，着力构建农业智能、农村电商、农业监管、农村创业等四大体系，促进了农业农村信息化水平全面有效提升。2019年4月，鹤壁市的浚县、淇县以及开封市的通许县入选2018年数字农业全国百强县（即100个2018年度全国县域数字农业农村发展水平评价先进县）。

浚县的"数字农田"。2018年，浚县以优质花生现代产业园为载体，打造了一片8000亩的"数字农田"。这块"数字农田"从建设初期就引入专家团队，打造农业数字化云平台。利用数字技术，将所有农业信息汇总到云平台，从种到收全靠"数字云"，实现了从育种到整地、播种、农田管理、收获、运输及仓储、加工的农业全流程数字化管理。浚县的"数字农田"实现了农业定制化生产，农产品全流程可追溯，不仅使农业生产更科学、更高效，也降低了生产成本，提高了生产效益。2019年，产业园数字技术已经覆盖8000亩农田，12万亩实现部分生产环节数字化作业，生产成本节省了近30%，平均每亩增产近百公斤。

温县建立了"智慧地理"系统，对全县耕地的所有权人、承包人、土地流转、土壤性质、怀药种植信息进行数据采集和入库，绘制全县农业地理信息电子地图，为全县范围内的种植规划和布局提供更加直观准确的决策依据。并推广应用物联网、大数据、卫星遥感、自动导航、水肥一体化等新技术。2019年，温县"智慧农业"覆盖面积1万多亩，数字农业发展大有"钱途"。

此外，在新郑，好想你公司建立了数字农业建设基地；在渑池，"渑池县农村物流综合信息系统平台"建设有效解决了"种难""卖难"问题，拓宽了当地农户的增收渠道；在许昌，农户通过"滴滴农机"手机 App"一键呼叫"，就可迅速与农机手取得联系。各地纷纷探索适合自身特色的数字农业发展道路，数字农业发展精彩纷呈。

三 河南数字农业高质量发展的对策建议

虽然近年来河南省在数字农业建设方面取得了一定的成效，但是从总体上来说，数字农业仍然处于起步阶段。未来推动河南数字农业高质量发展要从数字农业的顶层规划设计、基础设施建设、数据整合应用、专业人才队伍建设等几个方面发力。

（一）做好顶层设计和长远规划

河南省的数字农业还处于起步阶段，也意味着数字农业的发展有无限可能。但是目前河南对数字农业发展只有最近几年的发展指导意见，缺乏远景规划设计。推动河南数字农业的高质量发展，必须站在全省层面做好顶层设计和长远规划。要充分认识到数字农业对于河南经济社会发展的重要意义，把发展数字农业作为数字河南建设的重要内容，作为河南加快实现新旧动能转换的重要手段，作为河南抢占数字经济先机的重要法宝。要把数字农业和正在推进的乡村振兴战略结合起来，把数字农业作为推动乡村振兴的产业支撑和动力来源。要按照产业数字化、数字产业化的发展方向，遵循经济发展规律，提前布局谋划，近期以 5 年、10 年为节点，中期以 15 年为节点，远期以 30 年为节点，勾画河南数字农业的发展蓝图。中期和远期的节点也正好和 2035 年和 2050 年这两个重要的时间节点相对应。在规划设计中要注重发挥政府的引导作用和市场的主导作用，要充分利用河南省农产品品牌多的优势，积极培育一批在全国有影响力的数字农业龙头企业，打造一批具有示范带动效应的数字农业先进县市，争取使河南省的数字农业走在全国前列。通过强化数字农业的整体规划和顶层设计，推动河南数字农业高质量发展。

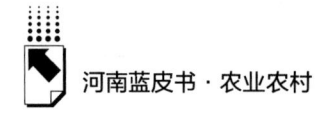

（二）完善数字农业的基础设施建设

完善的信息基础设施是数字农业发展的最基本前提。目前河南省的农村基础通信网络已经基本实现全覆盖，但是和数字农业相适应的信息基础设施还远未形成。要不断加大投入和支持力度，完善数字农业相关基础设施建设，为数字农业的高质量发展夯实物质基础。首先，要加快新一代信息基础设施建设。扩大移动通信信号覆盖范围，推进"全光网河南"全面升级，扩大农村高速光纤覆盖面，在确保4G移动网络全覆盖的基础上向5G技术应用发力，加快实现5G技术在重点农产品加工企业、重要农产品生产基地和重点农业园区的推广应用，并逐渐延伸扩展到整个农业生产地区。在原有农业遥感技术应用的基础上，大力推进北斗卫星导航系统在数字农业中的应用，实现农业遥感技术应用全覆盖，同时要加强信息基础设施保护。其次，要积极推进新型数字资源基础设施建设。加快构建"天空地"一体化数据采集和监测预警系统，推动空间信息、农田管理、环境监测等数据上图入库，加快实现农业的可视化管理。最后，要加强城乡数字融合发展，缩小城乡"数字鸿沟"。要着眼于城乡数字化融合，推动城乡信息基础设施和技术应用一体化。

（三）加快农业数据的整合应用

农业数据的整合应用是数字农业的核心内容。目前河南省的数字农业虽已初具雏形，但是数据综合运用程度还非常低。推动河南省数字农业高质量发展，实现农业更智慧、管理更高效、服务更便利，必然要整合农业数字资源，实现信息化与农业农村的深度融合。首先，要加强农业相关数据的采集管理，建立健全原始数据采集体系。数据采集是数据运用的前提和基础，当前各种原始数据还不完备，要在巩固和提升现有监测统计渠道的同时拓展互联网数据来源，并积极提升利用地面观测、传感器、遥感和地理信息技术等实时采集数据的能力。其次，要加强数据资源整合，打通"数字孤岛"。积极推进河南省农业农村大数据中心建设，加快推进农业农村数据资源协同管理和融合。加强农业生产管理、农产品流通、行业监管等大数据平台建设，推动平台融通、数据互通、信息沟通，实现大数据平台综合集成，数据资源共建共享。加快完善河南省农业农村信息化服务平台，实现与省政府网上政务服务平台实时对接，简化优化农业农村政务服务，全面提升农村信息服务能力。最后，要加快现代信息技术与产业发展融合。加快推进大数据、物联网、人工智能、区块链等现代信息技术在农业中的应用，积极推动农业生产经营各环节数字化改造。依托国家现代农业示范区，加快推广大田"四情"监测、设施农业智能控制、水肥药一体化智能灌溉等应用，建设小麦、玉米、水稻、花生等大田作物物联网技术应用示范基地，推进临颍和温县大田种植、渑池县畜禽养殖等数字农业试点项目建设，扩大试点项目的示范效应。

（四）加强专业人才队伍建设

专业人才紧缺是河南数字农业发展的突出短板。推动数字农业的高质量发展，需要一支素质过硬的专业人才队伍。各地要进一步加大数字农业专业人才吸引和培养力度，建立数字农业培训基地，有针对性地开展创业指导、技能培训，全面提升技能和素质，培养造就一批数字农业农村领域科技领军人才、工程师和高水平管理团队，为数字农业高质量发展夯实人才资本。一方面，要加强农业信息技术复合型人才的培养。要高度重视农村科技人才特别是数字技术人才的培养，提高服务数字农业的专业技能。将农村干部培训纳入干部教育培训总体规划，针对其开展数字农业相关培训，提升数字农业的基层服务水平。积极加强农民职业技能培训，提升其数字技术应用能力。针对新型农业经营主体、农村致富带头人、现代农业园区负责人、返乡创业青年等重点人群，组织专门的数字技术培训，提升其数字技术应用能力和管理水平。另一方面，要加大专业化数字人才的引进力度。结合省里的招才引智政策，着力引进一批在农业物联网、互联网、大数据等领域的专业化数字人才，建设数字农业发展带头人才队伍。结合返乡创业、科技特派员下乡等工程，鼓励大中专毕业生、科技人员投身现代农业，投资创办农业数字化服务组织、农产品电商企业，扩大农业信息化技术推广队伍。在大专院校中增

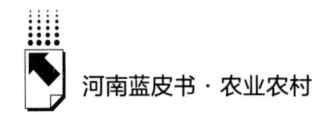

设数字技术专业，与地方政府、企业进行定向培养，并通过产学研结合等方式，引进数字化农业科技人才，充实广大农村地区的数字人才队伍。

参考文献

蔡元杰：《浙江数字农业发展现状与对策》，《新农村》2020年第4期。

池红等：《四川数字农业发展现状及存在问题》，《四川农业科技》2017年第6期。

樊祥胜：《乡村大数据发展大有可为——关于政府大数据管理部门服务"三农"工作的几点思考》，《行政科学论坛》2019年第9期。

胡青：《乡村振兴背景下"数字农业"发展趋势与实践策略》，《中共杭州市委党校学报》2019年第5期。

胡钰：《"数字农业"迎来发展春天》，《中国城乡金融报》2019年12月18日。

刘英：《吉林省数字农业可持续发展路径研究》，《山西农经》2020年第15期。

农业农村部新闻办公室：《擘画数字农业农村发展新蓝图——农业农村部负责人解读〈数字农业农村发展规划（2019—2025年）〉》，《农业工程技术》2020年第6期。

农业农村部信息中心：《2019全国县域数字农业农村发展水平评价报告》，《新疆农业科技》2018年第6期。

农业农村部信息中心课题组：《数字农业的发展趋势与推进路径》，《经济日报》2020年4月2日，第11版。

于敏：《大力发展数字农业》，《吉林日报》2020年8月3日。

赵晔：《发展数字农业 加快农业现代化》，《中国民族报》2019年4月19日，第7版。

B.16 河南农业品牌培育进展及品牌优势打造路径研究

乔宇锋*

摘　要： 农业品牌建设是河南农业结构转型升级的重要内容，也是河南农业高质量发展的必由之路。农业品牌建设有助于河南农业"走出去"，也有利于河南农业进一步深化供给侧结构性改革。通过强化农业标准化建设、大力发展"三品一标"产品、突出体系建设，河南农业品牌取得了长足的进步，但总体偏弱的情况还没有改善。为建设好河南农业品牌，需要充分重视科技创新的基础性作用，进一步强化品牌认证的导引作用，培育好新型农业经营主体，完善农业资源配置体系，强化区域特色农产品品牌化。

关键词： 农业品牌建设　农业　高质量发展　河南

农业品牌是农产品能够明显区别于其他同类产品的标志，代表着社会公信力和消费者选择倾向，是农业现代化的核心内容之一。[1] 党中央和国务院历来高度重视农业品牌建设，自2017年全国农业品牌大会在郑州召开以来，河南掀起了农业品牌全面建设的新高潮。2019年3月，习总书记在参加全国人大河南代表团审议时强调："完善农产品原产地可追溯制度

---

* 乔宇锋，河南省社会科学院农村发展研究所博士，主要研究方向为农业经济。
[1] 孙强、钟永玲：《迈向农业现代化的中国农业品牌政策研究》，《河北学刊》2019年第1期。

和质量标识制度，严厉打击食品安全犯罪，保证让老百姓吃上安全放心的农产品。"① 2020年中央一号文件明确指出："要继续调整优化农业结构，加强绿色食品、有机农产品、地理标志农产品认证和管理，打造地方知名农产品品牌，增加优质绿色农产品供给。"从本质上讲，农业品牌建设是实现区域化布局、专业化生产、规模化种植、标准化控制和产业化经营的过程。② 河南是传统农业大省，要从农业大省转型为农业强省，就必须做好农业品牌建设，这既是落实党中央工作要求和习近平总书记指示精神，也是落实农业供给侧结构性改革和乡村振兴战略的内在要求。

一 农业品牌建设对河南农业高质量发展具有重要价值

农业品牌建设是农业高质量发展的重要抓手，是构成河南农业市场竞争力的主要因素，只有深入实施品牌强农战略和大力发展品牌农业，才能够让更多的河南农业品牌进入全国市场，真正实现河南农业高质量发展。

（一）农业品牌建设是河南建成现代农业强省的现实选择

随着改革开放的深入和社会主义市场经济的持续发展，河南所面临的农业生产格局发生了根本性的改变，农业生产从单纯的数量高速增长转变为产业高质量发展，人民群众更加重视农产品供给的质量和安全。虽然河南一直以来都是传统意义上的农业大省，但形成市场竞争力的关键已不再是单纯的规模优势，而是由农业品牌构成的差异化竞争优势。2020年河南省委一号文件明确指出："深入实施绿色兴农、质量兴农、品牌强农，强化全过程农产品质量安全和食品安全监管，加强绿色食品、有机农产品、地理标志农产

---

① 《习近平参加河南代表团审议》，人民网，2019年3月9日，http：//henan.people.com.cn/n2/2019/0309/c351638-32721488.html。
② 李建军：《农业品牌建设——基于农业产业链的研究》，经济管理出版社，2013。

品认证和管理。"河南从农业大省走向农业强省的过程，就是从数量优势走向品牌优势的过程。

（二）农业品牌建设是农业供给侧结构性改革的重要推手

随着我国经济发展进入新阶段，人民群众的消费层次不断提高，客观上要求农业生产从供给端出发为市场提供更多的有效供给，特别是优质、安全的农产品。但传统农业对品牌建设的忽视，导致优质农产品长期存在总量不足和产品结构问题。农业品牌建设能够带动整个产业链改造提升，解决无效低端供给过剩和中高端供给不足的问题。[①] 此外，农业品牌建设有利于农业生产要素的集中和转化，通过生产要素的合理流动实现农业生产向质量型和效益型转变，在规模化、产业化和标准化生产的基础上，不断扩大优质农产品的供给，满足消费者的新需求。

（三）农业品牌建设是农业"走出去"的关键内容

农业国际合作是大趋势，通过优势互补，积极利用国内外两种资源，是促进农业高质量发展、保障粮食安全的重要途径，也是在农业方面实现"双循环"的重要一步。农业"走出去"，深化与共建"一带一路"国家的合作，离不开农业品牌建设。虽然全省农业生产有很多优势领域，但知名品牌少，特别是优势产业没有形成品牌优势，导致全省农产品在国际市场缺乏竞争优势。因此，需要通过品牌效应提高全省农产品的公众认知度，提高在国际市场的竞争力和在国际合作中的市场地位。

二 河南农业品牌建设现状

自2017年全国农业品牌大会在郑州召开以来，河南更加重视农业品牌

---

① 谢志强：《深化农业供给侧改革，提升农业品牌质量》，《人民论坛》2017年第S1期。

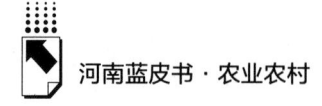

建设，围绕"调品种、提品质、创品牌"工作主线，呈现出加速发展、稳步提升的良好势头。特别是在脱贫攻坚工作中，以农业品牌扶贫为主要内容的"河南模式"在全国得到推广。

（一）品牌数量不断增加

从2017年到2019年，河南连续三年开展品牌创建活动，建立《河南省知名农业品牌目录》，共培育出600个省级农业品牌，其中，农产品区域公用品牌60个、农业企业品牌140个、农产品品牌400个，年平均增幅为103%。总体来看，农业品牌建设活动覆盖了全省17个省辖市、济源示范区、10个直管县（市）和未摘帽前的所有贫困县。

（二）建设质量日益提升

随着河南农业品牌建设的不断深化，品牌含金量也不断提升，在省级农业品牌的基础上，"国字号"农业品牌不断扩大。其中，信阳毛尖等7种产品被评为中国特色农产品，新乡小麦等4种产品入选中国百强区域品牌，正阳花生等16个品牌入选首批中国农业品牌目录。从总体数量上看，2019年河南的国家级农业品牌有16个，仅次于山东的17个，位列全国第二，特别是涌现出双汇、牧原、三全、思念等一批享誉全国的河南农业品牌"顶级名片"。

（三）品牌效益逐步显现

河南通过农业品牌建设，有力地带动了农业产业发展，较好地实现了农业提质增效的目的。2019年，河南全省农产品出口总额共计182.56亿元，同比增长8.0%，增幅连续多年在出口商品品类中名列前茅，连续4年居全国第8位。打一个形象的比喻，河南农业通过农业品牌的强力塑造，一颗红枣年产值达到41亿元，一枚汤圆年产值达到46亿元，一根火腿肠年产值达到539亿元，一粒花生年产值达到千亿元。

（四）"三品一标"渐成规模

截至2020年9月，河南全省在有效期内的"三品一标"（无公害农产品、绿色食品、有机农产品和农产品地理标志）农产品共4679个，居全国第12位。其中，绿色食品1019个，排第15位；无公害农产品3505个，排第11位；有机农产品36个，排第22位；农产品地理标志119个，排第5位。全省绿色食品生产资料认证产品29个，排第9位；延津、内黄等县已建成全国绿色食品原料标准化生产基地5个，排第16位；灵宝、汝阳已建成国家级农产品地理标志示范样板；44个生产主体已建成省级"三品一标"示范基地。特别是在全国名特优新农产品方面，河南共收集登录116个，占全国现有总量的1/4，全国排名第一。

（五）品牌建设短板突出

尽管河南农业品牌建设取得了显著的成绩，但品牌杂而不亮、多而不优、同质化现象严重，大多品牌体量较小、知名度较低，河南具有优势的面、油、奶在全国知名的品牌太少，与河南农业品牌繁多的现状不相对称。与全国先进省份相比，自2017年至2019年，全省绿色食品只有1019个，全国总数为36345个，河南在中部六省中排第4位，仅居全国中游水平。排名前三的山东、安徽和江苏绿色食品数量分别是3898个、3421和3296个，河南不足他们的1/3。与河南农业大省地位不相符的另一个短板是绿色食品加工企业数量少，绿色食品加工企业占比为1.8%、奶制品企业占比为7.4%、水产品企业占比为1.2%、畜牧企业占比为0.07%；省级以上龙头企业中，绿色食品企业占比为10%，其中绿色农副食品加工企业占比为15%，绿色食品制造业企业占比为7.1%，绿色酒、饮料和精制茶制造业占比为15.5%。受绿色农产品加工能力孱弱的影响，河南绿色食品和产量占比较低，畜禽类产品和深加工产品数量分别仅占全省绿色食品数量的3.1%和4.7%。在全省各类作物绿色食品产量中，粮食产量占比为1.2%，油料产量占比为0.9%，畜禽类产品（肉、蛋、奶）产量占比为1.4%，水产

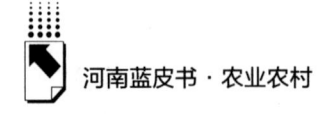

产量占比为0.9%，水果产量占比为0.9%。在全省158个县（市、区）中，仍有14个县在绿色农产品方面数量为零。

三 河南打造农业品牌的主要路径和基本经验

自2017年至2019年，河南全省绿色食品数量年均增长25%以上，增速居全国第6位，之所以取得较快发展，主要是因为河南在农业品牌建设中坚持走"做大产业、建强主体、构建体系、提升品质、扩大影响"的路子。

（一）深入推进标准化建设

河南在农业品牌建设过程中，着力构建现代农业绿色生产体系，坚持安全、优质、绿色的基本要求，将绿色生态融入品牌价值。围绕"四优四化"和绿色发展，河南各级地方政府主导和推动制订地方标准和技术规程，健全优势农产品和特色农产品标准体系，注重建立健全农产品生产标准、加工标准、流通标准和质量安全标准，重视不同标准间的衔接配套。河南农业品牌建设还坚持推行"五有一追溯"标准化生产管理模式，推进按标生产，支持生产经营主体加强国内外先进标准研究，加快先进标准转化，制订优于国家标准的企业标准。此外，河南省政府支持农业品牌"走出去"，鼓励涉农企业积极参与制订与共建"一带一路"国家相适应的国际标准。

（二）加强产地环境保护和质量安全监管

河南坚持完善以农业生产基地为核心的产地环境监测制度，健全省、市、县、乡检测机制，积极落实耕地质量提升和化肥农药使用量零增长行动，推进农作物病虫害专业化统防统治，抓好农业面源污染综合治理。为全面实现农产品质量全程可追溯，建立了完善农产品质量安全监管追溯平台，大力推广农产品条形码、二维码制度，逐步做到了生产有记录、信息可查询、流向可跟踪、责任可追究、产品可召回、质量有保障。

(三)大力发展"三品一标"产品

河南农业品牌建设注重以绿色食品为主导的"三品一标"认定、许可、认证和登记,积极扩大优质农产品的总量和规模,增加优质供给,提升市场占有率。各级地方政府重视品牌主体培育,加快商标注册、专利申请、"三品一标"、良好农业规范认证等,为河南农产品抢占国内高端市场和走向国际市场提供了有利条件。河南省政府出台了一系列政策,积极鼓励和支持全省县(市、区)开展全国绿色食品原料标准化生产基地、全国有机农业示范基地和河南省"三品一标"示范基地建设。

(四)全面构建农业品牌发展体系

河南建立了知名农业品牌目录制度,对入选农业品牌定期审核,实施动态管理,不断完善评选标准和退出机制。推出了河南省知名农业整体品牌形象,并将其打造成"豫农名片",提升了河南农产品在全国的知名度和竞争力。河南各级地方政府立足自身农业资源禀赋,以县域为重点,通过加强品牌资源整合,做大做强农产品区域公用品牌,形成了区域农业品牌优势。积极支持各类农业企业丰富产品种类、提升产品品质、厚植企业文化,增加中高端供给,打造具有较强市场竞争力的企业品牌。

(五)加大农业品牌保护和宣传推介力度

河南农业品牌建设注重加强产品内涵挖掘与宣传,积极做好老工艺、老字号、老品种的保护与传承,通过品牌故事强化了农业品牌注册保护与管理,增强了农产品的市场竞争力。针对农产品线上销售和生鲜电商,鼓励农业品牌主体充分利用现有平台,采取专卖、直销、展示等形式,多渠道开展品牌推介。同时,鼓励地方政府和行业协会在主流媒体上宣传河南农业品牌,加强农业、市场监管等部门之间的联动协作,搭建具有河南特色的新型展示展销平台。特别是通过中国农产品加工业投资贸易洽谈会、中原畜牧业交易博览会，大大提升了河南农业品牌知名度和美誉度。

四 河南农业品牌的建设重点

（一）进一步强化农业品牌质量认证的导引作用

农产品需要通过绿色食品、有机食品等质量认证来传递农业品牌所蕴含的质量信息，对优质农产品要进行充分挖掘，加强对生产主体进行农业品牌建设的指导，将符合条件的农产品认出来、管理好、推出去。根据国务院"粮食也要打品牌"的总体思路，河南在农业品牌建设中需要进一步严格市场准入和相关标准，完善农产品"三品一标"认证制度，加大对市场违规行为的处罚力度，防范重大食品安全事故的发生。一方面设置市场准入门槛，提高农产品供给的质量；另一方面加大资金投入，建立农产品质量安全与品牌建设相衔接的标准化体系，实现"从农田到餐桌"的全程管理体系。

（二）充分重视科技在农业品牌建设中的基础性作用

高质量的农业品牌建设离不开农业科技，农产品质量是农业品牌的核心竞争力，农产品质量的提高需要不断投入新的农业技术、生物技术、加工技术和信息技术等。[1]河南农业大省的地位和粮食安全的稳固，得益于农业科技研发的投入和先进农技的推广，农业品牌建设也是同样的道理，需要将品牌与科技相结合，增强农业研发力量，通过高效的农业科技研发、推广体系实现农业生产的规模化、标准化和产业化，培育出高素质、高竞争力的新型农业经营主体和农业龙头企业。

---

[1] 李玉双、邓彬：《我国乡村产业发展面临的困境与对策》，《湖湘论坛》2018年第6期。

（三）积极培育和发挥新型农业经营主体的中坚作用

农业品牌建设在一定程度上也是农业的产业化过程，无论是小农户还是单个企业都难以在隔离的环境下独立完成，需要从系统的视角出发，发挥农业生产体系内各类主体的作用。从国内外发展经验看，具有较高素质的农业经营主体是农业品牌建设不可或缺的重要力量。对河南而言，重点是培育家庭农场、农民合作社等新型农业经营主体，通过营造良好的农业发展环境，从政策、法规、财政、研发、推广、推介等多方面创造条件，加快新型职业农民的培训，提升新型经营主体在发展中的品牌意识，促进形成品牌农业的规模化、产业化和标准化。此外，新型农业经营主体作为小农户与现代农业之间的桥梁，有利于发挥示范带头作用，有利于消除市场信息不对称，有利于保护和发展农业品牌，最终形成政策推行有力、产品绿色安全、生产集约节约的有利局面。

（四）进一步完善农产品市场流通体系的资源配置作用

农业品牌的建设是服务于农产品市场销售体系的，与农产品销售相关的农产品分级标准、仓储包装标准、价格浮动机制都是农业品牌建设的重要内容。因此，需要进一步完善各类农产品批发市场、配送中心、集散中心等农产品销售体系建设，提高农产品流通的效率，加强产品质量监管，通过市场对资源的配置作用引导农业资源向具有品牌的农产品生产倾斜。品牌农业的兴起和发展，也会进一步促进农产品销售体系扁平化，减少不必要的中间商和批发环节，将降低的销售环节成本让利给终端消费者，形成产销两旺的良性循环。

（五）坚持推进区域特色农产品品牌化的示范引领作用

河南目前正处于由农业大省转向农业强省的拐点阶段，农业品牌建设需要根据农业地域优势和传统优势，开发具有区域特色的优势农业领域，建立具有区域特色和比较优势的区域特色农产品品牌。区域化布局是农产品品牌建设的必由之路，也是增加产品附加值和市场议价能力的关键之举。[①] 按照农业部"科学分区、突出优势、市场导向、标准引领、品牌号召、主体作为、地方主抓"的工作原则和发展思路，巩固和提升河南特色农产品的优势地位。通过将农产品品牌与河南地域相结合，形成产业聚合机制，打造河南农产品品牌。

五 打造河南农业品牌优势的路径及政策建议

打造农业品牌优势的主要目的是通过品牌效应提高农业生产效益，最终提高农业的市场竞争力。农业品牌的塑造需要进行一系列艰苦细致的工作，只有多措并举、多方发力，才能打造出河南农业品牌的"豫"字形象。

（一）以标准化建设农业品牌生产基地

农业品牌的关键是农产品的品质，品质的关键在于标准化生产。在具体建设中，需要大力推广农业标准化示范项目，引导农业生产主体施行标准化管理和标准化生产，主动扩大"三品一标"的生产规模，开展认证推广工作，依托河南农业的优势领域，开展优质农产品标准化行动。特别是针对河南优势产业，协调促进畜牧业和经济作物的标准化种植、养殖，与乡村振兴战略相结合，拓宽河南农产品的市场销路，提升品牌认知度。在标准化的推行过程，还需要充分重视农业科技和现代管理的有效投入，强化优势领域的协同创新，提高农业品牌的价值。

（二）以产业化培育农业品牌生产企业和新型经营主体

对于各类农业生产企业和经营主体而言，农业品牌建设的最大利好在于规模化生产形成的经济效益。依托具有市场辨识度和美誉度的农业品牌，能

[①] 徐大佑、童甜甜、林燕平：《以品牌化建设推进西南山地农业高质量发展——以贵州省为例》，《价格理论与实践》2020年第1期。

够延伸农业生产的产业链，有助于农业生产企业提高加工水平、创新能力和市场地位，也有助于农业经营主体提高产品附加值，从而具有更强的带动能力。对于家庭农场、种植大户、养殖大户、农民合作社等新型经营主体，产业化的直接结果就是形成集专业化、组织化和集约化为一体的产销一条龙体系，能够更好地与现代农业生产相衔接。

（三）以常态化防控农业品牌质量安全风险

农业品牌的建设与农产品的质量安全共系一线，没有质量安全就没有农业品牌，一旦突破了质量安全的底线，品牌也就无从谈起。农产品质量安全体系是常态化的体系，需要对农产品加工、流通和销售进行全方位的监管，利用信息技术、物联网技术和农业大数据切实转变传统的监管模式，扩大农业品牌的信息载体空间。提高基层从业人员的业务素质和检测能力，把握产前、产中和产后各个环节，按照标准化的要求分环节细化质量风险防控措施。此外，还需要重点做好农产品质量安全法规体系建设，形成"生产有规程、产品有标志、市场有监测"的常态化风险防控机制。

（四）以制度化完善农业品牌发展规划

农业品牌不仅需要建设，还需要加强保护和监管，对已经形成的和有潜力形成的农业品牌进行分类管理，根据品牌的影响力、区域特征进行系统梳理，形成具有指导意义的品牌目录，定期发布，动态管理。特别是要将市场潜力大、带动能力强、附加值高的农业品牌列入制度性规划，以制度化形成产业链、价值链和供应链，引导河南农业品牌进一步做大做强做实。对于需要政府推动和协同的农产品区域品牌，以制度强化品牌统一保护和管理，以制度整合经营资源，以制度创新经营体制，充分挖掘品牌潜力，释放农业品牌的市场竞争力。

B.17
河南农民增收的态势及对策

张 坤*

摘 要： 农民增收是确保河南全面建成小康社会、打赢脱贫攻坚战的关键。近年来，河南农民收入总体呈良好增长态势，收入结构变化明显，区域差距相对缩小，同时呈现出一些新变化、新特征。当前，河南仍然存在农业种植结构不合理，农产品结构性短缺、农业生产组织化程度低,产业化经营程度低、农业从业者整体文化水平偏低，就业渠道窄等问题，分别从不同方面制约着农民收入的增加。后期应从深化农业供给侧结构性改革、促进农民就业创业、扩大农村有效投资、持续深化农村改革等方面积极采取措施推动农民持续增收。

关键词： 农民收入 农村经济 河南

党的十九大报告提出实施乡村振兴战略，强调必须始终把解决好"三农"问题作为全党工作的重中之重。中共中央、国务院《关于实施乡村振兴战略的意见》指出要进一步拓宽农民增收渠道，缩小城乡居民生活水平差距。农民增收作为农民问题乃至"三农"问题的核心，关乎全面建成小康社会的实现，脱贫攻坚战的胜利。河南作为人口大省、农业人口大省，农民收入对河南经济社会发展和农业农村现代化起着十分重要的作用，保障农民增收是河南确保全面建成小康社会、打赢脱贫攻坚战的关键。因此，分析

---

* 张坤，河南省社会科学院农村发展研究所研究实习员。

当前河南农民增收的态势，为今后农民增收提出相应的对策建议，对于河南如期实现全面建成小康社会目标、确保打赢脱贫攻坚战、推动乡村振兴战略顺利实施等，均具有重要的现实意义。

一 河南农民收入现状

近年来，在强农惠农富农政策的大力支持下，河南农村经济稳步发展，农民收入总体呈现良好增长态势，收入结构变化明显，区域差距相对缩小，同时呈现出一些新变化、新特征。

（一）总体呈现良好增长态势

随着稳增长、促改革、调结构、惠民生等政策效应的逐渐凸显，2016～2019年河南农村居民人均可支配收入从2016年的11697元增长到2019年的15163元，净增3466元，略低于同期3658元的全国平均水平增幅，年均增速9.04%，与同期9.02%的全国平均水平基本持平（见图1）；与本省城镇居民人均可支配收入相比，绝对差距由2016年的15536元扩大到2019年的19037元，但高于7.87%的城镇居民人均可支配收入年均增速，城乡差距倍差由2016年的2.33倍下降到2019年的2.26倍，城乡差距呈相对缩小趋势。

图1 2016～2019年河南农村居民人均可支配收入变动情况

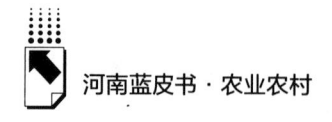

（二）收入结构变化明显

将农民人均纯收入按收入来源进行划分，在增长速度方面，2016~2018年，河南省农民工资性收入、财产性收入、转移性收入增幅较大，年均增长率均超过10%，家庭经营性收入略有上升。从各收入来源占纯收入的比重看，工资性收入、转移性收入占比增加，财产性收入占比基本持平，家庭经营性收入占比下降较多（见表1）。从各收入来源对农民人均纯收入增长的贡献率看，工资性收入、家庭经营性收入对农民收入的影响逐年减弱，转移性和财产性收入影响大幅上升（见表2）。

工资性收入成为农民收入的主要来源，且所占比重逐年上升。2018年，河南省农民工资性收入占纯收入比重为38.5%，已成为农民第一大收入来源，较2016年上涨了2.4个百分点，且实现工资性收入年均增速12.3%，说明工业化和城镇化对农民就业增收起到了积极的促进作用。但三年间工资性收入对收入增长的贡献率由2016年的59.2%下降至2018年的50.9%，表明工资性收入的增幅是下滑的。家庭经营性收入所占比重逐年下降。2018年家庭经营性收入占纯收入比重的34.6%，较2016年下降5.1个百分点，反映出全省农民有了更多更好的收入来源，对农业的依赖性进一步降低；近年来，全国粮食收购价格平稳，农业生产稳定，农民家庭经营性收入也保持平稳增长，三年间实现年均增速1.6%。

财产性收入和转移性收入年均增速较快。农民由于土地承包经营权转让或入股投资获得股息红利等因素，财产性收入不断增长。2016~2018年财产性收入年均增长14.7%，但因基数较低，占纯收入比重仅增加0.2个百分点，对农民纯收入贡献不大。随着一系列惠农政策的实施和"三农"投入稳步增加，农民转移性收入在2016~2018年实现年均增速14.5%，对农民增收拉动作用明显。转移性和财产性收入整体对收入增长的贡献率大幅增长，由2016年的19.4%增至2018年的45.2%，成为农民增收的亮点。

表1 2016年和2018年河南农民人均纯收入水平及构成对比

单位：元，%

收入构成	2016年 金额	2016年 比重	2018年 金额	2018年 比重	2016~2018年 年均增长	2016~2018年 比重变化
纯收入	11697	100	13831	100	8.7	0
工资性收入	4228	36.1	5336	38.5	12.3	2.4
家庭经营收入	4643	39.7	4791	34.6	1.6	-5.1
第一产业	3339	28.5	3127	22.6	-3.2	-5.9
第二产业	238	2	367	2.7	24.2	0.7
第三产业	1066	9.1	1297	9.4	10.3	0.3
财产性收入	168	1.4	221	1.6	14.7	0.2
转移性收入	2658	22.7	3483	25.2	14.5	2.5

资料来源：《河南统计年鉴（2017）》《河南统计年鉴（2019年）》。

表2 2016~2018年河南农民人均纯收入构成变化情况

单位：%

收入构成	绝对增幅 2016年	绝对增幅 2017年	绝对增幅 2018年	对收入增长的贡献率 2016年	对收入增长的贡献率 2017年	对收入增长的贡献率 2018年
纯收入	7.8	8.7	8.7	100.0	100.0	100.0
工资性收入	13.4	12.8	11.9	59.2	53.0	50.9
家庭经营收入	4.1	2.8	0.4	21.4	12.8	1.5
第一产业	2.3	-0.5	-5.8	8.8	-1.8	-17.4
第二产业	-9.5	-2.9	58.9	-3.0	-0.7	12.2
第三产业	14.1	12.1	8.5	15.6	12.6	9.2
转移性和财产性收入	6.2	13.3	15.7	19.4	36.7	45.2

资料来源：《河南统计年鉴（2019）》。

（三）区域差距相对缩小

从地区结构看，河南省各地区农村居民人均可支配收入仍呈现不平衡的态势，但区域不平衡性相对减缓。2016~2019年，全省省辖市中农民人均纯收入最高最低绝对差距从9174元扩大到11342元，但最高最低收入比值从1.99降至1.93。2019年，郑州、济源、焦作、许昌农村居民人均可支配收入排全省前四名，分别为23536元、20235元、19374元、18558元，周口地区农村居民人均可支配收入仅为郑州的一半。从收入来源看，2018年郑州地区农民工资性收入占比最高，达到65.75%，这与郑州有较多就业机会的现实是相符的；周口地区工资性收入最低、转移性收入最高，说明在当地打工挣钱的少，外出务工的较多。济源地区工资性收入全省最高，但家庭经营性收入和转移性收入最低，说明济源农民本地务工收入多、外出务工少、农产品销售带来的收入较少。

（四）农民收入新变化、新特征

近年来，随着外出务工人员返乡创业的增多，农村新产业新业态的不断出现，农民收入呈现出一些新变化、新特征。返乡创业开辟了就业增收新渠道，促进了乡村市场主体的发展，拓宽了农村就业空间、就业方式和就业途径，为农民提供了更多就地就近就业的岗位和机会。特别是返乡创业与脱贫攻坚的结合，吸纳了大量有劳动能力的贫困群众进园区、进企业、进合作组织，实现了从贫困人口到产业工人、股东的转变，从而保障了农民就业，增加了农民收入，收到了稳定脱贫的效果。据统计，截至2018年底，河南省返乡创业累计130.23万人，带动就业813.57万人。[1] 河南休闲农业、乡村旅游和农村电商等农村新产业新业态近年来发展迅猛，成为带动农民增收的新亮点。发展"深加工"的农村农产品加工业，能够加粗延长农业产业链，把农产品更多的附加值保留在农村内部，从而有效促进农业增效和农民增收。发展农村文旅产业，将农业生产、乡村文化和乡村旅游相结合，推动农村三次产业融合发展，对农民增收有显著的促进作用。发展农村电商，可以有效整合农村资源，打造生产、加工、包装、品牌为一体的农业全产业链，从而拓宽农民在产业链上的收入范围，提高收入比例。2016~2019年，河南省发展乡村旅游带贫达26.5万人，人均年增收3500余元。[2] 截至2018年

---

[1] 陈润儿：《推进乡村振兴的一支重要力量——关于外出务工人员返乡创业情况的调查》，《农村·农业·农民（B版）》2019年第5期，第5~11页。
[2] 《河南开展旅游扶贫2019人均年增收3500余元》，中国网，2019年10月21日，http://travel.china.com.cn/txt/2019-10/21/content_75322276.html。

8月，河南省已建成县级电商扶贫公共服务中心92个、乡镇电商扶贫服务站854个、村级电商扶贫服务点16606个，网络零售额达1208.95亿元，累计服务贫困户近69.5万人次。①

二 当前河南农民增收面临的主要问题

（一）农业种植结构不合理，农产品供给结构性短缺

长期以来，河南农业生产呈现"重粮食作物，轻经济作物""重面积，轻品种"的局面。从种植结构看，2011～2019年，河南省粮食作物种植面积占农作物种植面积比重一直较大，保持在71.3%～75.3%。② 粮食作物占比高，挤压了经济作物和其他农作物的种植面积，不利于农民家庭经营性收入的增加，农业结构性矛盾依然突出。随着人民生活水平显著改善，城乡居民的消费需求结构优化升级，对安全、营养、优质农产品的市场需求快速增加，河南省农业的供给主要是粮食作物，肉类、蛋类、奶类、水产品等高营养类农产品供给相对比较少，高品质农产品供给结构性短缺，同时，各地市农产品品种基本相同，缺少特色和品牌。总体来看，河南省农业种植结构、农产品结构都较为单一，削弱了河南农产品在国内国际市场上的竞争力，不利于农业产值的增加和农民家庭经营性收入的提高。

（二）农业生产组织化程度低，产业化经营程度低

河南省农业经营方式分散、组织化程度低、机械化水平较低。农业人口多、农业劳动力转移较慢、土地流转率较低等因素导致河南省人均耕地占有少，一家一户小农经营大量存在。农业经营主体单一、分散，不利于发展农业适度规模经营，难以获得规模经济；分散经营导致农业组织化程度较低，

---

① 《助力脱贫攻坚！河南多措并举提升电商扶贫实效》，河南政府网，2018年10月16日，http://www.henan.gov.cn/2018/10-6/694484.html。
② 《河南统计年鉴（2019）》。

抵御自然灾害和市场风险能力不强,农民缺乏谈判能力,农产品价格被挤压,农产品买方市场现象突出。河南省农业科技化水平不高,农产品加工链条短,产业化经营程度低。具体表现为以下两点。第一,河南的农业科研成果对农业生产的支持力度不够,农业科技成果转化率较低,农业科技不能真正转化为生产力。第二,农产品加工体量大,但精深加工少,农业产业化经营程度低,农业价值链发掘不足,品牌优势不突出。河南省农产品价值链短,仍以农业生产环节为主,向工业和服务业延伸不够;产供销各环节规模小、碎片化、无序化问题严重;农业价值链中利益分配机制不完善、利益分配不均,农民在价值链中的利益难以维护。

(三)农业从业者文化水平偏低,就业渠道窄

河南省农业从业者文化水平偏低,农业农村人才相对匮乏。根据河南省第三次全国农业普查数据,2016年河南省农业生产经营人员有3251.49万名,比2006年减少18.1%,其中高中及以上文化水平的农业生产经营人员仅有321.90万人,占总人数的9.9%,初中及以下文化水平的农业生产经营人员占总人数的90.1%。[①] 全省农村实用人才总数为121.63万人,其中新型职业农民约78万人,分别仅占乡村常住人口总数(4638万人)的2.62%、1.68%。农业专业技术人员总数为2.64万人,仅占全省专业技术人才总数(457.45万人)的0.58%。农民由于自身文化水平较低,缺乏专业劳动技能,只能从事劳动替代性强的工作,就业多集中在产业链或供应链底端的劳动密集型产业或低端服务业,如第二产业中的低端制造业、建筑业,第三产业中的餐饮住宿、批发零售、物流运输、文化旅游、居民服务等。此外,资源配置的不合理,不利于河南省农村三次产业融合发展,农业大而不强、结构不优,新产业新业态发展尚处于起步阶段,大多数地方仍难以形成较大的产业集聚区,很难对农民劳动力进行吸收转化,进一步减少了农民就业途径。

---

① 河南省统计局:《河南省第三次全国农业普查主要数据公报》,2018年5月12日。

三 推动河南农民增收的对策建议

当前,要确保农民持续增收,就要在稳定当前收入来源的基础上推动农民增收提速,并拓宽农民增收渠道。为此,可采取加大农业供给侧结构性改革、促进农民就业创业、扩大农村有效投资、持续深化农村改革等措施推动农民持续增收。

(一)加大农业供给侧结构性改革,提高农民家庭经营性收入水平

传统的农业生产方式主要围绕中低端农产品供应,无法为农民带来较高收入,随着消费市场升级及人们对食品安全的重视,农产品供给升级是农业发展的必然要求。一是统筹规划,积极围绕对高品质产品日益旺盛的需求,进一步调整农产品种植结构,选择优质品种,提高农产品供给质量。二是积极学习、引进发达地区农产品生产技术及技术标准,更新种植技术和方法,把传统种植思维模式转变成现代化农业生产理念,输出高品质高标准的农产品。三是做好市场对接,拓宽多种营销渠道,提高农民在种植过程中的回报,提高农民家庭经营性收入水平。

(二)完善政策支持,促进农民就业创业

一是优化农村产业发展环境,强化产业链的互补衔接、产业集群的关联协作以及产业配套服务体系的完善,为农村产业发展创造更多机会。二是以特色农业产业园、农业高新区、特色小镇、工业园区为载体,发展农民工创业园、创业孵化器和创客空间,为农民工创业者提供场地支持、技术支持、创业培训和政策服务。三是统筹推进城乡创业活动,把返乡农民工创业纳入各地一次性创业补贴政策覆盖范围,鼓励各地创业担保贷款基金为返乡农民工创业项目提供担保服务。

(三)扩大农村有效投资,拓宽农民就业渠道

一是加大农村基础设施建设、生态环境治理、重大民生工程等"补短

板"项目的投资力度，例如，农村公路建设工程、农村电网建设工程、农村人居环境整治工程、高标准农田建设等。二是加大农村扶贫项目的投资力度，解决好扶贫车间的原料供应、产品外运、市场销售等问题。三是加强农村文化旅游基础设施建设，打造生态宜居美丽乡村，提升旅游综合服务能力。四是加大乡村振兴重大项目投资力度，如农产品仓储保鲜冷链物流设施建设工程、现代农业园区建设工程、农村创业示范基地建设工程等。五是加大智慧农业和数字乡村建设工程投资力度。加快农业农村大数据工程建设，开展农业物联网、大数据、区块链、人工智能、5G等新型基础设施建设和现代信息技术应用，全面提升农业农村数字化、智能化水平。六是积极引导鼓励社会资本投资农业农村。制定出台社会资本投资农业农村的指导意见，加强指导和服务，明确支持的重点领域，细化落实用地、环评等具体政策措施。在畜禽粪污资源化利用、农村生活污水垃圾处理等方面实施一批PPP项目。

（四）持续深化农村改革，增加农民财产性收入

首先，要对农民财产权做到依法保护，开展农村集体资产清产核资和产权登记，推进经营性资产折股量化，赋予农民对集体资产股份的占有、收益、有偿退出等权利。其次，在农村土地承包经营权确权登记颁证的基础上，鼓励农民通过土地流转获得收入，采取对土地经营权入股、托管、联耕联种等方式，引导农民规范有序流转农地经营权，开展农民以土地承包经营权、水域滩涂经营权等入股农业产业化龙头企业试点。此外，还要鼓励农民利用自有资源资产投资获得收入。农村宅基地"三权分置"改革正在积极推进，应在符合规划的前提下，试点通过出租、合作等方式，盘活农村闲置房屋及宅基地、集体建设用地、"四荒地"等资源，增加农民财产性收入。建立农村产权交易平台，规范农村产权交易市场，为农村产权进场交易创造良好环境，不断拓宽农村资源资产实现价值的渠道。

参考文献

陈明星：《河南农民收入现状分析及"十二五"前景展望》，载林宪斋、刘道兴主编《2011年河南社会形势分析与预测》，社会科学文献出版社，2011年。

范孟梅：《乡村振兴背景下河南省农民增收路径选择研究》，《中国物价》2020年第11期。

郭军、张效榕、孔祥智：《农村一二三产业融合与农民增收——基于河南省农村一二三产业融合案例》，《农业经济问题》2019年第3期。

郭慧萍：《河南省农民增收的影响因素与增加农民收入的对策》，《河南工业大学学报》（社会科学版）2018年第6期。

朱晓燕：《提高农民收入　加快实现富民强省目标》，《河南日报》2019年10月25日。

任俊英、刘子晨：《新冠肺炎疫情对脱贫攻坚的影响及建议》，《农村·农业·农民（B版）》2020年第7期。

刘佳、芦千文、高鸣、张哲晰：《新冠肺炎疫情对农村居民收入的影响与建议》，《农村金融研究》2020年第4期。

张兆江：《持续增强发展动能　促进农民增收》，《唯实》2017年第10期。

陈润儿：《推进乡村振兴的一支重要力量——关于外出务工人员返乡创业情况的调查》，《农村·农业·农民（B版）》2019年第5期。

袁慧：《农业农村部〈关于扩大农业农村有效投资　加快补上"三农"领域突出短板的意见〉解读》，《农村经济与科技》2020年第14期。

区域报告

Regional Reports

B.18 农业绿色发展模式与机制创新研究

——以平顶山市为例

平顶山市农业农村局课题组*

摘　要： 推进农业绿色发展是农业发展观的一场深刻革命。近年来，平顶山市坚持全绿色理念、全市域统筹、全循环发展、全创新驱动、全产业开发、全社会参与，持续实施"以畜牧业为龙头，发展农牧结合、现代生态循环农业"新思路和"循环农业＋品牌农业＋协同农业"新战略，积极探索农业绿色发展体制机制和发展模式，走出了一条以现代生态循环农业为路径、用生态促发展、用高效换空间、用绿色发展促进农业

---

* 执笔：林胜国，平顶山市农业农村局党组书记、局长；贾宏伟，平顶山市农业农村局副局长；程国强，平顶山市农业农村局总农经师；徐嘉雨，平顶山市农业农村局助理农艺师；张真美，平顶山市农业农村局助理农艺师；赵彦博，平顶山市农业农村局实习生；杨可可，宝丰县农业农村局中级经济师。

高质量转型升级新路径。

关键词： 农业　绿色发展　循环农业　平顶山市

新中国成立以来特别是改革开放以来，中国农业发展出现翻天覆地的变化，实现了跨越式发展，粮食等重要农产品生产能力显著增强，近年来粮食总产量一直保持在1300亿斤以上，使中国人的饭碗牢牢端在自己手中，不仅有力保障了国家粮食安全，也为推进工业化、城镇化进程提供了重要支撑。但在中国农业发展取得这些喜人成绩的背后，由于根深蒂固的传统生产观念和落户生产方式，耕地、水等资源过度开发使用，化肥、农药等农业投入品过量施用，造成农业发展面临着愈趋严峻的资源和环境双重约束。与此同时，随着中国社会经济的持续快速发展，人们的生活水平也不断提高，人们对安全、优质、绿色、特色的农产品需求越来越大，而过去很长一段时间内，以片面追求数量增长为导向的农业发展，造成了现阶段一般农产品供应过剩、高质量农产品供给不足的现象。因此，加快农业供给侧结构性改革，推动农业绿色发展，不仅是破解当前农业发展突出问题的迫切需要，也是满足人民日益增长的美好生活需要的必由之路，更是推进农业现代化、农业可持续发展、实现乡村振兴的必然选择。2017年9月，我国出台《关于创新体制机制推进农业绿色发展的意见》，从完善空间布局、科学保护资源、推进产地环境治理、修复生态体系、完善创新体系等方面，对当前和今后一段时期全国农业绿色发展进行了全面系统的安排部署。

一　平顶山市推进农业绿色发展的现实基础

（一）平顶山市农业基本情况

平顶山市位于河南省中西部，地处伏牛山区与黄淮平原过渡地带和南北气候的交汇区域，下辖 2 市 4 县 4 区和 2 个功能区，共 86 个乡镇 2584 个行政村，面积 7882 平方公里，其中山地、丘陵地区面积约占 76%，耕地面积 389 万亩（以下数据均不含汝州市），乡村人口 180.31 万。拥有大中型水库 169 座和 2 个国家级湿地公园，南水北调中线工程穿境 117 公里，有各类动植物遗传资源 3000 多种。平顶山市地形地貌多样、水土资源丰富、生态环境良好，是中国优秀旅游城市、国家卫生城市、国家森林城市、国家园林城市和国家科技进步先进市。

（二）平顶山市推进农业绿色发展的背景

一方面，平顶山市"因煤而兴，依煤而建"，是国家重要的能源原材料工业基地。作为一个资源型工业城市，其经济发展在国家改革开放的历史进程中高速增长，有力地提升了城市建设，改善了人民生活水平。但是，随着经济发展进入提质增效的新阶段，平顶山市也面临着资源过度消耗的经济转型发展问题。特别是在农业发展上，平顶山市由于丘陵、山地面积占比大，畜牧业较为发达，畜禽养殖粪污的环境污染问题显得尤为突出。另一方面，平顶山市传统农业资源条件不具备优势，2019 年有耕地面积 389 万亩，居全省第 11 位，其中高产田面积 131.4 万亩，占比为 33.78%；中低产田面积 257.6 万亩，占比为 66.22%；人均耕地面积 1.25 亩，比全省人均耕地面积 2.14 亩少 0.89 亩。耕地质量总体较差、人均耕地数量较少、粮食单产低等先天劣势，倒逼该市不能单单走发展粮食生产这一条道路，必须扬长避短、因地制宜，立足发挥地理特色和自然资源优势，坚持质量兴农、绿色兴农、品牌强农，走以循环农业为基础、用生态促发展、用高效换空间、用绿色发展促进农业高质量转型升级的发展道路。

二 平顶山市推进农业绿色发展的系统创新

2014 年以来，平顶山紧紧围绕农民增收、农业转型、农村发展，坚持"绿水青山就是金山银山"发展理念，以资源环境承载力为基准，以解决农业的安全发展问题、可持续发展问题、长期低效益问题、碎片化经营问题为导向，着力调结构、转方式、促改革、抓创新、补短板，全面推动农业绿色发展思想理念、运行模式和体制机制等全方位的系统创新。

（一）思想理念创新

1. 新理念

即"从源头做农业，从安全做农业、从生态做农业、从品质做农业，从健康做农业"。从源头做农业就是保护和利用好土、肥、水、种、气等农业生产基本资源要素；从安全做农业就是把食品安全放在首位，解决好农业的产品安全和农业的环境安全等问题，全面推行标准化生产，建立质量安全可追溯体系，强化农业产品质量监测和监管，确保市场供应的农产品的安全；从生态做农业就是在环境承载力和资源承载力的双重约束下，注重养护修复农业生态系统，通过农业发展优化提升生态环境；从品质、从健康做农业就是准确把握人民群众"由吃饱到吃好、由吃好到吃健康"的需求变化，推进农业品牌化发展，实施农村三次产业融合，不断提高农产品的品质和效益。

2. 新思路

即"以畜牧业为龙头，发展农牧结合、现代生态循环农业发展"。通过循环农业让种植业、养殖业的废弃物变废为宝，实现资源再利用，减少污染，促进种植业、养殖业实现清洁生产、健康发展。以该市鲁山县西北部的山丘地区为例，确定发展林果、食用菌两个主导产业，林果业的枝叶可以用来做食用菌的基料，食用菌的废基料又可以做肥料回到农田，既实现了循环发展利用，又提升了当地农业经济效益。

3. 新战略

即"循环农业+品牌农业+协同农业"，用循环农业盘活种植业、养殖业存量，用品牌农业提升产业发展质量，用协同农业扩大产业优势和增量。例如，该市与上海市商委合作，成功开拓上海目标市场，实现了内、外协同发展；该市与发酵食品国家重点实验室（江南大学）、河南城建学院合作，建立了健康食品协同创新中心，实现了农业、科技协同发展。

4. 新方针

即"全绿色理念、全市域统筹、全创新驱动、全循环发展、全产业开发、全社会参与"。平顶山市把农业绿色发展理念贯穿于农业发展的各个环节当中，坚持以种定养、以养促种的原则，以全市为整体系统配置、安排，利用辖区内各县（市、区）农业资源，全产业绿色发展、全社会积极参与的新格局正在快速形成。

5. 新目标

即打造农业"安全、生态、品质、价值"四个高地。打造农业安全高地是底线，打造农业生态高地是基础，打造农业品质高地是目标，打造农业价值高地是目的。该市致力于通过四个高地的打造，使其农业成为绿色发展、可持续发展、高质量发展的样板和示范。

（二）运行模式创新

探索总结出不同生态类型、不同作物品种、不同生产环节的可复制、可推广的农业绿色发展典型模式，共同构建中国农业绿色发展的"解决方案"，是国家农业绿色发展先行区建设的主要目标任务之一。近年来，平顶山市结合自身农业资源禀赋、产地环境特色，在实践探索中形成了一批有推广价值的农业绿色发展典型模式。

1. "百亩千头生态方"种养结合循环发展模式

该模式"可复制、可推广、可持续"，是平顶山市推进国家农业绿色发展先行区（国家农业可持续发展试验示范区）建设的主推模式，在占用面积同等的情况下，种养结合的综合效益相当于传统纯种植的10倍以上。其特点主要体现在以下几方面。一是种养平衡循环发展。按照"以种定养、以养促种"的原则，每100~200亩耕地作为一个生产单元，配套建设一条生猪养殖生产线，占地约3亩，年出栏两批，共约2000头生猪，生猪排泄的粪污经综合处理设施无害化处理后，通过田间铺设管道就地消纳利用。二是轮作休耕培肥地力。每年将生产单元中20%的耕地用于休耕，集中消纳养殖粪便，实现一生产季浇灌休耕、一生产季播种收获，土壤有机质含量明显提升。据该市康龙实业集团进行的田间试验，中低产田地区经过2~3年的土壤改良，地力水平可提升1~2个等级。三是带动贫困户增收。利用财政资金在贫困村建设"百亩千头生态方"，实行第三方租赁经营，每个"百亩千头生态方"年租金5万元，其中70%用于帮扶贫困户，另外30%作为村集体经济收入，被誉为"竖在田间地头的扶贫车间"。四是抵御疫情效果明显。由于该模式下生猪养殖线规模小、通风好、环境优，在抵御生猪疫情上效果非常明显，自2018年"非洲猪瘟"疫情暴发以来，全市所有"百亩千头生态方"内生猪没有出现一例确诊病例。"百亩千头生态方"种养结合循环农业发展模式适用性强，适合在浅山丘陵等符合养殖用地要求的地区建设实施，也是中低产田地区改良土壤、提升耕地地力的有效模式，已由农业农村部在全国范围内进行推广。截至2020年8月，全市已发展"百亩千头生态方"354个，共带动贫困户7231户，户均增收3000元以上。

2. 创新农业废弃物无害化处理与资源化利用模式

平顶山根据各地地理环境差异和种养生产习惯，将全市划分为绿色高产高效农业区、种养结合示范区、山水生态涵养带3个区域，分别针对各区域内大中小型标准养殖场、生态种植基地、有机肥厂等不同生产经营主体的不同现实需求，经多年积极探索、总结提炼，形成了"农牧结合、就近利用""就地还田、直接利用""协议消纳、异地利用""无害处理、集中利用""加工制肥、分散利用""林牧结合、自然利用"等六种农业废弃物无害化处理与资源化利用模式。截至2020年8月，全市已培育康龙实业、瑞亚牧业、国润牧业、绿禾农业、佳尚农业等各类生态循环农业企业210多家，共拥有大中型沼气工程25个，年产沼气总量超过6.5万立方米；有950多家养殖企业与种植户签订了粪污消纳协议，覆盖耕地面积80万亩；已建成1座满足全市需求的病死畜禽无害化处理场和覆盖全市的病死动物收集体系，年处理能力可达30万头；已建设9条有机肥生产线，年产量超过50万吨。

3. 创新全产业链发展模式

平顶山把上海作为农产品销售目标市场，探索创新了"目标市场+龙头企业（合作社）+基地+农户"发展模式，经过不断的开拓和深耕，被上海市商委确定为优质农产品外延保障基地，双方实现了共赢发展。该模式以"龙头企业+合作社"为核心，通过建立密切利益联结机制，上联上海高端销售市场，下联平顶山农业生产基地，将从基地生产到市场销售各环节的经营主体紧密结合在一起，建立了完整、高效、稳定的全产业链，大大提升了农业发展抵御风险、开拓市场、提升品牌的效率和效益。以平顶山市现代农牧合作总社为例，截至2020年8月，该社已发展社员200多家，辐射带动周边5个省辖市，形成全程可追溯的生猪全产业链，年产优质生猪200万头，主供上海目标市场。

4.创新"政、融、保+合作社"协同支农发展模式

近年来，平顶山市政府与合作社、保险公司、银行实行多方合作，由市政府、合作社共同出资建立资金池，保险公司为合作社社员提供担保，合作银行再放大贷款，着力解决农业融资难、融资贵、风险高等问题。截至2020年8月，金融服务平台授信能力达37.1亿元，已累计发放贷款13亿元，有效解决了农业企业的"贷款难"问题。

（三）体制机制创新

农业绿色发展离不开体制机制保障，需要用正向激励政策与反向约束制度双重发力。近年来，平顶山市坚持系统思维、创新思维，不断强化顶层构建设计，创新总结符合本区域特点的农业绿色发展体制机制。

1.构建农业绿色发展政策体系

平顶山市坚持以绿色生态为导向构建农业发展政策体系，先后出台了涉及全域现代生态循环农业发展、国家农业可持续发展试验示范区建设、农业绿色发展先行先试、高效种养业和绿色食品业转型升级等规划、工作方案或行动方案，不断完善推动农业绿色发展、可持续发展的政策支持体系。如规划35个支撑项目、总投资167.09亿元，用于农业主体功能与空间布局优化、产地环境保护与治理、农业生态系统养护修复等；规划50个重点项目、总投资618亿元，用于推进"农业产业、资源环境、农村社会"可持续发展。

2.建设农业绿色发展先行先试支撑体系

县域是实施农业绿色发展的最基本单元，规模适中、边界清晰，易操作、可评估、可复制，具有示范效应。随着国家农业绿色发展先行区的重点转向支撑体系建设试点县，平顶山市宝丰县作为全国82个支撑体系建设试点县之一，编制了专项建设方案，着力构建农业绿色发展的技术体系、产业体系、经营体系、标准体系、政策体系、数字体系等六大体系。

3.建立国家重要农业资源台账制度

土地、水、气候、生物等重要农业资源是发展农业生产、实现农业现代化的基础。平顶山市制定了《平顶山市2019年国家重要农业资源台账制度建设工作方案》，组织农业农村、水利、林业、自然资源、气象等相关部门，录入并完善了2009~2018年国家重要农业资源指标数据，以及2018年农户农业资源台账数据，为实现对农业资源数量、质量和分布的常态化、制度化、规范化监测评价管理奠定了坚实基础，被评为"2019年度国家重要农业资源台账制度建设先进单位"。

4.建立农业产业负面清单制度

农业产业准入负面清单是以县为制定单位、以清单形式公开列明特定区域内不符合农业生态文明、绿色发展要求的限制类、禁止类产业以及产业发展管制措施。平顶山市以区域农业资源环境承载力为基准，综合考虑水土资源环境、区域发展功能定位、产业发展重点规划等多种因素，印发了《关于建立农业产业负面清单制度的通知》，合理确定农业产业开发强度、发展规模和管制措施，并邀请农业农村部、中国农业科学院相关专家进行了论证指导。截至2020年8月，该市辖区内宝丰县、舞钢市、郏县等5个县（市、区）正式发布农业产业负面清单，是全国第二个、河南省第一个发布农业产业负面清单的。

5.建立农业绿色发展技术体系

绿色发展技术体系是推进农业绿色发展的核心要义，具有农业绿色发展的革命性意义，首先就是要在技术体系建设上进行突破。平顶山市从农业生产实际出发，聚焦主导产业、主推品种、重点环节，突出技术集成创新，编写了《平顶山市农业绿色发展技术体系指导意见（2020年版）》，全面构建高效、安全、低碳、循环、集成的农业绿色发展技术体系。

三 平顶山市推进农业绿色发展的阶段性成效

经过近几年的大力推进，平顶山市农业绿色发展取得明显成效，该市先后被确定为第一批国家农业绿色发展先行区（国家农业可持续发展试验示范区）、上海市优质农产品外延（平顶山）保障基地、河南省现代生态循环农业试验区、河南省生态畜牧业示范市。截至2019年底，国家农业绿色发展先行区（国家农业可持续发展试验示范区）建设的农业生产、农业资源、农业环境、农业生态、农民生活等5项一级指标17项二级指标（见表1），均比2015年创建初期有了明显提升。

表1 国家农业绿色发展先行区建设指标

一级指标	二级指标	单位	属性	权重	设定依据
农业生产	高标准农田面积比重	%	预期性	13.8	《全国高标准农田建设总体规划》
	畜禽养殖规模化率	%	预期性	4.6	《国家现代农业示范区建设水平监测评价办法(试行)》
	水产标准化健康养殖比重	%	预期性	4.6	《全国农业现代化规划(2016—2020年)》
	绿色、有机、地理标志农产品比重	%	预期性	2.5	《国家生态文明建设示范村镇指标(试行)》
农业资源	耕地保有率	%	约束性	8	《全国农业现代化规划(2016—2020年)》
	土壤有机质含量	%	约束性	6	《耕地草原河湖休养生息规划(2016—2030年)》
	农田灌溉水有效利用系数	/	约束性	6	《耕地草原河湖休养生息规划(2016—2030年)》
农业环境	化肥施用强度(折纯量)	公斤/亩	约束性	6.3	《国家生态文明建设示范村镇指标(试行)》
	农药施用强度(折百量)	公斤/亩	约束性	6.3	《国家生态文明建设示范村镇指标(试行)》

续表

一级指标	二级指标	单位	属性	权重	设定依据
农业环境	秸秆综合利用率	%	约束性	3.3	《美丽乡村建设指南》(GB32000-2015)
	农膜回收利用率	%	约束性	3.3	《美丽乡村建设指南》(GB32000-2015)
	畜禽养殖粪污综合利用率	%	预期性	3.3	《美丽乡村建设指南》(GB32000-2015)
农业生态	农田林网控制率	%	约束性	7	《全国平原绿化三期工程规划(2011—2020年)》
	森林覆盖率	%	约束性	7	《林业发展"十三五"规划》
农民生活	农村居民人均可支配收入年增长率	%	预期性	10	《全国农村经济发展"十三五"规划》
	农村生活垃圾处理率	%	约束性	4	《美丽乡村建设指南》(GB32000-2015)
	农村生活污水处理率	%	约束性	4	《国家生态文明建设示范村镇指标(试行)》

（一）生产能力大幅提高

平顶山市严格落实"藏粮于地、藏粮于技"战略，高标准农田建设取得重大进展，2019~2020年新争取高标准农田建设项目指标71万亩，相当于过去16年的总建设规模，2019年全市粮食总产量达183.49万吨，再创历史新高。

（二）生态环境明显改善

农业面源污染得到有效治理，2019年，农药施用量（折百量）从0.15公斤/亩降至0.114公斤/亩，畜禽养殖粪污综合利用率从74.4%提高至91.8%，土壤有机质含量从2.01%提高至2.36%，土壤质量环境综合评价位居全省前列；农田灌溉水有效利用系数从0.58提高至0.62，省

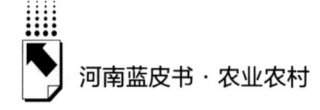

控地表水责任目标断面累计达标处于全省前列，饮用水源地水质均达到二类以上。

（三）产业结构不断优化

2019年，全市调减籽粒玉米45万亩，发展优质专用小麦27.5万亩、优质大豆31.2万亩、优质花生40.7万亩，建成富硒小麦示范基地2万亩，肉类总量达31.74万吨、禽蛋产量达14.49万吨、奶产量达11.33万吨，畜牧业产值占农业总产值的比重超过40%，稳居全省前列。

（四）农产品品质显著提升

2019年，全市发展粮食烘干设施121台套，烘干能力达全市玉米总产量的50%，有效解决了玉米黄曲霉素超标问题。近年来粮食收购质量全部达到二级以上、位居全省前列；绿色、有机及地理标志农产品比重达到28.97%，增长幅度超过10个百分点，辖区内舞钢市全国绿色食品原料标准化生产基地通过考核验收。

（五）人居环境有效整治

平顶山实施了人居环境改善三年行动计划，大力开展"千村整治、百村示范"活动，2019年，农村生活垃圾处理率达从22%提高至99%，农村生活污水处理率从4.5%提高至20%，2019年户改厕完成12.6万户；实施了100个休闲农业发展计划，大力发展乡村旅游，全市发展休闲农业经营主体643个，建成休闲农业园区40多个、都市生态农业示范区8个。

（六）农民收入持续增加

2019年，生态小麦收购价每公斤高出市场价0.2元，供沪生猪每公斤高出市场价0.6元，"郏县红牛"每公斤高出市场价2元，有效提高了农民收入水平。2014~2019年，农民人均可支配收入平均增幅9%以上，均高于城镇居民人居可支配收入增幅。

四 平顶山市推进农业绿色发展的经验与启示

平顶山市农业绿色发展的理念,扎根于生态循环的"土壤",深受当地农民群众、农业企业的拥护,具有强劲的内生活力,其经验对全省其他地区有积极的借鉴意义。

(一)系统规划,统筹配置资源

推进农业绿色发展需要系统性规划,做到一张蓝图绘到底,要始终把城镇、乡村看作一个有机整体,综合考虑、统筹配置各县(市、区)农业资源,最大限度发挥各区域农业资源比较优势,确保城镇与乡村之间、县域与县域之间,实现取长补短、相互促进、均衡发展。

(二)因地制宜,探索典型模式

典型模式代表着一个地区高效率农业生产方式的标准样式,具有普遍性和推广性。河南省地域广阔,不同地区的地质条件、气候条件均有所差异,各地应根据实际情况,深入研究农业绿色发展内在规律,不断挖掘自身农业资源优势,通过试点探索、综合集成、总结推广,形成适用于区域发展的典型模式。

(三)夯实保障,激发要素活力

推进农业绿色发展是一项长期性、综合性工程,当前,全省大部分地区仍处于起步阶段,需要进一步完善体制机制、强化组织保障,通过财政投入引导、吸引社会资本、创新金融模式等方式,营造适宜农业绿色发展的政策环境、营商环境,打通人才、金融、土地等生产要素有序流动渠道,不断提高要素配置效率,激发农业农村内生动力和活力。

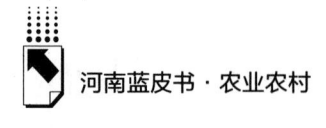

参考文献

商寅泉：《实施乡村振兴战略促进农业农村绿色发展》，《中国产经新闻》2020年6月30日。

余欣荣：《全面推进农业发展的绿色变革》，《人民日报》2018年2月8日，第10版。

刘连馥主编：《中国绿色农业发展报告（2019）》，中国农业出版社，2019。

杨鹏等：《中国农业绿色发展报告（2019）》，中国农业出版社，2020。

方琳娜、尹昌斌、陈世雄：《农业产业准入负面清单制度研究》，《中国农业资源与区划》2018年第11期。

B.19
河南省农业生产效率差异及提升对策研究[*]
——基于新乡市小农户和家庭农场的调查数据分析

刘依杭[**]

摘　要： 统筹兼顾扶持小农户和培育新型农业经营主体，是实现小农户和现代农业发展有机衔接的有效途径。本报告基于对河南省新乡市236户不同规模农户的调查数据，利用DEA模型和Tobit回归模型，分析了小农户和家庭农场农业生产效率差异及影响机制。结果表明，家庭农场农业生产效率明显高于小农户，在影响因素方面，土地肥沃程度与农业技术指导对小农户和家庭农场的农业生产效率均有显著正向影响；家庭农场更倾向于通过提高受教育程度和增加单块耕地面积来提升农业生产效率；而小农户农业生产效率对农户年龄和从事农作物种植年限呈现出较强的依赖性。基于此，建议有针对性地加大农业技术指导，适度扩大农业生产经营规模，加强小农户与新型农业经营主体之间的合作与联合，促进农业生产向高质量发展。

关键词： 小农户　家庭农场　农业生产效率　河南省

---

[*] 本报告为河南省社科规划青年项目"新时代河南小农户参与农业全产业链的选择偏好及路径研究"（20E17）的阶段性研究成果。
[**] 刘依杭，河南省社会科学院农村发展研究所助理研究员，主要研究方向为农业经济与管理。

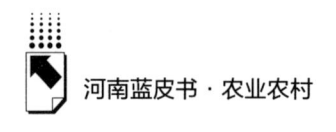

一 引言

粮食安全是关系国计民生的全局性重大战略问题。自党的十八大以来，我国确定了"谷物基本自给，口粮绝对安全"的国家粮食安全战略，党的十九大报告也再次强调"把中国人的饭碗牢牢端在自己手中"。粮食作为土地密集型农产品，受耕地资源状况影响较大，随着新型工业化、城镇化和农业现代化的加快推进，越来越多的农村劳动力向非农领域转移，为扩大农业适度规模经营，提高粮食生产力创造了良好条件。河南作为农业大省、农村人口大省，目前仍有许多小规模农户存在于农业生产领域，小农户与新型农业经营主体并存的现象仍将长期存在。在此客观背景下，如何推动多种形式的合作与联合，促进小农户和现代农业发展有机衔接，提升粮食综合生产能力，已成为河南亟待解决的现实问题。

鉴于此，本报告将利用河南省新乡市的调查数据，对传统小农户和家庭农场两种不同规模农户的农业生产投入情况进行比较分析，研究当前多种农业经营主体并存形势下，不同规模农户的农业生产效率是否存在显著差异，以及哪些因素是影响其生产效率的关键因素，从哪些方面予以改进等，以期在提升河南农业生产效率的研究上能有所推进。

二 数据来源及研究方法

（一）数据来源

本报告研究数据来源于2019年7~9月课题组在小麦主产区河南省新乡市进行的实地调查。从所选地级市选择下辖的2个县，随机选取下辖的2个乡镇，再随机选取2~4个行政村，最后随机抽取8~10个农户。基于科学性、数据多样性和可获得性的原则，对新乡市小农户和家庭农场的农业生产投入情况进行调查。在调研样本量的选取上，通过对调研地获得的数据进行分层随机抽取，共随机抽取小农户174户、家庭农场86户。本报告将种植规模在50亩及以上的样本界定为家庭农场，将种植规模在50亩以下的样本界定为小农户。此次共收回调查问卷260份，其中有效问卷236份（158份小农户，78份家庭农场）。问卷主要涉及两种不同规模农户的个人禀赋、家庭禀赋、农业投入产出、农业技术指导等相关信息。两种不同规模农户的样本分布中，小农户所占比例较大，占样本总数的66.95%，家庭农场占33.05%。

（二）研究方法

本报告基于DEA-Tobit二阶段模型对不同规模农户的农业生产效率及其影响因素进行实证分析。首先，利用数据包络分析法（DEA）对农业生产效率进行测度，并将农业生产效率值作为因变量，以各种影响农业生产效率的因素作为自变量，采用Tobit回归分析，判断各因素对不同规模农户农业生产效率的影响。

1. 数据包络分析法

生产效率的测度方法主要有指标分析法和前沿分析法两类。其中指标分析法属于绝对效率指标，主要用于评价企业财务状况和经营情况；前沿分析法根据是否已知生产函数的具体形式分为参数法和非参数法，前者以随机前沿分析（SFA）为代表，后者以数据包络分析为代表。数据包络分析是用于评价具有相同类型的多投入、多产出决策单元的相对效率的线性规划方法，其主要优点是可以对多个决策单元进行比较，而且不需要假设具体的生产函数形式，直接把每个农户作为决策单元，并根据Fare等改造的方法，以决策单元的投入和生产指标构建生产最佳前沿面，从而测度每个农户的农业生产相对效率。落在最佳前沿面上的决策单元，其效率值为1；未落在最佳前沿面上的决策单元则为无效，效率值介于0~1。在运用的数据包络分析方法中，最具代表性的DEA模型分为规模报酬不变的CCR模型和规模报酬可变的BCC模型。由于研究问题侧重点不同，DEA模型可以进一步划分为投入导向型和产出导向型。本报告旨在分析不同规模农户的农业生产效率，因此将农作物产量定为产出，将人工投入、化肥投入、机械投入、其他经营性投入定为投入。通常来说，农作物的产量是不可控变量，但投入是可控变量。因此，结合实地调研情况，本报告将采用投入导向型的规模报酬可变模型对不同规模农户的农业生产效率进行测度。具体函数形式如（1）式：

$$\min[\theta - \varepsilon(e^t s^- + e^t s^+)]$$

$$\begin{cases} \sum_{i=1}^{n} \lambda_i x_i + s^- = \theta x_0 \\ \sum_{i=1}^{n} \lambda_i y_i - s^+ = y_0 \\ \sum_{i=1}^{n} \lambda_i = 1 \end{cases} \quad (1)$$

$$\lambda_i \geq 0; i = 1, 2, \cdots, n; s^- \geq 0, s^+ \geq 0$$

（1）式中，x_i 和 y_i 分别表示投入要素和产出要素，n 为决策单元的个数；ε 为非阿基米德无穷小量，在以往文献中通常设定为极小的正数；λ_i 为各决策单元系数；e^t 是单行向量；s^- 和 s^+ 分别为投入和产出的松弛变量；θ 为决策变量（$0 \leq \theta \leq 1$），即决策单元的生产效率，当 $\theta = 1$ 时，则为决策单元技术有效，当 $\theta < 1$ 时，则为决策单元技术无效；x_0 和 y_0 分别是决策单元的原始投入和产出指标。

2. Tobit 模型

在 DEA-BCC 模型对农业生产效率进行评价的基础上，采用 Tobit 回归模型进行第二阶段的农业生产效率影响因素分析。Tobit 模型的函数表达式如（2）式：

$$y_i^* = \beta^t x_i + \varepsilon_i \\ i = 1, 2, \cdots, n; y_i = y_i^*, 若 y_i^* > 0, y = y_i^*; 若 y_i^* \leq 0, y = 0 \quad (2)$$

（2）式中，y_i^* 为潜变量；y_i 为观察到的实际因变量；x_i 为自变量；β 为相关系数向量；ε_i 为随机误差项且 $\varepsilon_i \sim N(0, \sigma^2)$。

三 指标选取及统计性描述

(一) 不同规模农户农业投入与产出情况

通过实地调查数据，本报告将不同规模农户的投入和产出进行效率分析，共选取4个投入指标，即人工投入、化肥投入、机械投入、其他经营性投入；产出指标为单位面积农作物产量。

从投入和产出情况来看（见表1），不同规模农户之间存在差异。在产出方面，家庭农场单位面积农作物平均产量为6249kg/hm^2，小农户单位面积农作物平均产量为6368kg/hm^2。从要素投入来看，除化肥投入以外，其他投入要素的分布情况均有较大差异。在人工投入上，家庭农场人工投入为169d/hm^2，约为小农户人工投入332d/hm^{2}的一半；在机械投入上，家庭农场机械投入为2139元/hm^2，比小农户机械投入高298元/hm^2；在其他经营性投入上，家庭农场其他经营性投入为758元/hm^2，小农户其他经营投入为1083元/hm^2，小农户明显高于家庭农场。说明由于小农户和家庭农场的土地经营规模不同，因此家庭农场的机械投入取代了人工投入，从而形成人工投入低，机械投入高的现象。

表1　不同规模农户农业投入和产出情况

不同规模农户	类别	单位面积农作物平均产量（kg/hm^2）	人工投入（d/hm^2）	化肥投入（元/hm^2）	机械投入（元/hm^2）	其他经营性投入（元/hm^2）
家庭农场	平均值	6249	169	2302	2139	758
	标准差	841	46	244	366	271
	最大值	7648	298	3249	3249	1259
	最小值	4750	87	1490	1490	284
小农户	平均值	6368	332	2255	1841	1083
	标准差	741	152	338	501	217
	最大值	8112	812	3154	3656	1760
	最小值	4116	108	1408	271	244

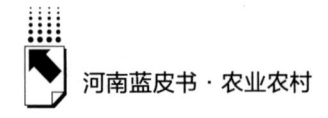

（二）不同规模农户农业生产效率影响因素的特征统计

为有效分析不同规模农户农业生产效率差异的影响，在指标选取上从不同角度综合分析各影响因素，并不受农户的主观意识控制。其影响因素可分为农户特征、经营特征、自然地理特征；根据各指标特征采用 Tobit 模型分析不同规模农户农业生产效率的差异。

农户特征包括农户年龄、农户受教育水平、农业收入占总收入比例。由于农业在生产过程中需要投入一定的体力和技术，因此农户年龄越大，相对而言体力状况也就越差，从而导致农业生产效率降低。而受教育水平越高，则意味着吸收新技术和抗御风险的能力越强，从而能够有效促进农业生产效率的提升。农业收入占总收入比例越大，则表明农业收入对家庭的贡献越大，农户更加依赖农业生产，更倾向于通过引入新技术来提高农业生产效率。

经营特征包括农作物种植面积、农户从事农作物种植年限、农业技术指导。通常认为，农作物种植面积越大，分摊到单位面积土地上的劳动力和资本的数量就会越少，农业生产效率就会降低。农户从事农作物种植的年限越长，对农作物种植过程中的经验感知就越丰富，可能会对农业生产效率产生正向的影响。农业技术指导，通常意味着可以较快采用新品种、新技术或植保措施，这将对提高和稳定农作物产量产生积极作用。

自然地理特征包括土地肥沃程度、土地细碎化程度。一般认为土地越肥沃，相同投入获得的产量就越多，农业生产效率也就越高。土地细碎化程度越高，则意味着越不便于农户大面积机械化作业，从而阻碍农业生产效率的提高。本报告通过农户的单块耕地面积来表示土地细碎化程度，以此对农业生产效率影响进行验证。

从影响不同规模农户农业生产效率的因素及其指标来看（见表2、表3），家庭农场农作物种植面积远远高于小农户，在样本数据中最大值为 25.33hm^2。家庭农场农户平均受教育水平均值为 1.61 年，比小农户平均受教育水平均值略高，土地肥沃程度比小农户也略好。在农业收入占总收入比例中，家庭农场农业收入占总收入81%，明显高于小农户，说明家庭农场对农业生产具有高度的依赖性。从农业技术指导的情况来看，59%的家庭农场接受过农业技术指导，而小农户接受农业技术指导的只有29%，主要原因是小农户更多是依靠经验积累来种植。

表2 不同规模农户农业生产效率影响因素的指标选取

变量	变量解释
农作物种植面积	单位为 hm²
农户受教育水平	小学及以下 =1；初中 =2；高中/中专 =3；大专及以上 =4
农户年龄	≤40 岁 =1；41~50 岁 =2；51~60 岁 =3；60 岁以上 =4
农户从事农作物种植年限	≤10 年 =1；11~20 年 =2；21~30 年 =3；31~40 年 =4；40 年以上 =5
单块耕地面积	单位为 hm²
土地肥沃程度	贫瘠 =1；一般 =2；肥沃 =3
农业收入占总收入比例	介于 0~1
农业技术指导	无 =0；有 =1

表3 不同规模农户农业生产效率影响因素的特征统计

不同规模农户	类别	农作物种植面积	农户受教育水平	农户年龄	农户从事农作物种植年限	单块耕地面积	土地肥沃程度	农业收入占总收入比例	农业技术指导
家庭农场	平均值	8.96	1.61	2.62	2.90	3.11	1.91	0.81	0.59
	标准差	9.32	0.55	0.68	0.85	2.04	0.59	0.11	0.44
	最大值	25.33	4.00	4.00	5.00	7.03	3.00	0.90	1
	最小值	3.50	1.00	1.00	1.00	1.51	1.00	0.47	0
小农户	平均值	0.77	1.49	2.57	3.00	0.29	1.78	0.30	0.29
	标准差	0.61	0.52	0.87	1.17	0.24	0.67	0.22	0.43
	最大值	3.15	3.00	4.00	5.00	1.36	3.00	0.86	1
	最小值	0.13	1.00	1.00	1.00	0.07	1.00	0.05	0

四 实证结果及分析

(一)不同规模农户农业生产效率测度及对比分析

基于DEA模型对不同规模农户农业生产效率测度的结果表明(见表4),小农户和家庭农场在农业生产效率上存在显著差异。第一,家庭农场的平均农业生产效率为0.750,高于小农户的平均农业生产效率(0.647)。第二,从各规模层平均农业生产效率来看,家庭农场经营规模在4.00hm^{2}以下时农业生产效率最低,而此后随着经营规模的增大农业生产效率也开始提高,当经营规模为8.00~20.00hm^{2}时农业生产效率达到最高,经营规模大于20.00hm^{2}时农业生产效率开始有所下降。而小农户经营规模在0.35~0.70hm^{2}时农业生产效率最低,说明经营规模在0.35hm^{2}及以下时,由于耕地面积小,小农户对农作物的种植大部分是以精耕细作为主,因此农业生产效率较高;当经营规模大于0.70hm^{2}时,农业生产效率随着经营规模的增大而逐渐提高。

表4 不同规模农户各规模层平均生产效率

家庭农场		小农户	
各规模层(hm^2)	平均农业生产效率	各规模层(hm^2)	平均农业生产效率
>20.00	0.764	>2.00	0.689
8.00~20.00	0.809	1.40~2.00	0.653
4.00~8.00	0.749	0.70~1.40	0.648
≤4.00	0.694	0.35~0.70	0.602
		≤0.35	0.677
平均值	0.750	平均值	0.647
最大值	1.000	最大值	1.000
最小值	0.595	最小值	0.437

从不同规模农户农业生产效率值分布情况来看(见表5),在调查样本中,有70户的农业生产效率值介于0.7~0.8,占总样本量的29.66%;农业生产效率值达到1的共12户,占比5.08%。家庭农场农业生产效率值均

在0.6以上，超过一半以上的农业生产效率值介于0.7~0.9；小农户有24户农业生产效率值在0.6以下，超过一半以上的农户农业生产效率值介于0.6~0.8。从规模效率分布情况来看，在调查样本中，处于规模效率递增阶段的农户共有188户，占总样本量的79.66%；其中家庭农场有56户，小农户有132户，分别占各主体样本量的71.79%和83.54%。

表5 不同规模农户农业生产效率值分布

单位：户，%

农业生产效率值	全部		家庭农场		小农户	
	农户数	占比	农户数	占比	农户数	占比
$\eta = 1.0$	12	5.08	10	12.82	2	1.27
$0.9 \leq \eta < 1.0$	20	8.47	14	17.95	6	3.80
$0.8 \leq \eta < 0.9$	48	20.34	23	29.49	25	15.82
$0.7 \leq \eta < 0.8$	70	29.66	19	24.36	51	32.28
$0.6 \leq \eta < 0.7$	62	26.27	12	15.38	50	31.65
$0.5 \leq \eta < 0.6$	21	8.90	—	—	21	13.29
$0.4 \leq \eta < 0.5$	3	1.27	—	—	3	1.90
规模效率递增	188	79.66	56	71.79	132	83.54
规模效率不变	22	9.32	12	15.38	10	6.33
规模效率递减	26	11.02	10	12.82	16	10.13

从不同规模农户的投入冗余情况来看，在调查样本中，各要素投入冗余率约为20%，家庭农场各要素投入冗余率普遍低于小农户，约为小农户各要素投入冗余率的1/2（见表6）。说明不同规模农户在农业生产过程中均存在要素投入过度的情况，家庭农场在各要素投入匹配方面比小农户更合理。

表6 不同规模农户平均投入冗余率

不同规模农户	平均农业生产效率	生产投入冗余率(%)			
		人工	化肥	机械	其他
家庭农场	0.750	9.26	11.35	11.29	13.55
小农户	0.647	20.94	20.04	24.42	26.95
全部	0.669	18.51	18.20	21.67	24.14

（二）不同规模农户农业生产效率影响因素分析

通过采用Tobit模型对不同规模农户的农业生产效率影响因素进行分析，以不同规模农户的农业生产效率值作为因变量，以影响农业生产效率的各因素作为自变量。结果表明，影响小农户和家庭农场农业生产效率的主要因素存在显著差异（见表7）。

第一，农户受教育水平对家庭农场农业生产效率具有正向影响，并通过了显著性检验，但对小农户农业生产效率的影响并未通过显著性检验。说明小农户农业生产以传统生产要素和种植经验为主，缺乏科学的种植意识；而家庭农场对于新技术、新品种、新管理等外界信息敏感，对引入现代生产要素的意愿和需求强烈；受教育水平越高，选择新品种和接受新技术的能力越强，因此对家庭农场的影响较大。

第二，农户年龄和农户从事农作物种植年限对小农户农业生产效率具有正向影响，并通过了显著性检验，但对家庭农场农业生产效率的影响并未通过显著性检验。说明随着农户年龄和农户从事农作物种植年限的增加，小农户对农作物种植的经验就会越丰富，从而能促进农业生产效率的提升；而家庭农场农业生产经营一般较重视科学技术的投入，因此农户年龄和农户从事农作物种植年限对农业生产效率的影响并不显著。

第三，土地肥沃程度对小农户和家庭农场农业生产效率都具有正向影响，并通过了显著性检验；但单块耕地面积对家庭农场农业生产效率具有正向影响，对小农户农业生产效率的影响未通过显著性检验。说明无论是小农户还是家庭农场，土地肥沃或贫瘠都对农作物产出产生了较大影响；但对于单块耕地面积而言，由于家庭农场在土地流转机制下形成了较大的经营规模，因此能产生较大的规模效应降低生产成本，提高农业生产效率；而小农户由于空间上互不相连的单块耕地面积较小，通常无法实现地块的经济规模效应，因此对小农户农业生产效率的影响并不显著。

第四，农业技术指导对小农户和家庭农场农业生产效率都具有正向影响，并通过了显著性检验。由于农业技术指导有助于提升农业种植现代化水平，降低农业生产风险，提高经济效益，因此从某种意义上讲，对小农户和家庭农场农业生产效率提升都具有促进作用。

第五，农作物种植面积和农业收入占总收入比例对小农户和家庭农场农业生产效率的影响未通过显著性检验，说明农作物种植面积和农业收入占总收入比例对农业生产效率的影响只具有一定的方向性。

表7 Tobit模型参数估计结果

变量	常数项	农作物种植面积	农户受教育水平	农户年龄	农户从事农作物种植年限
家庭农场	0.517***（-7.42）	0.132（-0.45）	0.441***（-2.94）	-0.014（-1.28）	0.007（-0.93）
小农户	0.446***（10.63）	0.347（-0.17）	-0.009（-0.71）	0.016**（-2.08）	0.011**（-2.16）

变量	单块耕地面积	土地肥沃程度	农业收入占总收入比例	农业技术指导
家庭农场	0.061**（-4.06）	0.055***（-4.06）	-0.029（-0.36）	0.064***（-3.48）
小农户	0.000（-0.09）	0.054***（-6.50）	-0.007（-0.13）	0.053***（-3.72）

注：***、**、*分别表示在1%、5%、10%水平下显著，括号内为T统计量。

五 主要结论及对策建议

本报告基于河南省新乡市的抽样调查数据，分析了不同规模农户农业生产效率差异及其影响因素。通过DEA模型生产效率测度和Tobit模型估计结果研究发现，第一，不同规模农户农业生产效率存在显著差异，家庭农场农业生产效率明显高于小农户；在农业生产效率值分布上，家庭农场农业生产效率值一半以上介于0.7~0.9；小农户农业生产效率值一半以上介于0.6~0.8。第二，在调查样本中，处于规模效率递增阶段的农户占总样本量的79.66%，其中家庭农场、小农户分别占各主体样本量的71.79%和83.54%。从投入冗余情况来看，在调查样本中，各要素投入冗余率约为20%，家庭农场各要素投入冗余率普遍低于小农户，说明在农业生产过程中还存在要素投入过度的情况，需要合理优化各要素投入的比例结构，提高农业生产效率。第三，影响不同规模农户农业生产效率的因素存在显著差异，但土地肥沃程度和农业技术指导对小农户和家庭农场农业生产效率都有显著的影响，农户受教育水平和单块耕地面积对家庭农场农业生产效率影响显著，农户年龄和农户从事农作物种植年限对小农户农业生产效率影响显著。

基于上述分析，本报告提出如下对策建议。第一，加强农业技术指导，开展农作物品种改良及配套技术研究与示范推广，通过田间指导和技术研修等方式提高农户对新技术、新模式的接纳能力和应用能力。第二，适度扩大生产经营规模，鼓励创新土地流转形式，加快建立土地流转平台，规范土地流转程序，引导和支持小农户土地流转，促进规模经营发展，从而获得最佳的经济效益。第三，加强新型农业经营主体培育，充分挖掘、发挥其辐射带动作用，鼓励家庭农场、种粮大户、农民合作社等新型农业经营主体或服务主体成为技术采纳的引领者和示范者，通过组建家庭农场、农民合作社、产业化联合等多种形式带动小农户发展新产业、新业态，拓展增收空间。第四，加强土壤改良，有效改善土壤质量，加大对农田基础设施和改良土壤质量的投入，建立耕地保护经济补偿制度，因地制宜地选择耕地修复路径，调动小农户和家庭农场等主体或服务主体参与土壤提质的积极性，增强农业竞争力，使其进入高质量发展的良性轨道。

参考文献

蔡荣、汪紫钰、杜志雄：《示范家庭农场技术效率更高吗？——基于全国家庭农场监测数据》，《中国农村经济》2019年第3期。

杜志雄：《家庭农场：乡村振兴战略中的重要生产经营主体》，中国经济网，2018年1月23日，http://www.ce.cn/xwzx/gnsz/gdxw/201801/23/t20180123_27863182.shtml。

刘依杭：《新时代构建我国现代农业产业体系的若干思考》，《中州学刊》2018年第5期。

曲朦、赵凯、周升强：《耕地流转对小麦生产效率的影响——基于农户生计分化的调节效应分析》，《资源科学》2019年第10期。

张德元、宫天辰：《"家庭农场"与"合作社"耦合中的粮食生产技术效率》，《华南农业大学学报》（社会科学版）2018年第4期。

张红宇：《中国现代农业经营体系的制度特征与发展取向》，《中国农村经济》2018年第1期。

张瑞娟、高鸣：《新技术采纳行为与技术效率差异——基于小农户与种粮大户的比较》，《中国农村经济》2018年第5期。

曾雅婷、吕亚荣、刘文勇：《农地流转提升了粮食生产技术效率吗——来自农户的视角》，《农业技术经济》2018年第3期。

B.20
农村集体产权制度改革进展及对策研究
——以焦作市为例

宋彦峰 黄 松*

摘 要： 推进农村集体产权制度改革，是全面建成小康社会和推动乡村振兴战略的重要抓手。在中央的支持和地方的积极配合下，河南省农村集体产权制度改革的各项工作进展顺利。本报告以焦作市的农村集体产权制度改革为例，探讨其近年来在推动农村集体产权制度改革中的做法、经验和典型模式；同时也以焦作为例揭示了在农村集体产权制度改革中存在管理制度不完善、认识不到位、村集体经济薄弱、农经管理队伍薄弱等问题，并提出要在深化对改革的认识、完善配套建设、大胆创新尝试、做好与农村其他领域的衔接等方面进一步推进农村集体经济产权制度改革的纵深化。

关键词： 农村集体产权制度改革 农村集体经济 焦作市

为贯彻落实国家关于农村集体产权制度改革的部署，河南省高度重视农村集体产权制度改革，2017年河南印发了《关于稳步推进农村集体产权制度改革的实施意见》，对改革的各项工作进行重点部署，积极推进该项工作。鉴于河南农村地域广阔、农民人口多的特点，在改革推进中存在难度

---

* 宋彦峰，河南省社会科学院农村发展研究所博士，主要研究方向为农村金融、贫困治理；黄松，焦作市农经站农经师，主要研究方向为农村经营管理、农村集体资产管理。

大、任务重的现实情况，因此，河南省在改革的实施中采取了"总体部署、试点推进、先行试点、全面展开"的总体思路。河南省农村集体产权制度改革分为三个阶段，2015年开始先行试点，2018年开展集体资产清产核资，2019年5月份开展整省试点，并按照国家要求需要在2020年10月底前基本完成农村集体产权制度改革任务。整省试点的推进，意味着这项涉及全省农业农村发展的管长远、管根本的改革进入新的发展阶段，改革的试点由市县扩展到全省，这对于农业大省河南省来说具有重大意义，必将为农业高质量发展和乡村振兴注入新的活力。

一　焦作市农村集体产权制度改革的实践：做法和典型

2015年以来，河南省先后共有18个市县分三个批次承担国家试点任务，在三个批次试点的推进和引领下，河南省摸清了集体家底，盘活了集体资源资产，探索了新型农村集体经济，为开展整省推进工作打下了坚实的基础。

目前已完成的三个批次的国家级改革试点市县，国家赋予试点探索的内容是不一样的。同时，在改革推进中下一批次试点改革的内容会进一步拓展，内容会更丰富。比如第三批次的试点将原来的"探索确认集体成员身份"调整为"全面确认集体成员身份"，并明确提出了农村集体经济组织的有关登记事项，内容更加丰富。因此，笔者选取已经完成的第三批次国家级改革试点的焦作市作为分析对象。通过对焦作市的改革经验进行讨论和总结，以期为全省农村集体产权制度改革及农业农村发展提供一些启示和建议。

（一）焦作市农村集体产权制度改革的做法

焦作市于2018年5月份先后启动清产核资工作，2019年9月底全面按期完成了清产核资各项任务，摸清了集体家底，为下一步股份合作制改革工作打下了基础。股份合作制改革2019年8月启动，截至2020年6月完成1578个村（居），占任务的85%，证书发放完成56%，基本完成了下达的全年任务。

1. 加强领导，统一思想认识

一是成立市县村三级农村集体产权制度改革领导体系，明确工作分工。市级层面成立产权制度改革领导小组。县级层面成立了县、乡镇办事处，村逐级成立了农村集体资产清产核资领导机构，主要领导任组长，各小组分工负责，相互协调；县产改办成立专家督查组，逐乡镇进行培训指导，确保农村集体资产清产核资工作顺利完成。二是加强学习宣传培训，确保认识的统一。焦作市产权制度改革领导小组办公室印制了《焦作市农村集体产权制度改革工作手册》（简称《工作手册》），发放到群众手中。《工作手册》包括国家和省关于产权制度改革的政策、焦作市农村集体经济组织成员身份认定指导意见、焦作市农村股份经济合作社示范章程、产权制度改革致农民朋友的一封信、焦作市农村集体产权制度改革工作流程、产权制度改革宣传标语、产权制度改革常见问题解答等内容。

2. 政策保障，有序推进改革

一是出台了工作实施意见。2018年，焦作市出台了《焦作市农村集体资产清产核资实施方案》，明确了清产核资的主要任务、时间节点、关键环节和保障措施等，对清产核资和股份合作制改革各阶段的工作进行了安排部署。2019年5月，焦作出台了《关于稳步推进农村集体产权制度改革的实施意见》，结合省级层面的要求，对焦作市稳步推进农村集体产权制度改革进行部署。二是及时召开会议推进工作转段。仅半年时间先后召开全市性产改工作会议四次、业务工作会议多次，并利用各种涉农工作会议对工作进行安排强调，确保工作程序不减少，转段及时，确保按期完成改革任务。

3. 行动迅速，清产核资全覆盖

一是行动迅速、程序合规。全市清产核资工作自2018年5月15日启动，2019年5月底全部完成，2019年7月10日完成县级自查验收，8月9

日完成市级验收，接着在清查程序、范围、对象、数据、产权归属、档案材料、管理制度、数据录入等8项内容上巩固工作质量，9月初通过了省级抽验。二是清产核资对象基本全覆盖。全市1857个行政村（街、居），完成清产核资1856个，占99.94%；小组9913个，完成8847个，占有资产小组数的99.9%；在"全国农村集体资产清产核资管理系统"完成录入的单位数占99.9%，基本实现了清产核资全覆盖。

4. 规范管理，改革效果显现

一是做到"三个统一"，股份合作社改革初见成效。清产核资后股份合作社改革稳步推进，统一制定全市产权制度改革资料收集归档标准、内容，统一股份经济合作社印章数量、种类，统一股权证式样，力求为规范股份经济合作社下一步运营打牢基础。截至2006年6月，全市30多个村股份经济合作社实现首次分红，100多个村股份经济合作社开始了经营业务，产权制度改革成果初现。二是集体经济壮大效果初现。2019年底，全市有30个村集体经济组织实现首次分红，消灭集体经济组织收入空白村50多个，集体收入5万元以上的村增加200多个。

（二）焦作市农村集体产权制度改革典型——温县模式

2018年6月，温县被确定为国家第三批农村集体产权制度改革试点地区，是焦作市唯一的国家级改革试点县。在实践探索中温县大胆创新、先行先试，2019年初完成了整县产权制度改革工作，比国家规定时间提前了半年。温县的农村集体产权制度改革处于全省领先水平。在实际工作中，温县率先完成清产核资工作、率先建立了农村集体产权交易中心，建设了全省领先的农村集体"三资"大数据网络监督平台，该平台是省内唯一能够覆盖到农民小组的网络监督平台。

温县以产权制度改革为契机，与基层党建相结合，强化基层党组织的保障作用，尊重农民主体地位，创新发展集体经济；与富民惠民相结合，促进了产业的发展，有效推动了农村经济的发展。与乡村治理相结合，通过清产核资，向群众亮了"家底"，完善了乡村治理体系，构建了乡村治理新模式；与凝聚人心相结合，尊重群众主体地位，通过合理设置股权，调动了群众积极性，形成改革合力。在改革中突出村党支部的核心引领作用，通过规范运作，赋予集体经济组织市场主体地位，促进了股份经济合作社的良性发展，通过资源整合，结合区域优势资源，发展壮大村集体经济，带动农户发展增收。2018年底，温县的262个行政村和1638个小组全部完成清产核资工作。其中，253个村组建了集体经济组织，40.78万人完成组织成员身份的确认，110个村领到了农村集体经济组织登记证书。温县提前半年完成国家改革试点任务。

温县清产核资和股份合作制改革由纪检委牵头，相关部门积极配合，农业农村部门具体负责，将清产核资与扫黑除恶相结合，工作成效明显。2019年初提前半年完成国家级改革试点任务，探索出了发展壮大集体经济的温县道路。该县的"四个结合抓产改、创出发展壮大集体经济新途径"的工作经验引起广泛关注。2018年6月和8月，其改革经验两次被省相关部门进行专期印发，对"温县模式"在全省进行通报和表扬。温县集体经济股份合作社开出全省第一张正式发票，为集体经济组织正常运转开了个好头，取得了突破，引起业内领导关注。

二 关于焦作市农村集体产权制度改革中存在的问题分析

（一）制度性问题依然存在，改革的阻力较多

农业农村中现有的管理制度与农村集体产权制度改革不匹配，还没有适应农村集体产权制度改革的新形势。如现有的农村财务管理体系与改革工作不适应。目前，省内多数地方村级财务账目由乡镇财政所管理，根据清产核资结果、国家财政投入和扶贫项目形成的资产需调账转到村委会账户，多数财政所未积极配合调账，对于农业农村部门的工作要求，乡镇财政所未积极配合。

一些乡镇、行政村等存在一些历史性遗留问题，这些问题多而复杂，并且往往时间比较久远，又缺乏必要的档案记录资料，导致农村集体资产的产权归属不明确或流失。特别是在村干部更换比较频繁的地区，工作交接手续不规范，一些原始凭证出现丢失现象，为现阶段改革的取证留下极大隐患，影响了改革的正常推进和效率。

（二）改革的认识不到位，主动性不够

基层干部和农民对改革的认识有待进一步提高。目前，由于大多数农民对改革的意义认识不到位，暂时看不到产权制度改革能够带来的切身利益，对政策的稳定性也存在担忧，对改革后能给自身带来多大的收益持怀疑和观望态势，导致参与度不够、积极性不高。改革前，在一些收入富裕的村镇，基层干部存在利用职务之便支配集体资产的现象，产生了一些本不该由村集体承担的费用和支出。在当前的改革推进中，部分农村基层干部认为改革后集体的收入要按照股份分给集体经济组织中的成员，集体又不让设置集体股，会导致集体服务功能降低，甚至害怕失去权力，导致部分干部心有顾虑，积极性不高。因此，在改革中缺乏创新的积极性和主动性，存在被动完成改革的情况，没有将集体经济的有效发展与改革结合起来，仅仅是按时完成国家和省定的改革任务。

（三）村集体经济薄弱，带动能力不足

村集体经济发展状况不佳，多数村是靠财政的转移支付和产业扶贫资金等来维持运行，整体发展较弱，并且存在严重的不均衡性。2019年底省统计局发布的《河南省农村经济社会发展报告》显示，2018年全省3.6万个行政村没有村集体经营收入，占全省行政村总数的78.2%。根据焦作市统计，有40.96%的村集体当年没有经营收益，当年有经营收益的村中5万元以下的占39.89%，也就是说有64.5%的村经营收益在5万元以下。多数村固定资产长期处于闲置状态，资源性资产没有得到充分利用，造成村、组集体经济薄弱，在执行政策、带领群体共同富裕方面发挥不了应有

的作用。

农村集体产权制度改革不是仅仅改了名、挂了牌和发了证就算完成了，改革的最终目的在于释放红利，激活农村生产要素，增加农民的收入。在焦作市的改革中发现一些已完成改革的村集体存在村、政、社没有有效分离，对股份经济合作社成立后的运营没有明确的方向，导致改革后的村集体经济组织的效益没有充分发挥。

（四）农经体系不健全，"三资管理"不完善

产权制度改革工作政策性强、技术要求高、各环节工作衔接紧密，需要有一支熟练掌握政策、精通会计业务的农村经营管理队伍。而现阶段基层队伍严重缺乏这样的人才，多数乡镇连临时抽调的人员也不固定，导致工作进度慢、工作质量没保证。此外，村干部存在年龄偏大、受教育水平不高的问题。尽管村干部在基层的工作经验和乡土亲情可以更好地处理乡村事务，但是在锐意改革进取、高效执行政策方面，年轻化和知识化的村干部更有优势。

三 关于焦作市农村集体产权制度改革的一些启示

焦作市在推进农村集体产权制度改革的过程中，不仅增加了农村居民收入，而且提高了农村基层的治理水平，为进一步深化农村集体产权制度改革和乡村振兴战略的推进提供了扎实的工作基础和规范的发展平台。

1. 充分调动村民的积极性

焦作市在改革中充分调动了村民参与发展本村经济的积极性，坚持群众路线，充分尊重群众的主体地位，实行民主管理。农民变成股东后，集体所有资产都有了自己的份额，农民比以往更加注重村里集体资产的维护和关心村集体经济发展状况，积极为村集体经济发展献言献策，充分调动了村民的积极性。广大群众由"不理会、不愿干"到"熟情况、主动干"，为壮大村集体经济和提高农民财产性收入夯实了基础。

2. 完善组织保障，压实工作责任

改革的推进依赖各级组织及制度的保驾护航，农村集体产权制度改革的推进需要各级党组织给予高度的重视。焦作市在推进农村集体产权制度改革的过程中专门成立领导小组，在人员和组织方面给予保障。焦作市要求各地县乡村一把手必须高度重视，亲力亲为，工作落后的县市区负责人需要在推进会上进行总结和表态发言。通过现场办公、推进会等，压实责任、压茬推进，特别是新冠肺炎疫情暴发后，为克服各种困难，焦作市指导县市区重新制定改革时间表和路线，努力把耽误的时间夺回来，改革工作顺利有序。

3. 分层次做好宣传培训

一方面，加强干部和业务人员的培训，以专家授课、开现场会、开视频会的方式，不断提高参与改革人员的素质，使其熟知改革的内容、工作方法和原则。截至2019年，各县市区举办乡镇培训50余期，乡镇培训村级干部和村骨干人员90余期，共培训人员5500余人次。另一方面，通过电视广播、入户宣传、村广播、村内微信群等群众比较容易接受和喜欢的方式，对改革的政策精神和改革的内容要点进行广泛的宣传，将广大群众的主动性和积极性充分调动起来，实现了"小事不出村、大事不出镇"的目标，始终把矛盾解决在萌芽状态，形成了全社会拥护改革、支持改革、参与改革的良好氛围。

4. 结合实际落实，因地制宜推进

在实施过程中，焦作市采用"一乡一策""一村一策"，不搞"一刀切"行政干预。在确认成员身份这一关键环节上，各乡（镇）村依据"四议两公开"议事工作程序，以群众满意为标准，积极稳步推进集体产权制度改革工作，至今未发生一起由农村产改问题造成的群众上访案件。在壮大农村集体经济发展方面，引导行政村因地制宜，充分运用各项政策，结合当地资源、产业等各种优势因素，积极开展股份合作、土地经营、产业带动、服务创收等模式，创新村集体经济发展的路径。

5. 搭建农村产权交易平台

农村产权交易平台的建设，能够保障县乡村三级机构的有效运作，使广

大农民、农民合作社、村集体经济组织等主体有了公开透明、自主交易、公平竞争和规范有序的交易服务平台。产权交易平台的建立，有效促进了农村生产要素的流动和优化配置，实现了农村资产的全面盘活，促进了农村集体资产的增值保值，让农民获得了更多的收益，破解了农村和农户抵押难问题，激活了农村经济的发展。

四 下一步推进农村集体产权制度改革的建议

按照国家对河南省整省推进改革的时间节点要求，河南省在资产清产核资、成员身份确认以及新型集体经济组织的成立等方面已经取得积极成效，整省改革有序推进，各项工作进入收尾阶段。农村集体产权制度改革在完成以上改革内容后，下一步要做的就是如何管理好和发展好农村集体经济，推动农村集体产权制度改革的深化，如何在增加农村集体经济经营收入方面持续发力和创新模式，不断推动农村集体经济发展壮大。

一是改革要深化认识。产权制度是市场经济的基础，深化农村集体产权制度改革也是适应和健全社会主义市场经济体制的新要求，关系重大，任务艰巨。在推进中一定要高度重视，把农村集体产权制度改革作为推进农业农村工作和乡村振兴战略的重要抓手。在改革中各级领导干部不仅要自己认识到位，还要向群众宣传到位，充分发挥群众的主体作用，使广大农民群众积极参与改革，为改革的顺利推进营造良好氛围。

二是改革要完善配套。农村集体产权制度改革涉及面广、内容多等问题，随之出现的新问题也没有及时解决，如集体经济组织的税收优惠问题、产权流转交易问题及改革中的风险防范问题等。虽然政策配套尚不完善，但是不能因此影响改革的推进。现阶段，仅仅依靠中央和省市出台有关政策和指导意见是不够的，既需要国家层面不断健全和完善集体产权制度改革配套法律政策，也需要地方"不等不靠"发挥主观积极作用，在实践中总结摸索，提炼经验。

三是改革要不破不立。鉴于当下农村集体产权制度改革将要告一段落，下一步要做的就是全力做好农村集体经济的管理和发展壮大。但是，全省农村面积大、发展程度不一、资源禀赋不一，发展壮大集体经济可以借鉴的模式不够，因此，需要基层组织充分发挥改革创新精神，打破旧的制度和运行机制，创新能够适应新时期农村集体经济发展的形态和模式。

四是改革要做好衔接。农村集体产权制度改革在一些地方仅仅是该项工作的完成，与农村相关的改革和发展衔接还不够。农村集体产权制度改革具有综合性和系统性，与农村其他领域的改革发展息息相关，如与农村土地制度改革、农村金融体制改革等具有紧密的联系，但是就目前而言，农村集体产权制度改革与这些领域在衔接和组织实施方面的统筹推进力度不够，改革的整体效果没有得到充分发挥。

参考文献

张红宇、胡振通、胡凌啸：《农村改革的第二次飞跃——将农村集体产权制度改革引向深入》，《农村工作通讯》2020年第9期。

夏英、张瑞涛：《农村集体产权制度改革：创新逻辑、行为特征及改革效能》，《经济纵横》2020年第7期。

赵阳：《深入推进农村集体产权制度改革的若干问题》，《农村经营管理》2020年第4期。

刘同山：《以股份合作推动农村集体产权制度改革：理论思考与创新实践》，《新疆农垦经济》2019年第8期。

马春花：《农村集体产权制度的创新过程解析与发展路径研究》，《农业开发与装备》2018年第6期。

B.21
辉县市全域旅游发展研究

许韶立 连建功*

摘 要: 在旅游大众化、全民化时代背景下,发展全域旅游是历史必然和现实需要。本报告基于全域旅游基本概念和时代背景,阐述河南省辉县市发展全域旅游的资源基础、优势条件、发展现状和存在问题。明确提出其集观光、休闲、度假、探险、康体、体验、研学、节庆等为一体,以原始生态文化为核心,以特色专项旅游为主导,具有世界吸引力的国内一流全域旅游示范区的战略定位。并从全景引客、全时迎客、全民好客、全业留客、全程服务的角度提出辉县市全域旅游发展的对策建议。

关键词: 全域旅游 旅游营销 辉县市

全域旅游从单一的景区、景点延伸到目的地全域,注重旅游目的地所有要素的景观化和游览性,能有效满足大众旅游的需求,对全域环境营造和经济发展发挥着重要作用。河南省辉县市历史底蕴深厚、自然风光秀丽,旅游资源开发潜力巨大,历史文化、山水文化、医药文化、园林文化五彩纷呈,2019年全市接待旅游者总数达1200多万人次,实现社会综合效益70亿元。

---

* 许韶立,河南省社会科学院农村发展研究所研究员,主要研究方向为旅游经济、旅游资源开发、旅游规划;连建功,河南牧业经济学院旅游学院讲师、会展系主任,主要研究方向为文化旅游、节事会展。

但目前还存在旅游品牌不响、旅游环境欠佳、产业融合不深、旅游基础设施有待提升等诸多问题,为适应时代发展要求,创新旅游发展模式,辉县市推行全域旅游势在必行。

一 资源基础和优势条件

(一)辉县市全域旅游的资源基础

旅游资源是旅游产业发展的基础,全域旅游意味着全地域覆盖、全资源整合、全产业融合、全社会参与以及全需求满足、全过程服务。其资源基础不仅包括各类旅游景区、文化公园、森林公园等,也包括非旅游区和非旅游开发的山川河流、道路村庄、田园林地、各类设施等。辉县市地处豫晋接壤地区,北依太行,南眺黄河,自然风光独特,旅游资源丰富,具有良好的全域旅游发展基础与优势。拥有5A级旅游景区八里沟,4A级旅游景区万仙山、宝泉、九莲花、关山、天界山等,拥有全国重点文物保护单位8处,县(市)级以上文物保护单位60多处。

根据《旅游资源分类、调查与评价》标准,辉县市旅游资源地文景观、水域景观、生物景观、自然景象、遗址遗物、建筑与设施、旅游商品和人文活动种类齐全,主要旅游资源单体达1652项,其中,自然旅游资源单体856项,人文旅游资源单体796项,优良级旅游资源集中在境内的南太行山区,旅游资源个性突出,自然和人文景观有机结合,数量多、类型全、品位高,有十分明显的综合优势,是辉县市旅游资源特色的代表。郭亮、齐王寨、韩口等传统村落和美丽乡村众多,产业特色型、田园度假型、山水生态型、文化传承型等多种类型布局全域,资源独特,形成了全域范围内的多点吸引力。

(二)辉县市全域旅游的优势条件

1. 区位交通

辉县市处于中原腹地,地理位置优越,交通条件良好。距郑州新郑国际机场不足100公里，距新乡只有20分钟车程，是河南省南太行旅游开发的核心区域。国家级旅游线路黄河之旅、寻根朝觐之旅、中国古都旅游等皆从景区附近穿过，有利于辉县全域旅游的发展。

2. 市场优势

截至2019年底，河南省户籍人口突破1亿，常住人口达9605万，地方客源市场潜力巨大。河南人均GDP已超过1000美元大关，旅游需求进入了一个高收入弹性阶段，出游率迅速提高，为辉县旅游业的持续发展奠定了良好的市场条件。

3. 政策优势

2017年，辉县市连续入选国家全域旅游示范区和国家级旅游业改革创新先行区，享受中央和地方预算内投资、基础设施建设、宣传推广、旅游品牌打造、人才培训等多项国家优先扶持政策。《河南省旅游条例》明确提出县级以上人民政府应推进全域旅游，促进资源整合、产业融合和社会经济全面发展。2020年新冠肺炎疫情暴发以来，在河南省文化和旅游厅的指导协调下，辉县市出台了《关于支持旅游企业克服新冠肺炎疫情影响推进旅游产业平稳健康发展的意见》，从融资、税收、社保、培训、营销等多角度支持全域旅游发展。

4. 居民认知

在全域旅游发展模式下，应该充分调动当地居民参与的积极性和主动性，得到他们的认可。调查数据显示（见表1），辉县市民众对当地发展全域旅游充满自信，大力支持，并积极主动关注旅游业发展动态，希望通过特定形式参与其中，共享全域旅游发展的成果。

表1 辉县市民众对全域旅游的认可度

选项	小计（人）	比例（%）
非常支持	47	58.75
支持	27	23.75
无所谓	5	6.25
谨慎	1	1.25

二 辉县市全域旅游发展现状和存在问题

（一）辉县市全域旅游发展现状

打造全域旅游是推动产业转型升级、加快辉县发展、改善民生的现实需要，同时也有利于调优产业结构、打造城市名片、提升城市形象、改善投资环境。近年来，辉县市加快促进大文化、大旅游、大健康、大体育融合发展，实施总投资192.4亿元的18个重点旅游项目，完成市域道路、景区绿化提升等旅游基础设施投资10.2亿元。大力推进乡村旅游和民宿建设，举行各类旅游主题宣传活动80余次。旅游接待人次和旅游综合收入逐年提升（见表2），八里沟已成功创建国家5A级景区，轿顶山被确定为全省首批森林康养基地。宝泉、八里沟、万仙山、百泉等旅游景区品牌效应显著，旅游业态进一步丰富，休闲农业和乡村旅游点达到130家，从业人员2.3万人，9个村被评为省级乡村旅游特色村。

表2　辉县市旅游接待人次和旅游综合收入统计

单位：万人次，亿元

年份	2015	2016	2017	2018	2019
旅游接待人次	450	500	636	736	1200
旅游综合收入	22.5	30	35	42	70

资料来源：辉县市国民经济和社会发展统计公报及相关网站。

（二）辉县市全域旅游存在的问题

1. 旅游核心区发展空间不足

南太行旅游是辉县旅游产业的聚集区，也是辉县旅游的主要吸引物，但受山区条件限制，以侯兆川（西平罗盆地）为代表的太行山前的浅山丘陵区以及以西南部沉降塌陷区为代表的广阔平原区旅游发展不足，尤其是以这两大区域的乡村生态农业旅游仍有极大的发展空间,辉县旅游发展的空间不平衡问题较突出。只有拉大框架,合理规划旅游功能区,才能实现辉县旅游的更大发展。

2. 全域旅游服务体系不健全

当前国内旅游形势已经不再单纯依靠旅游资源的独特优势吸引游客,而是更需要建立健全全方位的优质服务来吸引四面八方的客人。目前辉县全市的旅游服务体系尚不健全,和临近云台山旅游区相比,旅游环境欠佳,旅游服务不到位,旅游区缺乏信息化服务的支撑,智慧旅游系统建设滞后,自驾旅游服务体系不完善,特别是住与行的方便性、舒适性等方面还不成体系,需要加强整体体系的建设。

3. 整合营销有待进一步加强

目前,辉县对外的营销主要靠各个景区单独开展,虽然很多景区的营销力度很大,效果明显,但就全市而言没有形成合力,显得力量分散,甚至还会在一定程度上造成内部竞争,很不利于长久发展。移动互联时代,辉县市旅游产业的宣传推广尚未充分利用新媒体平台进行整合营销,不能够充分利用大型节事、赛事、影视作品等进行推介,民众关注度不高,不利于辉县市全域旅游的发展。

4. 休闲度假功能尚未充分体现

新乡市和辉县市都将辉县旅游的主打区域——南太行作为旅游度假区进行打造和宣传,这一发展战略迎合了旅游市场的未来需求趋势,是正确的。但就目前开发情况看,各景区的旅游组织安排仍以观光为主,现实与宣传不符,给游客造成困惑,需要加大开发休闲度假的旅游项目,将休闲度假、文化娱乐、生态养生、体育赛事、乡村体验、美食餐饮等融合为一体,以尽快迎合市场需求,突显引领旅游潮流的强大功能。

三　辉县市全域旅游的战略定位

(一)战略思想

以"大旅游、大健康、大文化、大体育"为战略理念,以南太行山地山水旅游资源的整合开发为龙头，以山前台地避暑度假、浅山丘陵休闲养生旅游为两翼，以城市综合服务中心的建设为核心，以大田园北国水乡建设为亮点，以大太行文化建设为内涵，以山水度假游、乡村体验游、康体养生游、农业观光游、休闲娱乐游为主导产品，以全景辉县构建辉县全域旅游的发展目标。即通过资源整合，统一规划，精心设计，大力投入，努力构建辉县旅游"12341"的战略格局。

1. 一个龙头

即辉县南太行旅游度假区，南太行山地在辉县境内绵延一百多公里，崖上山势绝险，谷中峭壁如削，构成辉县旅游最核心资源。以此为依托，并经过大力整合的南太行旅游区，是辉县开展全域旅游无可置疑的核心载体。

2. 两个品牌

即避暑度假品牌与休闲养生品牌，由于具有先天优越的旅游资源基础，具备良好的旅游开发条件，辉县旅游发展形成数量众多的产品形式。如观光旅游产品、度假旅游产品、生态旅游产品、文化旅游产品、中药舒理旅游产品、特种旅游产品等，其核心主打旅游产品主要是两个，即与太行山地结合的避暑度假以及与原居民结合的休闲养生旅游产品。

3. 三个主题

即太行魂文化主题、医药养生文化主题和生态休闲文化主题，太行魂文化主题是寓于太行民间的无形精神，是千百年来祖祖辈辈太行人面对深山绝谷的态度，是通过太行山民俗文化、宗教信仰形式呈现出来的传说，是辉县山地旅游建设无形的内涵，也构成无限的景区产品；医药养生文化是百泉药都的核心内涵，也是辉县农耕文化的精华，是辉县文化主题的核心组成，有效构成地方养生度假旅游产品；生态休闲文化则是太行魂文化与医药养生文化的延伸，也是太行山地、百泉之城与广阔的东南平原生态，共同构成的文化主题内容，将成为辉县旅游未来发展的方向。

4. 四个区域

即东部浅山丘陵旅游片区、南部平原生态旅游片区以及西部南太行南段旅游片区、北部南太行北段旅游片区，东、南、西、北四大旅游片区是构成

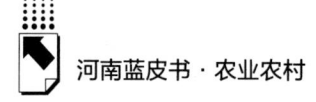

辉县全域旅游的基础，也是辉县力求旅游均衡发展的四大空间，是辉县旅游减轻太行山地旅游发展压力的有效途径。

5. 一个目标

即积极打造国家全域旅游示范区，目前辉县旅游以南太行山地为核心，吸引了太多关注的目光，使辉县旅游呈现出重自然轻文化、重山地轻平原、重观光轻休闲、重门票轻服务的弊端。旅游发展的形势要求我们改变观念，更新思路，扩大视野，以全局的眼光破解辉县旅游发展之困，确立辉县全域旅游的战略目标，无疑是行之有效的战略思想。

（二）战略定位

1. 发展定位

集观光、休闲、度假、探险、康体、体验、科考、节庆等为一体，以原始生态文化为核心，以特色专项旅游为主导，具有世界吸引力的国内一流全域旅游示范区。

2. 产业定位

辉县第三产业从龙头产业转变为支柱产业，旅游业成为地方就业主渠道，确立旅游立市、旅游富市的产业发展定位。

3. 目标定位

总体目标为打造国家全域旅游示范区，具体可从以下几方面努力：其一，规划区旅游业发展达到较高的综合服务水平，配套设施得以完善，形成具有高专业素质的旅游从业者群体和旅游管理人员队伍；其二，将旅游业打造成为辉县市社会经济发展的主导产业，以旅游促经济，推动房地产、商贸、金融、保险及饮食服务等相关产业的发展，形成以第三产业为中心的旅游地；其三，域内各景区建设和接待服务设施建设进入完善和产品升级阶段，形成无障碍旅游网络系统；其四，最终将辉县建设成为基础设施先进、管理先进、旅游产品特色突出、具有强势地位的国家全域旅游示范区。

（三）战略举措

1. 确立全域旅游战略思想，重视均衡发展

辉县目前相对成熟的景区主要集中在太行山地，近年又花大力气整合南太行各旅游区，旅游的重点多年一直集中在南太行山地。在推动南太行山地旅游开发建设的同时，也增加了南太行旅游的压力。而事实上，辉县浅山丘陵以及南部平原塌陷区也具有极高的旅游价值。美丽乡村、文化遗址、村风民俗也具有较强的吸引力。因此，应有全局眼光，超越南太行山地旅游发展视野，确立全域旅游战略思想，重视均衡发展。

2. 加快旅游景区升级，着力旅游产业的转型

辉县旅游以观光型景区为主，仍表现为门票经济，是急功近利、目光短视的表现，同时，在观光中融入度假，旅游产品体系混杂。无论有利无利、有益无益，辉县旅游建成了一系列以太行观光为主体、低水平建设的旅游景区。因此，需要我们立足改革，加快地方旅游的升级提升，着力旅游产业的转型，立足产业融合，将"旅游+"和"+旅游"作为未来旅游产业转型升级的着力点。

3. 加强旅游品牌建设，扩大辉县旅游的全国影响

辉县目前已运行的景区数量之多，全省仅有。但整体投入不足，总体旅游景区建设质量不高，等级不高，和洛阳、焦作相比具有一定差距。目前境内仅有一家5A旅游区，品牌知名度和影响力不大。为此，辉县旅游应集中力量，以全域旅游开发为契机，加强旅游品牌建设，扩大辉县旅游的全国影响。

4. 积极推动浅山丘陵、平原地区以及乡村休闲旅游建设

经过多年的建设，太行山地观光、避暑度假旅游已成为辉县旅游的主要品牌。但东北部的浅山丘陵地区、东南部的平原地区，尤其是平原塌陷形成的平原水乡地区旅游开发仍严重不足。而浅山丘陵地区地势开阔，平原地区河网密布，水资源丰沛，建设面积充分，古村石屋集聚，适宜康体运动、休闲娱乐旅游的开发建设。因此，应积极推动浅山丘陵地区的康体运动、休闲慢旅游，平原地区的水域娱乐旅游以及乡村休闲旅游建设，推动辉县全域旅

游的发展。

5. 延伸文化旅游产业链条，加快发展文化休闲健康产业

辉县旅游产业正经历着由山水观光向休闲度假的转型，区域整合主要集中在太行山地，整合后仍是以太行观光为主导，缺乏乡村生态、文化品牌的建设开发，产业链条仍然较短。应全面推进观光旅游向复合型旅游转变、门票经济向产业经济转变，着力延伸以城市历史文化为主导的文化旅游产业链条，加快发展文化休闲健康产业。

（四）战略任务

辉县市发展全域旅游，建设一流旅游目的地，其战略重点为"八做"，即保护做好、环境做优、文化做深、市场做透、产品做精、服务做细、产业做强、发展做大，达到八个一流。主要战略任务为如下。

1. 保护一流

维护生态环境的良性循环，重点处理好生态保护与旅游发展、生态保护与资源管理的关系，做好文物古迹、非物质文化遗产、珍稀动植物等保护工作，以治理大气污染和改善景观生态为重点，实现保护一流。

2. 产品一流

通过产品结构、消费结构、客源结构等一系列优化，通过产业深化和拓展，按照特色化、体验化、生态化、体系化要求，实现产品一流。

3. 服务一流

立足于吃、住、行、游、购、娱旅游服务要素系统的创建和建设，促进旅游经济有序化、生态化、文化化、社会化的协调发展，实现服务一流。

4. 营销一流

深刻思考和冷静剖析面临的问题和困难，将营销体系作为旅游经济运作中的灵魂，通过优化客源结构带动消费结构、产品结构的优化，实现营销一流。

5. 基础保障一流

通过强化社会治安、优化民风、健全和完善基础配套设施，构架区域交通、能源等基础设施网络，拓展旅游发展空间，实现基础保障一流。

6. 产业一流

充分发挥旅游资源优势，以质量效益为中心，牢固树立旅游产业意识，将旅游业作为综合性强的支柱型经济产业，使其在国民经济和社会事业发展中发挥先导作用，实现产业一流。

7. 导向一流

高度重视人力资源的规划，提高从业人员的素质，加强行业规范管理，培养和发展旅游业生力军，凸现人才是商品转变为特殊品牌和特色产品的关键，实现旅游导向一流。

8. 环境一流

运用法律、经济、行政、规划、科技、教育等手段，使旅游环境保护工作宏观地贯穿旅游规划、开发、发展和巩固等各个阶段，实现旅游环境一流。

四 促进辉县市全域旅游发展的对策建议

辉县市全域旅游发展涉及区域经济社会资源的全面整合与利用，需要进行高水准的顶层设计。要充分发挥旅游发展委员会的作用，协调各部门为旅游服务。促进跨界整合，融合发展，做到全景引客、全时迎客、全民好客、全业留客和全程服务，逐步形成"大旅游、大市场、大产业"的新格局。

（一）全景引客：点、线、面结合旅游产品开发

辉县市旅游业发展需要尽快从景区打造向产业集群转变，擦亮南太行"金字名片"，打造全景引客的旅游产品格局。抓"点"就是抓产业项目推进，加大重点项目谋划和建设力度；抓"线"就是抓现代交通建设，加快城区和景区道路提升改造建设，对通往景区的道路进行全方位环境整治；抓"面"就是要抓全域旅游的环境背景，提升辉县市旅游的整体形象和旅游发展软实力。辉县市旅游产品谱系见表3。

表3　辉县市旅游产品谱系

系列	产品构成		产品名称示例
基础旅游产品	太行山岳观光		万仙山观光游、关山观光游、十字岭观光游
	太行峡谷观光		南太行红崖大峡谷观光游、八里沟观光游
	太行水体观光		南太行瀑布群观光、宝泉湖观光、石门水库观光
	太行民俗观光		郭亮村民众观光、回龙新村民俗观光
	太行交通观光		太行公路观光、太行水上观光、太行空中观光
	名胜古迹观光		百泉园林观光、共城遗址观光、孟庄遗址观光
	影视基地观光		郭亮影视观光、齐王寨影视观光
	宗教观光		白云寺、西新寺、"三湖"寺、老爷顶等观光
核心旅游产品	度假旅游	山林度假休闲	万仙山山林度假休闲、白云寺森林公园度假休闲
		水面度假休闲	宝泉湖度假休闲、石门水库度假休闲
		城郊休闲度假	方山休闲度假、韭山休闲度假、健康小镇度假
	生态旅游	山水生态旅游	万仙山生态旅游、白云寺生态旅游、塌陷水域旅游
		生态养生旅游	万仙山养生游、宝泉湖养生游、西平罗盆地养生游
	文化旅游	"太行人家"体验	南太行"崖上人家"体验游
		红色旅游	辉县感动之旅、南太行精神之旅
		影视文化体验旅游	郭亮、八里沟、齐王寨影视基地体验游
		中药舒理旅游	百泉中药舒理游
		宗教文化旅游	白云寺佛教文化之旅
	特种旅游	历史文化体验旅游	百泉历史文化体验游
		太行峡谷探险	关山红石崖探险、西沟探险、白龙洞探险
		地质科考旅游	关山地质公园科考、万仙山地质公园科考
		写生旅游产品	万仙山、关山、八里沟写生游
		体育旅游产品	万仙山攀岩、关山定向越野
拓展旅游产品	太行节庆游		南太行摄影节、南太行山楂节、南太行登山节
	会议旅游		南太行旅游发展联盟会议/论坛
	农业旅游		平原特色农业旅游、南太行中药基地旅游
	工业旅游		宝泉湖大坝旅游、孟庄工业旅游
	婚庆旅游		南太行八里沟金婚之旅

（二）全时迎客：创新旅游营销新思路

"全时"是解决旅游景区峰谷不均的一个关键环节，也是实现旅游产业产品丰富、业态齐全的重要方向。辉县旅游虽然主打避暑，但可利用不同季节的景观特色精心策划旅游节事活动，春赏花，夏避暑，秋摘果，冬滑雪，让旅游者365日"白＋黑"全时体验南太行的魅力景观和文化特色。在加大网络营销、联合营销、中介营销的同时，进一步创新事件营销和旅游推介的手段和方法。如在事件营销上，依托已有旅游资源、旅游景区、传统村落、传统文化、地方特产等，举办主题会议论坛、展示展览、演艺演出、节庆赛事等，加大南太行旅游文化节、百泉药交会等大型活动的品牌打造，不仅将其作为商贸旅游活动和产品，更将其作为地方旅游业事件营销的手段，实现"以节兴旅、以节富民"。在旅游推介上，采取"走出去"的方式加强对外交流与协作，诸如辉县市主打旅游品牌，夏季注重避暑品牌打造，可以到新乡、郑州、濮阳、菏泽等周边城市进行避暑旅游推介。按照旅游营销的4Cs营销组合中的便利性原理，将旅游宣传活动深入客源地社区，同时采取措施鼓励社区自发组织旅游团，批量购买辉县的旅游产品，方便旅游消费大众的出游消费。

（三）全民好客：贯彻全民共建共享新理念

贯彻全民共建共享新理念，实现"全民好客"，鼓励旅游地居民和游客参与旅游发展。要积极塑造和培育辉县市旅游的新形象，开展以"区域联动，行业联合，企业联手"为主的大联合旅游促销。不断创新旅游市场营销策略、方式和手段，在旅游营销中重视各类新技术的运用。优化景点门票价格调整机制，推出旅游市民年卡，实现旅游惠民。设置旅游观光巴士和美丽乡村直通车，方便市民游览，完善旅游景区配套设施，提升公众和旅游者的获得感和满意度。此外，采取政府主导、企业参与、市场运作的方式，整合各类资源，策划举办丰富多彩的节事活动，充分调动政府、行业、企业和当地民众参与的积极性。

（四）全业留客：开发产业融合新模式

充分做好"旅游＋"文章，促进产业深度融合。在持续抓好"旅游＋农业"的同时，应重点推进以下几个方面的融合。

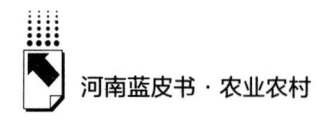

1. 推进"旅游+文化"融合发展

辉县市旅游景点以自然山水见长，但历史文化资源深厚，传统村落、美丽乡村风土人情浓郁。应深入挖掘辉县市文化内涵，进一步提升百泉、白云寺等景区的影响力，打造辉县太行山水文化旅游品牌。开发白陉古道，挖掘春秋古战场文化。结合共工故里、中国书法之乡和中华诗词之乡等文化名片，用文化滋养城市，为城市增添更多文化元素。持续办好中国·百泉药交会暨南太行旅游文化年、八里沟亲水节、万仙山国际攀岩节、宝泉龙舟赛、太行农民丰收节等主题活动。

2. 推进"旅游+健康"融合发展

利用辉县"百泉药都"品牌，大力发展健康医疗旅游产业。积极支持国家中医药健康旅游示范区、示范基地和示范项目建设。加快辉县地区发展中医药健康和老年旅游，重点培育一批以中医药养生保健、健康体检和中药种植加工为主题的旅游企业。鼓励万仙山继续做好符合老年人需求的夏季避暑旅游产品和服务。

3. 推进"旅游+演艺"融合发展

在经济发展背景下，如旅游演艺这类偏娱乐化的产业在居民消费中所占的比重提升较明显。目前视听类手段越发成熟，VR/AR、全息投影等技术不断发展，给观众带来新的体验。对辉县市而言，应该筛选提炼整合文化资源，打造实景演出旅游节目，填补旅游演艺产品空缺。支持五龙山响水河大型山水实景演艺《梦回太行》不断修改完善，推进宝泉景区沈庄旅游小镇（太行演艺）项目建设，策划万仙山郭亮文化艺术中心项目。

4. 推进"互联网+旅游"融合发展

利用人工智能、大数据、物联网等新技术，通过辉县旅游资讯网、山水辉县微信公众号等互联网平台宣传辉县旅游形象，借助携程、同程、美景网等专业旅游网站启动网上信息检索和服务预订平台，发展智慧旅游，推动网络和旅游互促互进。

（五）全程服务：提升全域旅游服务质量

旅游业的本质就是服务，发展全域旅游就是要为旅游者提供全方位、多角度的全程服务，吃、住、行、游、购、娱，全面提升旅游服务质量，满足旅游者的需求。

1. 餐饮服务

辉县市开发全域旅游，餐饮服务要坚持多样化、特色化和生态化的原则，既要有经济型的大众饮食，也要有高档次的精品大餐；既要有速食快餐，也要有慢食佳肴；既要有本地品种，也要有外来品种；既要有传统小吃，也要有新品美食。在食材、餐具等方面应绿色、环保，从加工到废弃物的处理等整个餐饮过程的各个环节都要安全、无污染和有益健康，以生态的理念指导餐饮生产与消费。

2. 住宿服务

针对目前辉县市酒店住宿产业的发展现状和旅游高质量发展的需求，今后应积极开展招商引资，在市区和重点旅游景区集中布局建设一批中、高档星级宾馆；鼓励和支持发展经济型酒店，积极引进成熟的快捷连锁酒店集团在本市建立加盟机构，建设一批满足新型出游方式游客需求的经济型酒店；加强农家乐接待设施的整合和改造提升，规划建设一批高品质、富有文化内涵、突出资源特色、体现民俗风貌的农家宾馆；面向新兴的有车族和自驾族，沿交通干线和旅游干线建设自驾车营地、汽车旅馆，并提供加油、洗车等服务。

3. 交通服务

根据辉县市当前的交通状况，应注重京港澳高速、晋新高速等高速出入口和高速引线的景观建设和景区指示系统的设置，规划尽快建设郑焦（郑州—云台山）城际铁路北延线路，在上八里镇选址建设小型旅游专用机场，连接林州通用机场，为开展南太行空中观光旅游提供条件。根据辉县市景区、景点分布，规划加强市域骨干道路的建设与改造，提高通达性和对旅游发展的适应性；重点加强主要景区所在乡镇公路之间的相互连接，构成辉县市旅游观光网络。

4. 旅游购物

辉县市旅游购物要开发具有辉县市特色和风格的各类旅游商品，利用优势资源和历史文化背景开发民间手工艺品和农产品等旅游商品。注重深加工，提高附加值。提高设计品位和艺术性，整体提升产品档次。创建各类旅游商品品牌，注重商品包装。特别是各类工艺收藏品和文化类商品，统一形象和商标设计，树立品牌形象。联合建立销售网络，连锁经营，科学规范管理。在辉县市游客服务中心附近建设一条综合性的商业街，在辉县市区建设专业市场，如中药材市场、土特产品市场、工艺品市场等。

5. 旅游娱乐

精心编排反映太行山绝美风光，特色民俗风情，勇敢无畏、坚韧不屈太行精神等主要内容的主题演艺活动。根据旅游景区的景观特色与主题形象、自身规模和环境容量，全市所有AAA级以上旅游景区都应设置具有参与性、运动性、趣味性、科学性的演艺活动或康乐运动设施，丰富旅游景区活动，延长游客停留时间。积极开发攀岩、滑草、滑雪、漂流、采摘、篝火晚会、高尔夫、马术马球、狩猎、滑翔、飞行体验等游乐项目，也可以结合旅游节庆活动吸引游客参与。

五 辉县市全域旅游发展的保障措施

辉县市县域旅游开发向全域旅游发展的转变是一个长期过程，全域旅游开发是一项系统工程，需要政府部门、旅游企业、当地民众等各方面的配合，完善配套的基础设施与公共服务能力。辉县市全域旅游相关工作的稳步推进，需要一套支撑保障体系，需要结合辉县市全域旅游的发展现状，从旅游政策、旅游投资、人力资源、旅游安全等方面建立健全的开发保障体系。

（一）旅游政策保障

政策保障具有引导功能、协调功能、推动功能和约束功能，政策倾斜可称为"软投入"，完善合理的政策保障体系是辉县旅游业发展的重要举措。必须给予辉县市全域旅游及其相关规划法制化的保障，要赋予规划权威性，使其法律法规化；制定详细的规划实施条例和管理办法，优化补充与规划配套的法律和法规；还要制定酒店、民宿、客栈等服务场所的经营管理规范。将规划宣传作为近期辉县市旅游营销的重要内容。建立监测评估体系，建立规划实施效果的监测评估机制。扶持旅游企业发展的政策，包括现有旅游企业执行优惠所得税率；取消建设旅游宾馆、饭店的市政建设配套费、规划管理费和固定资产投资方向调节税；不再征收排污费；对涉外旅游企业按每年实际结汇额实行创汇奖励政策；对年度缴纳流转税数额较大的旅游企业，实行返还扶持政策等。

（二）旅游投资保障

按照"多渠汇流"原则，根据旅游业投融资趋势和规律，结合辉县市实际和特点确定投融资渠道。抓住中部崛起战略机遇，加大旅游业发展力度，积极争取国家的资金扶持。重点投资难以获得直接收益的交通等公共基础设施及公共事业。利用太行山水文化的知名度和影响力，争取外商投资，重点吸引国内大型企业集团、民营企业投资。同时，在统一规划和管理的前提下，推行项目承包开发和承包经营，吸收民间闲散资金开发中小项目，也不失为一条融资渠道。如认真包装，积极宣传，推出居住别墅，将会吸引体育明星、文化名人、个体企业家等来投资。全民参与、全面共享是全域旅游的主要原则，可引导群众投资投入小、见效快、回报稳定、经营方式灵活的旅游领域。可考虑设立"辉县市生态保护和旅游发展基金"。通过基金争取银行贷款、各级政府的扶持及个人投资，专项基金是整合各种资源优势、开拓融资渠道的良好方式。

（三）人力资源保障

辉县市全域旅游的发展离不开高质量的人力资源，具体包括旅游管理、宾馆饭店、餐饮、旅游景点、旅行社、旅游商店、旅游交通等各类人员及其他从事和旅游相关的所有人员，在全域旅游背景下，辉县市的每一位居民都是旅游代言人。目前，旅游人才的开发以引进和培养并重为佳。针对不同类型人力资源，制定相应的政策。制定专门吸引大学生和外地旅游人才的鼓励政策，改革户籍等政策。还可通过引进企业带进人才，发挥辉县旅游特殊优势。旅游人力资源培训要根据不同的旅游人才需求特征和工作性质提供相应培训。加强与教育部门联合，利用地方高等院校旅游专业进行各类旅游专业人才培养，使教育部门人才培养计划与旅游景区人才需求接轨，为旅游景区联合培养和定向培养高学历的管理、研究人才。每年定期召开辉县市旅游论坛，邀请国内著名专家进行专题讲学，制定人才引进管理办法，引进专门人才；成立旅游业务考察团，重点考察沿海发达省份旅游景区开发与管理、市场促销、纪念品开发、人才培训和服务质量管理等内容；举办专业人才研修班，切实加大对紧缺急需的应用型、复合型、创新型人才的培训力度。

（四）旅游安全保障

旅游安全是旅游活动组织过程中最为重要的环节，旅游管理部门应提高对安全工作的重视，安全宣传措施要到位，安全警示标志要醒目规范，对景区危险地带应加设防护设施，保证消防、救护设备齐全，状态良好，各类游乐设备要严格按照操作规程运行，医疗及救护系统应完备有效。建立旅游高峰期游客处置制度、旅游高峰期安全处置措施和特殊时段安全处置制度；建立突发安全事故快速反应机制及应急救助系统。加强旅游景区安全管理，强化景区森林防火、建筑物防火等，根据环境容量预警科学开展旅游高峰季节游客合理疏导与分流，禁止在景区内大量堆放、储存各种易燃易爆物品。在各景区实施区域性防火分隔，防止火灾发生后大面积燃烧。

参考文献

厉新建等：《全域旅游：建设世界一流旅游目的地的理念创新——以北京为例》，《人文地理》2013年第3期。

邓爱民等：《全域旅游理论·方法·实践》，中国旅游出版社，2016。

梁红岩编著《全域旅游的阳城实践》，中国旅游出版社，2019。

田伟:《寿县全域旅游发展研究》,硕士学位论文,安徽理工大学,2019。

辛丙全、孙晓:《河南辉县市全力打造全域旅游新格局》,http://chinashanghui.com.cn/hnshyw/18833.jhtml.2018-12-03。

李虎成、王永乐:《游客1200万,辉县市全域旅游既有"经济"气质,又有"生态"颜值》,河南日报网,2020年3月24日,https://baijiahao.baidu.com/s?id=1662041223121108296&wfr=spider&for=pc.2020-03-24。

Abstract

This book is compiled by Henan Academy of Social Sciences. With the theme of "Accelerating the High-quality Development of Agriculture", it deeply and systematically analyzes the situation and characteristics of agricultural and rural development in Henan in 2020, looks forward to 2021, empirically measures the high-quality development trend of rural areas in various cities under the jurisdiction of Henan Province, and studies and discusses the main ideas and countermeasures of promoting the high-quality development of agriculture in Henan in the new period from all directions and angles.

2020 is the closing year of the 13th Five-Year Plan, the decisive victory in getting rid of poverty and building a well-off society in an all-round way, and 2021 is the beginning year of the 14th Five-Year Plan and the new journey of building a strong country with socialist modernization. The general report of this book analyzes and forecasts the development situation of agriculture and rural areas in Henan from 2020 to 2021. According to the report, in 2020, the province's agricultural and rural development will overcome the adverse effects such as the epidemic situation, showing a trend of promoting stability through insurance, striving for progress in stability and gaining momentum in progress. The output of major agricultural products will grow steadily, the optimization and upgrading of agricultural structure will be accelerated, farmers' income will continue to grow, rural reform will be deepened in an all-round way, poverty alleviation and building a well-off society in an all-round way will achieve a decisive victory, and the supporting factors for the high-quality development of agriculture and rural areas will continue to increase, but at the same time, it will also face outstanding problems such as increasing difficulty of increasing farmers' income In 2021, despite the increasingly complicated and severe situation, the favorable conditions

Abstract

and development advantages are gradually accumulating. The agricultural and rural development of the whole province will progress steadily and upgrade its quality. It will accumulate new kinetic energy and advantages of high-quality development in the aspects of stable supply of major agricultural products, effective connection between comprehensive poverty alleviation and rural revitalization, continuous optimization of agricultural structure, continuous growth of farmers' income, and deep integration of urban and rural development, laying a foundation for the development of the 14th Five-Year Plan.

The evaluation report of this book measures and evaluates the high-quality development level of agriculture in various regions of Henan Province. According to the report, promoting high-quality agricultural development is an important support for practicing the new development concept and implementing the rural revitalization strategy, and is an inevitable choice for building a strong modern agricultural province. It is of great value to study and evaluate the high-quality development of agriculture in Henan Province. According to the statistical yearbook data, the report comprehensively measures and evaluates the high-quality agricultural development level of 18 provincial cities in Henan Province, and puts forward that it is necessary to optimize the agricultural industrial structure, promote the integration of rural tertiary industry, adhere to the guidance of green development, improve the quality of business entities, strengthen the construction of agricultural brands and comprehensively deepen rural reform.

On the basis of discussing the situation and countermeasures of high-quality agricultural development in Henan during the 14th Five-Year Plan period, this book makes special research from the aspects of business development, main body cultivation, industrial integration, factor guarantee, green development, poverty alleviation, etc., striving to fully reflect the realistic foundation, problems, development advantages and strategic opportunities of high-quality agricultural development in Henan, looking forward to the high-quality agricultural development in 2021 and even during the 14th Five-Year Plan period, and putting forward targeted ideas and countermeasures.

The regional reports of this book are mainly based on the investigation in Pingdingshan City, Xinxiang City, Jiaozuo City, Henan Province. Focusing on the themes of green development of agriculture, improvement of agricultural production efficiency and reform of rural collective property rights system, it discusses the ideas and countermeasures to promote the high-quality development of agriculture in Henan from different angles and fields.

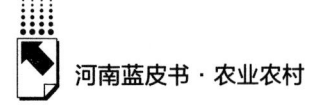

Keywords: Agriculture; Rural Areas; High-quality Development; Henan

Contents

Ⅰ General Report

B.1 Promote the High-quality Development of Agriculture and
Actively Build a Strong Modern Agricultural Province: Analysis
and Prospect of Agricultural and Rural Development Situation
in Henan Province from 2020 to 2021
Research Group of Henan Academy of Social Sciences / 001

    1. Analysis of Henan Agricultural and Rural Development Situation
in 2020 / 001

    2. Prospect of Henan Agricultural and Rural Development in Henan
in 2021 / 002

    3. Countermeasures and Suggestions to Promote the High-quality
Development of Agriculture and Actively Build a Strong
Modern Agricultural Province / 012

Abstract: In 2020, agricultural and rural development of Henan has overcome the adverse effects such as the pneumonia epidemic in COVID −19. The overall situation is to promote stability, strive for stability, and gain momentum. The output of major agricultural products has grown steadily, the optimization and upgrading of agricultural structure has accelerated, and farmers' income has continued to grow. The rural reform has been comprehensively deepened. Poverty alleviation and building a well-off society in an all-round way will achieve a decisive victory, and the supporting factors for the high-quality development of agriculture and rural areas will continue to increase. But at the same time, it is also faced with outstanding problems such as increasing the difficulty of increasing farmers' income. In 2021, despite the increasingly complicated and severe situation, the favorable conditions and development advantages are gradually accumulating. The agricultural and rural development of the whole province will progress steadily and upgrade its quality. It will accumulate new kinetic energy and advantages of high-quality development in the aspects of stable supply of major agricultural products, effective connection between comprehensive poverty alleviation and rural revitalization, continuous optimization of agricultural structure, continuous growth of farmers' income, and deep integration of urban and rural development, laying a foundation for the development of the 14th Five-Year Plan.

Keywords: Agriculture; Rural Areas; High-quality Development; Henan

Ⅱ Evaluation Report

B.2 Measurement and Evaluation of High-quality Development Level of Regional Agriculture in Henan Province

Research Group of Henan Academy of Social Sciences / 025

Abstract: Promoting the high-quality development of agriculture is an important support for practicing the new development concept and implementing the rural revitalization strategy, and is an inevitable choice for building a strong modern agricultural province. It is of great value to study and evaluate the high-quality development of agriculture in Henan Province. Based on the statistical yearbook data, this study comprehensively measures and evaluates the high-quality agricultural development level of 18 provincial cities in Henan Province, and puts forward some development suggestions: optimizing the agricultural industrial structure, promoting the integration of rural tertiary industry, adhering to the guidance of green development, improving the quality of business entities, strengthening the construction of agricultural brands, and comprehensively deepening rural reform.

Keywords: Henan; High-quality Development; Modern Agriculture

Ⅲ Thematic Reports

B.3 Situation and Countermeasures of High-quality Development of Agriculture and Rural Areas in Henan Province during the 14th Five-Year Plan Period *Huang Cheng* / 042

Abstract: The 14th Five-Year Plan period is the first five years to enter a new era, and the first five years to start a new journey of building a socialist modernized country in an all-round way. It has new characteristics of the times and a milestone significance to carry forward the past and forge ahead into the future, and it is self-evident that it is important for the development of "agriculture, rural areas and farmers" in Henan in the new period. In this report, the main achievements of agricultural and rural development in Henan during the 13th Five-Year Plan period were summarized from seven aspects: grain production capacity, agricultural supply quality, modern agricultural development, agricultural green development, rural reform, rural construction and farmers' living standards. The new opportunities faced by the 14th Five-Year Plan period were analyzed, which included a new starting point, many challenges and new development potential, and some suggestions were put forward to promote the high-quality development of agriculture and rural areas in the province.

Keywords: The 14th Five-Year Plan; Agriculture; Rural Areas; High-quality Development; Henan

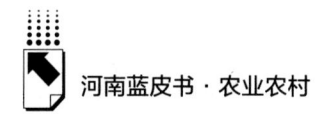

B.4 Analysis and Prospect of the Development of Henan
　　　 Grain Production Core Area　　　　　　*Guo Xiaoyan* / 053

Abstract: Henan Province is an important agricultural province and a major grain producing province in China. Its grain output accounts for nearly 1/10 of the country's total, and its wheat output accounts for over 1/4 of the country's total. Building the core area of grain production plays an important role in ensuring national food security. In recent years, Henan Province has made overall plans to promote the construction of the core area of grain production, and fully implemented the strategy of storing grain in the land and technology. The province's grain output has been stable at over 100 billion Jin for 13 consecutive years, which has made an important contribution to ensuring national food security. However, in order to achieve new breakthroughs at a high base point, it is also faced with many challenges, such as tight resource constraints, frequent natural disasters, weak infrastructure and low comparative benefits of growing grain. Therefore, we must continue to build an important core area of grain production in China, pay more attention to improving quality, promoting green development and taking the road of connotative development.

Keywords: Core Area of Grain Production; High Standard Fertile Land; Henan

B.5 Current Situation and Countermeasures of High-quality
　　　 Development of "Three Chains Isomorphism" in Henan
　　　 Grain Industry　　　　　　　　　　　　*Chen Mingxing* / 064

Abstract: Promoting the "Three Chains Isomorphism" of the grain industry is conducive to giving full play to the advantages of grain production, playing the trump card of grain, optimizing the grain industry system and realizing the high-quality development of the grain industry. It is the way to comprehensively solve the economic development problems of the grain industry, and it is also an important part of the implementation of the "Six Guarantees" task. It has important strategic significance for promoting the rural industry revitalization and the structural reform of the agricultural supply side, and realizing the unity of food security and modern and efficient agriculture. It is necessary to conform to the trend of industrial development, on the basis of doing a good job in the self-construction of the three chains, identify the infiltration and integration points of high-tech and the complementary extension points of industrial functions, deepen the interactive coupling and deep integration of the three chains, promote the reorganization of resource elements among the three chains, reconstruct the industrial chain, and expand the development space, forming an industrial ecology with high industrial development quality, good efficiency, scientific spatial layout, reasonable interest connection, and strong sustainability and competitiveness.

Keywords: Three Chains Isomorphism; Grain Industry Economy; High-quality Development

B.6 Present Situation and Countermeasures of High-quality Development of Forage Industry in Henan Province

Li Pengfei, Zhang Zhigang, Niu Yan and Zhang Xiaoxia / 075

Abstract: Fodder industry is an important part of modern agriculture. Accelerating the development of forage industry is the key to Henan's agricultural structure adjustment and transformation. Therefore, it is necessary to fully understand the significance of the development of fodder industry, promote the development of fodder industry, boost the scale and quality of the industry, and provide infrastructure support for high-quality development of animal husbandry in Henan Province, by taking the resources, location and industrial advantages of Henan province, focusing on ecological and quality development, and taking the opportunity of the implementation of Program of Quality Fodder Industrial Zone along the Yellow River, and adhering to the principle of government guidance, market oriented, adaptation to local conditions, scientific planning, flagship enterprises demonstration, and efficient scale of operation.

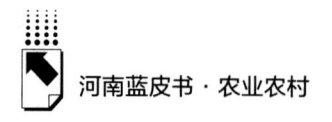

Keywords: Forage Industry; Herbivorous Animal Husbandry; High-quality Development; Henan

B.7 Development Problems and Countermeasures of High-quality Development of Animal Husbandry in Henan Province

Research Group of Henan Animal Husbandry Development / 087

Abstract: The high-quality development of animal husbandry is fundamental to high-quality development of agriculture, and it is a prerequisite for rural revitalization of Henan Province, and the only way to achieve a strong province of animal husbandry. Since 2020, pig production has continued to recover, and poultry production has been basically stabilized, cattle and sheep production has developed smoothly, animal production situation is generally stable, the supply of livestock products is stable and orderly, and the major animal epidemics have been kept under control. In the face of the issues like more market demands for pig products, insufficient resources, and weak support system, Henan should give full play to its five strengths of agricultural resources, industrial foundation, geographic location, consumer market, and resources of animal breeds; focus on stabilizing pig production, adjusting and optimizing the structure of the industry, and promoting the recycling use of animal wastes, develop modern livestock production system, management system and industrial system quickly, strengthen the linkage of the three chains: industrial chain, value chain, and supply chain, and promote the integration of the primary, secondary industries and service sector, to achieve high-quality development of animal husbandry in Henan Province.

Keywords: Henan; Animal Husbandry; High-quality Development

B.8 Analysis of Countermeasures for the Transformation and
Upgrading of Henan Green Food Industry *Miao Jie* / 099

Abstract: Accelerating the transformation of the green food industry is an inevitable choice for the high-quality development of Henan agriculture. In recent years, although Henan's green food industry has achieved some results, but the overall development level is still relatively low. It is necessary to expand the industrial scale, optimize the industrial structure, improve the industrial ecology, accelerate brand building, strengthen marketing supervision, in order to promote the transformation and upgrading of Henan's green food industry and the high-quality development of agriculture.

Keywords: Green Food; Agriculture; High-quality Development; Henan

B.9 Analysis and Prospect of Cultivating Industrial Clusters with
Agricultural Advantages and Characteristics in Henan Province
Zhu Panfeng / 109

Abstract: Comprehensively promoting high-quality development and promoting the revitalization of rural industries will become the core task of China's agricultural development during the 14th Five-Year Plan. Cultivating industrial clusters with advantages and characteristics is an important starting point to successfully complete the target tasks. In order to cultivate agricultural industry clusters with advantages and characteristics in Henan, we should grasp the general trend of agricultural industry development, build large-scale, green and digital clusters, and create innovative and sharing clusters.

Keywords: Agriculture; Industrial Cluster; Revitalization of Rural Industries

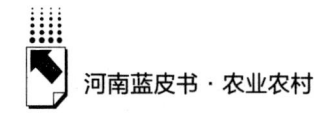

B.10 Promoting the Construction of Henan's Modern Agricultural Province with the Modern Development of Agricultural Service Industry   *Hou Hongchang* / 120

Abstract: Promoting the high-quality development of agriculture and building a modern agricultural province are the concrete embodiment of the New Development Concept in the agricultural development of Henan Province. Promoting the development and growth of new agricultural business entities, and promoting the organic connection between small farmers and modern agriculture, is inseparable from the development of agricultural modern service industries. In the first half of 2020, facing the complex situation at home and abroad, especially the new crown pneumonia epidemic, Henan Province has successively launched a series of measures to support agriculture in accordance with the requirements of national policy deployment. Various agricultural and rural work in Henan are progressing in an orderly manner, and the agricultural service industry has achieved good results. Even so, the agricultural service industry in Henan still faces many challenges. It is necessary to boost the development of Henan's agricultural service industry in terms of overall planning, financial support, policy preference, scientific and technological support and deepening reforms.

Keywords: Agricultural Service Industry; Modern Agriculture; Henan

B.11 Research on Countermeasures for the High-quality Development of Rural Finance in Henan Province
            Song Yanfeng / 131

Abstract: Implementing the rural revitalization strategy and doing a good job in the new era of "agriculture, rural areas and farmers" is inseparable from financial support. It is necessary to promote the high-quality development of "agriculture, rural areas and farmers" with the high-quality development of the rural financial industry and highlight the quality and benefits of rural financial services. While analyzing the development status of rural financial industry in Henan Province, this report analyzes the powerful factors and restrictive conditions in the development of rural financial industry in Henan, and clarifies the direction of support for the high-quality development of rural financial industry. At the same time, we explored the idea of high-quality development of rural finance based on the current situation of agricultural and rural development in Henan, and improved the rural financial organization system, strengthened the construction of financial infrastructure, strengthened the application of financial technology, developed a multi-level financing system, and improved the risk prevention and control system. Put forward high-quality development suggestions on credit environment construction and other aspects.

Keywords: Agricultural; Rural Financial Industry; Henan

B.12 Analysis on the Countermeasures of Cultivating and Promoting New Agricultural Business Entities in Henan Province

Sheng Xiudong / 142

Abstract: The main body of new-type agricultural management has become the backbone of agricultural modernization. However, in the process of cultivating and upgrading the main body of new-type agricultural management, it is also faced with the problems of unclear property rights of rural land and the land rent required by small-scale part-time farmers to transfer out of agricultural land is higher than the market rent. At the same time, the lag of rural financial system reform and the lag of agricultural socialized service development are also urgent problems to be solved at present. In view of these problems, this report puts forward corresponding policy suggestions.

Keywords: New Agricultural Business Entities; Agricultural Modernization; Land Transfer

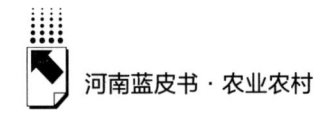

B.13 Analysis and Prospect of Modern Agricultural Industrial Park
Construction in Henan Province　　　*Wang Yuanliang* / 150

Abstract: The construction of modern agricultural industrial park plays an important and positive role in promoting the transformation of agricultural development mode, changing rural social and economic status and promoting farmers' income. In recent years, the construction of Henan Modern Agricultural Industrial Park has effectively promoted the overall development of urban and rural areas and the deep integration of primary, secondary and tertiary industries, which has achieved positive results. However, there are still some outstanding problems, such as the construction quality is not high, the industrial integration is not deep, the interest connection is not tight, the element guarantee is not enough, and the brand image is not strong. In order to further promote the high-quality development of modern agricultural industrial park in Henan Province, we should strengthen the support of science and technology, increase the strength of factor guarantee, improve the infrastructure and service system, and strengthen the organization and management.

Keywords: Modern Agricultural Industrial Park; Industry Convergence; Henan

B.14 Study on Promoting the Construction of Strong Towns in
Agricultural Industry in Henan Province　　　*Li Guoying* / 158

Abstract: In recent years, various towns and regions in Henan Province have made innovative ideas in promoting the development of rural industry, strengthened their efforts, and allocated agricultural and modern industrial elements across the border, giving birth to a large number of new industries, new business type and new models. We have built a number of strong agricultural towns with prominent leading industries, integrated development of agriculture, tourism, culture and industry, and livable industries. Especially with the application of modern information technology in agriculture, such as internet of things, big data, block chain, artificial intelligence, fifth generation mobile communication network, intelligent meteorology, Henan has made great progress in the fields of agricultural industry digitization, rural digital governance, e-commerce and so on, which provides a material basis for speeding up digital rural construction and promoting high agricultural quality. It provides a leading and driving force for leading the transformation and upgrading of rural industries.

Keywords: Agricultural; Integration of Industry and Village; Town Economy

B.15 Current Situation and Countermeasures of High-quality Development of Digital Agriculture in Henan Province

An Xiaoming / 169

Abstract: The high-quality development of digital agriculture is an inevitable choice to speed up the realization of agricultural modernization in Henan Province, an important starting point to promote the structural reform of agricultural supply side in Henan Province, and an important way to seize the opportunity of digital economy in Henan Province. In recent years, Henan Province has actively explored the construction of digital agriculture and achieved good results. The top-level design of digital agriculture development has gradually become clear, and great progress has been made in the construction of digital agriculture. And the development of digital agriculture in various regions is brilliant. But on the whole, digital agriculture in Henan Province is still in its infancy. In the future, to promote the high-quality development of digital agriculture in Henan Province, efforts should be made from the top-level planning and design of digital agriculture, infrastructure construction, data collection and integration, and professional talent team construction.

Keywords: Digital Agriculture; Agricultural Modernization; Henan Province

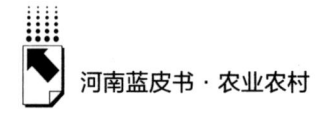

B.16 Research on the Progress of Henan Agricultural Brand Building and the Path of Advantage Building

Qiao Yufeng / 179

Abstract: Agricultural brand buildings the important content of agricultural structure transformation and upgrading in Henan province, and also is the only way for high-quality agricultural development in Henan Province. Agricultural brand building is conducive to the "going out" of Henan's agriculture, but also conducive to further deepening the supply-side structural reform of Henan's agriculture. Through strengthening the building of agricultural standardization, vigorously developing "three products and one standard" products and emphasizing system construction, Henan agricultural brand has made great progress, but the overall weak situation has not been improved. In order to build Henan agricultural brand, it is necessary to attach great importance to the basic role of scientific and technological innovation, further strengthen the guiding role of brand certification, cultivate the new type of agricultural operators, perfect the system of agricultural resources allocation, and strengthen the branding of regional characteristic agricultural products.

Keywords: Agricultural Brand Building; Agriculture; High-quality Development; Henan

B.17 The Situation and Countermeasures of Increasing Farmers' Income in Henan Province

Zhang Kun / 190

Abstract: Increasing farmers' income is the key to ensure Henan to build a well-off society in an all-round way and win the battle of poverty alleviation. In recent years, the overall income of Henan farmers shows a good growth trend, the income structure changes significantly, the regional gap is relatively narrow, and presents some new changes and new characteristics. At present, there are still some problems in Henan, such as unreasonable agricultural planting structure, structural shortage of agricultural products, low degree of agricultural production organization, low level of industrialized management, low cultural degree of agricultural practitioners, and narrow employment channels, which restrict the increase of farmers' income from different aspects. In the later stage, we should take active measures to promote the sustainable increase of farmers' income by deepening the structural reform of agricultural supply side, promoting the employment and Entrepreneurship of farmers, expanding the effective investment in rural areas, and continuously deepening the rural reform.

Keywords: Farmers' Income; Rural Economy; Henan

Ⅳ Regional Reports

B.18 Research on Agricultural Green Development Model and Institutional Mechanism Innovation: Take Pingdingshan City as an Example

Research Group of Pingdingshan Agriculture and Rural Bureau / 200

Abstract: Promoting the green development of agriculture is a profound revolution in the concept of agricultural development. In recent years, Pingdingshan City has adhered to the whole green concept, city-wide overall planning, full circular development, full innovation drive, whole industry development and whole society participation, and has continuously implemented the development idea of "taking animal husbandry as the leader, developing agriculture and animal husbandry combined with modern ecological circular agriculture" and the development strategy of "circular agriculture + brand agriculture&collaborative agriculture", actively explored the institutional mechanism and development model of agricultural green development, and embarked on a path of modern ecological circular agriculture and promoted development with ecology.

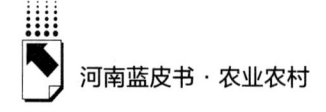

Keywords: Agricultural; Green Development; Circular Agriculture; Pingdingshan City

B.19 Research on the Differences of Agricultural Production Efficiency in Henan Province and the Improvement Countermeasures: Based on the Survey Data Analysis of Small Farmers and Family Farms in Xinxiang City

Liu Yihang / 213

Abstract: Overall planning to support small farmers and cultivating new agricultural business entities is an effective way to achieve the organic connection between small farmers and modern agricultural development. This report uses the DEA model and the Tobit regression model to analyze the difference in agricultural production efficiency between small farmers and family farms and the impact mechanism on the survey data of 236 farmers of different scales in Xinxiang City, Henan Province. The results show that the agricultural production efficiency of family farms is significantly higher than that of small farmers; in terms of influencing factors, land fertility and agricultural technical guidance have a significant positive impact on the agricultural production efficiency of small farmers and family farms; family farms are more inclined to improve. The education level and the increase of a single piece of arable land can improve the efficiency of agricultural production; and the agricultural production efficiency of small farmers shows a strong dependence on the age of the farmers and the number of years of crop cultivation. Based on this, it is recommended to increase agricultural technical guidance in a targeted manner, moderately expand the scale of agricultural production and operation, strengthen cooperation and alliances between small farmers and new agricultural business entities, and promote the development of high-quality agricultural production.

Keywords: Small Producer; Family Farm; Agricultural Production Efficiency; Henan Province

Contents

B.20 Research on the Progress and Countermeasures of Henan Rural Collective Property Right System Reform: Take Jiaozuo City as an Example *Song Yanfeng, Huang Song* / 226

Abstract: Promoting the reform of the rural collective property rights system is an important starting point for comprehensively building a well-off society and promoting the strategy of rural revitalization. With the support of the central government and the active cooperation of the local governments, the reform of the rural collective property rights system in Henan Province is progressing smoothly. This report takes Jiaozuo's rural collective property rights system reform as an example to discuss its practices, experiences and typical models in promoting rural collective property rights reform in recent years; at the same time, also took Jiaozuo as an example to reveal that there are problems in the reform of the rural collective property rights system, such as imperfect management system, poor understanding, weak village collective economy, and weak agricultural economic management team, and proposed that we should deepen the understanding of the reform, improve the supporting construction, bold innovative attempts, and do a good job of linking up with other areas in the countryside to further promote the deepening of the reform of the rural collective economic property rights system.

Keywords: Rural Collective Property Rights System Reform; Typical Village Collective Economy; Jiaozuo City

B.21 Research on the Development of the Whole Area Tourism of Huixian City *Xu Shaoli, Lian Jiangong* / 236

Abstract: Under the background of the popularization and popularization of tourism, it is a historical necessity and practical need to develop the whole area tourism. Based on the basic concept and background of global tourism, this report expounds the resource base, advantages, development status and existing problems of the development of global tourism in Huixian, Henan Province. It is clearly put forward that it is a first-class and world-class tourism demonstration area, which integrates sightseeing, leisure, vacation, exploration, sports, experience, research and festival, with the original ecological culture as the core and the characteristic special tourism as the leading factor. From the perspective of panoramic attraction, full-time welcome, national hospitality, whole industry stay and whole service, the report puts forward the countermeasures and suggestions for the development of Huixian's whole area tourism.

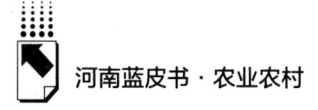

Keywords: Whole Area Tourism; Tourism Marketing; Huixian City

社会科学文献出版社

皮 书

智库报告的主要形式
同一主题智库报告的聚合

❖ 皮书定义 ❖

皮书是对中国与世界发展状况和热点问题进行年度监测,以专业的角度、专家的视野和实证研究方法,针对某一领域或区域现状与发展态势展开分析和预测,具备前沿性、原创性、实证性、连续性、时效性等特点的公开出版物,由一系列权威研究报告组成。

❖ 皮书作者 ❖

皮书系列报告作者以国内外一流研究机构、知名高校等重点智库的研究人员为主,多为相关领域一流专家学者,他们的观点代表了当下学界对中国与世界的现实和未来最高水平的解读与分析。截至2021年,皮书研创机构有近千家,报告作者累计超过7万人。

❖ 皮书荣誉 ❖

皮书系列已成为社会科学文献出版社的著名图书品牌和中国社会科学院的知名学术品牌。2016年皮书系列正式列入"十三五"国家重点出版规划项目;2013~2021年,重点皮书列入中国社会科学院承担的国家哲学社会科学创新工程项目。

中国皮书网

（网址：www.pishu.cn）

发布皮书研创资讯，传播皮书精彩内容
引领皮书出版潮流，打造皮书服务平台

栏目设置

◆ 关于皮书

何谓皮书、皮书分类、皮书大事记、
皮书荣誉、皮书出版第一人、皮书编辑部

◆ 最新资讯

通知公告、新闻动态、媒体聚焦、
网站专题、视频直播、下载专区

◆ 皮书研创

皮书规范、皮书选题、皮书出版、
皮书研究、研创团队

◆ 皮书评奖评价

指标体系、皮书评价、皮书评奖

◆ 皮书研究院理事会

理事会章程、理事单位、个人理事、高级
研究员、理事会秘书处、入会指南

◆ 互动专区

皮书说、社科数托邦、皮书微博、留言板

所获荣誉

◆ 2008年、2011年、2014年，中国皮书网均在全国新闻出版业网站荣誉评选中获得"最具商业价值网站"称号；

◆ 2012年，获得"出版业网站百强"称号。

网库合一

2014年，中国皮书网与皮书数据库端口合一，实现资源共享。

中国皮书网

权威报告·一手数据·特色资源

皮书数据库
ANNUAL REPORT(YEARBOOK)
DATABASE

分析解读当下中国发展变迁的高端智库平台

所获荣誉

- 2019年，入围国家新闻出版署数字出版精品遴选推荐计划项目
- 2016年，入选"'十三五'国家重点电子出版物出版规划骨干工程"
- 2015年，荣获"搜索中国正能量 点赞2015""创新中国科技创新奖"
- 2013年，荣获"中国出版政府奖·网络出版物奖"提名奖
- 连续多年荣获中国数字出版博览会"数字出版·优秀品牌"奖

成为会员

通过网址www.pishu.com.cn访问皮书数据库网站或下载皮书数据库APP，进行手机号码验证或邮箱验证即可成为皮书数据库会员。

会员福利

- 已注册用户购书后可免费获赠100元皮书数据库充值卡。刮开充值卡涂层获取充值密码，登录并进入"会员中心"—"在线充值"—"充值卡充值"，充值成功即可购买和查看数据库内容。
- 会员福利最终解释权归社会科学文献出版社所有。

数据库服务热线：400-008-6695
数据库服务QQ：2475522410
数据库服务邮箱：database@ssap.cn
图书销售热线：010-59367070/7028
图书服务QQ：1265056568
图书服务邮箱：duzhe@ssap.cn

卡号：961243496799
密码：

S 基本子库
SUB DATABASE

中国社会发展数据库（下设 12 个子库）

整合国内外中国社会发展研究成果，汇聚独家统计数据、深度分析报告，涉及社会、人口、政治、教育、法律等 12 个领域，为了解中国社会发展动态、跟踪社会核心热点、分析社会发展趋势提供一站式资源搜索和数据服务。

中国经济发展数据库（下设 12 个子库）

围绕国内外中国经济发展主题研究报告、学术资讯、基础数据等资料构建，内容涵盖宏观经济、农业经济、工业经济、产业经济等 12 个重点经济领域，为实时掌控经济运行态势、把握经济发展规律、洞察经济形势、进行经济决策提供参考和依据。

中国行业发展数据库（下设 17 个子库）

以中国国民经济行业分类为依据，覆盖金融业、旅游、医疗卫生、交通运输、能源矿产等 100 多个行业，跟踪分析国民经济相关行业市场运行状况和政策导向，汇集行业发展前沿资讯，为投资、从业及各种经济决策提供理论基础和实践指导。

中国区域发展数据库（下设 6 个子库）

对中国特定区域内的经济、社会、文化等领域现状与发展情况进行深度分析和预测，研究层级至县及县以下行政区，涉及省份、区域经济体、城市、农村等不同维度，为地方经济社会宏观态势研究、发展经验研究、案例分析提供数据服务。

中国文化传媒数据库（下设 18 个子库）

汇聚文化传媒领域专家观点、热点资讯，梳理国内外中国文化发展相关学术研究成果、一手统计数据，涵盖文化产业、新闻传播、电影娱乐、文学艺术、群众文化等 18 个重点研究领域。为文化传媒研究提供相关数据、研究报告和综合分析服务。

世界经济与国际关系数据库（下设 6 个子库）

立足"皮书系列"世界经济、国际关系相关学术资源，整合世界经济、国际政治、世界文化与科技、全球性问题、国际组织与国际法、区域研究 6 大领域研究成果，为世界经济与国际关系研究提供全方位数据分析，为决策和形势研判提供参考。

法律声明

"皮书系列"(含蓝皮书、绿皮书、黄皮书)之品牌由社会科学文献出版社最早使用并持续至今,现已被中国图书市场所熟知。"皮书系列"的相关商标已在中华人民共和国国家工商行政管理总局商标局注册,如LOGO( )、皮书、Pishu、经济蓝皮书、社会蓝皮书等。"皮书系列"图书的注册商标专用权及封面设计、版式设计的著作权均为社会科学文献出版社所有。未经社会科学文献出版社书面授权许可,任何使用与"皮书系列"图书注册商标、封面设计、版式设计相同或者近似的文字、图形或其组合的行为均系侵权行为。

经作者授权,本书的专有出版权及信息网络传播权等为社会科学文献出版社享有。未经社会科学文献出版社书面授权许可,任何就本书内容的复制、发行或以数字形式进行网络传播的行为均系侵权行为。

社会科学文献出版社将通过法律途径追究上述侵权行为的法律责任,维护自身合法权益。

欢迎社会各界人士对侵犯社会科学文献出版社上述权利的侵权行为进行举报。电话:010-59367121,电子邮箱:fawubu@ssap.cn。

社会科学文献出版社